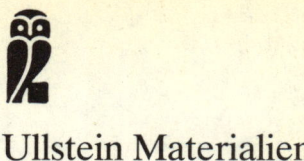

Ullstein Materialien

Philosophie als
vorwiss. Stadium
Künftige Disziplinen 9 (Austin)

Ullstein Materialien
Ullstein Buch Nr. 35200
im Verlag Ullstein GmbH,
Frankfurt/M – Berlin – Wien
Französischer Originaltitel:
Quine en perspective. Essai de
philosophie comparée
Übersetzt von Peter Bosch
unter Mitarbeit von Günter Birkemeier

Deutsche Erstausgabe
einer vom Autor überarbeiteten
Fassung der Originalausgabe

Umschlagentwurf:
Kurt Weidemann
Alle Rechte vorbehalten
© 1978, Flammarion
Deutsche Ausgabe © 1984 by
Verlag Ullstein GmbH,
Frankfurt/M – Berlin – Wien
Printed in Germany 1984
Gesamtherstellung:
Ebner Ulm
ISBN 3 548 35200 6

August 1984

CIP-Kurztitelaufnahme
der Deutschen Bibliothek

Gochet, Paul:
Quine zur Diskussion: e. Versuch
vergleichender Philosophie / Paul Gochet.
[Übers. von Peter Bosch unter Mitarb.
von Günter Birkemeier]. – Dt. Erstausg. –
Frankfurt/M; Berlin; Wien:
Ullstein, 1984.
   (Ullstein-Buch; Nr. 35200:
   Ullstein-Materialien)
   Einheitssacht.: Quine en
   perspective <dt.>
   ISBN 3-548-35200-6
NE: GT

Paul Gochet

Quine zur Diskussion

Ein Versuch vergleichender Philosophie

Ullstein Materialien

Inhalt

Ist die Philosophie eine Insel oder ein Vorgebirge? Diese metaphorische Frage, die Jean Wahl 1958 an Austin richtete, spaltet die heutige Gemeinschaft der Philosophen in zwei feindliche Lager. Zum einen wird geantwortet, die Philosophie sei eine Insel: sie habe ihren eigenen Gegenstandsbereich und eigenständige Methoden, wie z. B. die phänomenologische Intuition, die sie von den Wissenschaften unterscheide. Von der anderen Seite kommt als Antwort, die Philosophie sei ein Vorgebirge, »ein privilegierter Beobachtungsstand«, von dem man die einzelnen Wissenschaften beobachten, aber auch kritisieren könne. Für die Vertreter dieser zweiten Auffassung ist die Philosophie eher ein Diskurs *über* die Wissenschaft, d. h. eine Wissenschaft zweiten Grades: Metawissenschaft, und nicht so sehr eine Wissenschaft auf parallelem Niveau.

Austin weigerte sich seinerzeit, die Alternative Jean Wahls gelten zu lassen: »Ich glaube«, antwortete er (1962: 292 f.), »daß der Gegenstand der Philosophie nur dadurch definiert werden kann, daß man sagt, sie beschäftige sich mit jenem Bodensatz von Problemen, die noch nicht gelöst sind, nachdem alle anderweitig erprobten Methoden auf sie angewandt wurden. Sie ist die Kläranlage für das, was die anderen Wissenschaften übriggelassen haben, wo sich alles das wiederfindet, mit dem man nicht weiter weiß. Sobald man eine respektable und sichere Methode findet, die einen gewissen Bereich dieser übriggebliebenen Probleme behandelt, entsteht sofort eine neue Wissenschaft, die dazu neigt, sich in dem Maße, in dem sie ihren Gegenstand besser definiert, von der Philosophie zu lösen, und dadurch ihre Autorität bekräftigt.«

Ebenso wie Austin lehnt auch Quine die Alternative Wahls ab. Statt die Philosophie als ein *vorwissenschaftliches Stadium* der sich entwickelnden Wissenschaft zu betrachten, sieht er sie als integrierten Teil der etablierten Wissenschaft. Wie der Wissenschaftler, so suche auch der Philosoph die Frage zu beantworten: ›Was existiert‹? Wenn der Wissenschaftler sich vom Philosophen unterscheide, dann nicht darum, weil der eine sich auf das Studium der *Phänomene* zurückziehe, während der andere sich mit einer *Realität an sich* beschäftige, welche die Phänomene transzendiere, sondern wohl deshalb, weil die Existenzfragen, die der Reflexion der Philosophen den Stoff geben, *allgemeinerer* Natur sind als die der Wissenschaftler.

Der Geograph und der Historiker beschreiben einzelne Entitäten: Meere, Planeten, Sterne etc. In der Zoologie, der Botanik, der Mineralogie werden die Dinge nach ihrer Ähnlichkeit klassifiziert und kollektiv beschrieben. Die Physik verfolgt die Beschreibung der Masse noch weiter. Selbst der Mathematiker stellt sich Fragen nach der Existenz: »Gibt es Kubikzahlen, die die Summe von Paaren von Kubikzahlen sind?« Der Philosoph schließlich unterscheidet sich nur dadurch, daß er die Leiter der Allgemeinheit sehr mühsam noch eine Sprosse weiter hinaufklettert.

Wie Quine gegen Ende von *Word and Object* (1960: 275; dtsch. 1980: 474) schreibt, »das was die ontologische Anstrengung des Philosophen [...] unterscheidet, ist nur die Breite der Kategorien. Wenn physikalische Objekte im allgemeinen vorgegeben sind, ist der Naturwissenschaftler derjenige, der über Opossums und Einhörner entscheidet. Wenn Klassen gegeben sind, oder ein anderer breiter Objektbereich, wie ihn der Mathematiker braucht, dann ist es Sache des Mathematikers zu entscheiden, ob es etwa gerade Primzahlen gibt oder Kubikzahlen, die die Summe von Paaren von Kubikzahlen sind. Andererseits ist es das Hinterfragen jener unkritischen Annahme von physikalischen Objekten oder Klassen was der Ontologie zufällt. Hier liegt die Aufgabe explizit zu machen, was implizit war und zu präzisieren, was vage war; Paradoxa offenzulegen und zu lösen, Verdrehungen auszuglätten, Schnörkel zu entfernen, ontologische Slums zu säubern.« Der Philosoph hat weder einen *eigenen Forschungsgegenstand* noch eine *privilegierte Form der Erkenntnis* zur Verfügung. Wir müssen die versponnene Idee aufgeben, daß »der Philosoph einen privilegierten Ausgangspunkt habe, der außerhalb des Begriffsschemas angesiedelt ist, mit dem er arbeitet. Ein solches kosmisches Exil gibt es nicht.« (Quine, a. a. O.).

Wenn der Philosoph nicht über eine eigenständige Erkenntnisweise verfügt, muß er auf die Ambition verzichten, die Wissenschaft *begründen* zu wollen. Es gibt keine »erste Philosophie«. Der Philosoph muß ebenfalls die eitle Hoffnung aufgeben, die wissenschaftliche Erkenntnis mithilfe von Methoden zu erweitern und zu übertreffen, die bei Wissenschaftlern nicht anerkannt werden, wie zum Beispiel Whiteheads »metaphysische Induktion«. Er muß eher das Gegenteil tun: Er muß ausgehen von dem begrifflichen Rahmen, den die Wissenschaft ihm liefert, jedoch nur solche Entitäten als real annehmen, die er nicht auf andere reduzieren kann, ohne die Gesetze der jeweiligen Wissenschaft zu schwächen.

Man wirft der Philosophie manchmal vor, in einem eitlen Streit um Wörter steckenzubleiben. »Die Philosophie« schreibt Valéry, »... läßt sich auf fünf oder sechs Probleme zurückführen, die scheinbar präzise sind, im Grunde jedoch unbestimmt, die nach Belieben zu leugenen sind, immer zurückführbar auf sprachliche Streitereien und deren Lösung davon abhängt, wie man sie formuliert.« (Valéry, Oevres, Bd. I: 1273).

Die Philosophie, wie sie Quines Vorstellungen entspricht, bleibt von diesem Vorwurf unberührt. Sie ist der wissenschaftlichen Theorie *verbunden* und ist ebenso wie sie *empirisch:* »Wenn der theoretische Naturwissenschaftler in seiner abgelegenen Position nicht auf den Zusammenhang seiner Theorie mit nicht-sprachlichen Stimuli verzichten kann, so kann das auch der Philosoph in seiner noch abgelegeneren Position nicht. Freilich kann man nicht damit rechnen, daß sich eine ontologische Streitfrage experimentell entscheiden läßt; doch das liegt nur daran, daß solche Streitfragen auf so vielfältige Weise und durch ein solches Gewirr intervenierender Theorien mit Oberflächenstimuli verbunden sind.« (Quine, 1960: 276; dtsch. 1980: 475).

Wenn man wie Quine der Auffassung ist, daß die Logik und die Ontologie ebenso wie die Physik deskriptiv und empirisch sind, tritt man damit für das Gegenteil jener Thesen ein, in denen die meisten angelsächsischen Philosophen heute übereinstimmen. Wie soll man unter diesen Umständen erklären, daß Quine von seinen Kollegen als »Amerikas führender Philosoph« betrachtet wird? Presley (1967: 55) antwortet auf diese Frage folgendermaßen: »Quines Rang als Philosoph hing niemals ab von der Zahl derer, die mit ihm übereinstimmen. Was er erreicht hat, zeigt sich im Gegenteil in den wertvollen Diskussionen, die er durch seine beharrlichen und scharfsinnigen Angriffe gegen den Begriff der Analytizität und verwandte Begriffe hervorgerufen hat sowie durch seine unmodische Überzeugung; Philosophen beschäftigten sich mit der Entdeckung der Wirklichkeit.«

Wir akzeptieren unsererseits nicht das Urteil von Presley, welches Quine als paradoxen Geist darstellt, dem das große Verdienst zukomme, seinen Gegnern zu erlauben, »sich darzustellen, indem sie sich ihm widersetzen«. Es ist nicht zu leugnen, daß Quines philosophische Lehre die Philosophen des logischen Positivismus und der analytischen Schule vor den Kopf stößt, aber man kann für die Repräsentanten des europäischen *Neorationalismus* dasselbe behaupten. Um sich davon zu überzeugen, genügt es, die Thesen aus *Two Dogmas* mit den von Bachelard und seinen Schülern zur gleichen Zeit verteidigten Ansichten oder mit Gonseths Auffassungen (1947) zu vergleichen.

Man muß jedoch einräumen, daß Quines Philosophie oft gegen den Strich geht. Auch scheinen einige seiner besonders originellen Thesen (die These vom semantischen Holismus, die These von der Unterdeterminiertheit von Theorien und diejenige der Indeterminiertheit der Übersetzung) zwischen zwei Gefahren zu lavieren: durch eine Interpretation werden sie trivial, durch eine andere werden sie offensichtlich falsch. Wir verteidigen hier eine dritte Interpretation, welche sie zugleich als wahr und nicht-trivial hervortreten läßt. Unser Essay wird also betont polemisch sein.

Erstes Kapitel: Kritik und Revision des logischen Empirismus

§ 1 Die Definition der Analytizität

Die philosophische Tradition unterscheidet zwischen *analytischen* und *synthetischen* Urteilen oder Propositionen. Es handelt sich hierbei jedoch nicht um eine subtile Unterscheidung, die sich auf einem fortgeschrittenen Niveau der Konstruktion eines philosophischen Systems ergibt, sondern im Gegenteil um eine Basisunterscheidung, die sich am Anfang einer Untersuchung der Bedeutung geradezu aufdrängt. Wenn man die Unterscheidung dem Laien erklärt, hat er meist das Gefühl, es handle sich um einen wichtigen und leicht wahrzunehmenden Unterschied.

Sehen wir uns die folgenden Aussagen an:

(1) Kein Junggeselle ist verheiratet.

(2) Kein Planet beschreibt eine Kreisbahn.

Die erste dieser Aussagen ist *per definitionem* wahr, d. h. ausschließlich aufgrund der Bedeutung der in ihr enthaltenen Ausdrücke. Die zweite Aussage ist nicht schon aufgrund der Bedeutung der in ihr verwendeten Ausdrücke wahr, sondern aufgrund der Bedeutung der Ausdrücke *und darüberhinaus* der Beschaffenheit der Wirklichkeit, nämlich der Tatsache, daß die Planeten sich auf elliptischen Bahnen bewegen.

In der Einleitung zu seinen *Grundlagen der Arithmetik* charakterisiert Frege die analytischen Aussagen durch die Art, auf die sie bewiesen werden: »Stößt man auf diesem Wege [d. h. dem Wege des Beweises] nur auf die allgemeinen logischen Gesetze und auf Definitionen, so hat man eine analytische Wahrheit« (1884: § 3).

In seinem Buch *From a Logical Point of View* (1961; dtsch. 1979) nimmt Quine Freges Definition der Analytizität wieder auf. Eine Aussage sei analytisch, wenn sie entweder logisch wahr ist oder »durch Substitution von Synonymen für Synonyme auf eine logisch wahre Aussage zurückgeführt werden kann« (1961: 23; dtsch. 1979: 29). So ist die Aussage (3) analytisch, da es sich um eine logisch wahre Aussage handelt:

(3) Jeder Junggeselle ist ein Junggeselle.

Und Aussage (4) ist analytisch wahr, da sie durch Substitution des Synonyms »Junggeselle« für »unverheirateter Mann« in eine logisch wahre Aussage, nämlich (3), überführt werden kann:

(4) Jeder Junggeselle ist ein unverheirateter Mann.

Diese Definition der Analytizität enthält zwei Schlüsselbegriffe: den Begriff der *logischen Wahrheit* und den der *Synonymie*. Der erstere scheint keine Probleme mit sich zu bringen: »Wenn wir von einem vorgängigen Inventar an logischen Partikeln ausgehen, zu dem u. a. »kein«, »un-«, »nicht«, »wenn«, »dann«, »und« gehören, dann ist, allgemein ausgedrückt, eine logische Wahrheit eine Aussage, die wahr ist und unter allen Uminterpretationen aller ihrer Komponenten außer den logischen Partikeln wahr bleibt.« (Quine, 1961: 23, dtsch. 1979: 29). Der zweite Begriff allerdings wirft erhebliche Probleme auf.

Eine vor der Hand liegende Definition der Synonymie ist die, die besagt, daß »die Synonymie zweier sprachlicher Formen einfach in ihrer Austauschbarkeit in allen Kontexten ohne gleichzeitige Veränderung des Wahrheitswertes besteht – Austauschbarkeit, in Leibnizens Worten, *salva veritate.*« (Quine, 1961: 27; dtsch. 1979: 34). D. h. die Substitution von Synonymen für Synonyme darf eine wahre Aussage nicht in eine falsche und eine falsche nicht in eine wahre Aussage überführen.

Doch diese Definition ist inadäquat. Wenn wir sie nämlich auf eine extensionale Sprache anwenden (d. h. auf eine Sprache, die keine Modaloperatoren enthält, wie etwa »notwendigerweise«, »möglicherweise« etc.), dann sind wir gezwungen, nicht nur »Junggeselle« und »unverheirateter Mann« als Synonyme zu akzeptieren, sondern auch »Lebewesen mit Herz« und »Lebewesen mit Nieren«. Denn auch diese Ausdrücke sind *salve veritate* füreinander austauschbar. Doch diese Konsequenz ist gegenintuitiv; die beiden Ausdrücke würde man intuitiv nicht als Synonyme akzeptieren wollen. Nichtsdestoweniger sind sie extensionsgleich, d. h. sie treffen auf genau dieselben Objekte zu: so wie die Dinge liegen, sind zufällig alle Lebewesen, die ein Herz haben, Lebewesen, die Nieren haben und umgekehrt.

Die gängige Strategie, um dieser Schwierigkeit zu begegnen besteht darin, daß man einschränkend sagt, zwei Ausdrücke seien synonym genau dann wenn sie *in einer Sprache, die das intensionale Adverb »notwendigerweise« enthält, salva veritate füreinander austauschbar sind.* Somit besteht nun das Paar ⟨»Junggeselle«, »unverheirateter Mann«⟩ den Test, doch das Paar ⟨»Lebewesen mit Herz«, »Lebewesen mit Nieren«⟩ wird wunschgemäß ausgeschlossen. Wenn wir in der logisch wahren Aussage

(5) Ein Junggeselle ist notwendigerweise ein Junggeselle.

eines der Vorkommen von »Junggeselle« durch »unverheirateter

Mann« ersetzen, bleibt auch die neue Aussage wahr, vgl.:
   (6) Ein Junggeselle ist notwendigerweise ein unverheirateter
      Mann.
Wenn wir, im Gegensatz dazu, in der logisch wahren Aussage
   (7) Ein Lebewesen mit Herz ist notwendigerweise ein Lebewesen
      mit Herz.
ein Vorkommen des Ausdrucks »Lebewesen mit Herz« durch »Lebewesen mit Nieren« ersetzen, dann ändert sich der Wahrheitswert, und
wir erhalten statt der wahren Aussage (7) die falsche Aussage (8). Vgl.
   (8) Ein Lebewesen mit Herz ist notwendigerweise ein Lebewesen
      mit Nieren.
   Leider stellt sich bei näherem Hinsehen heraus, daß eine Synonymiedefinition, die vom Begriff der Notwendigkeit Gebrauch macht,
zirkulär wird. Eine Sprache, die das intensionale Adverb »notwendigerweise« enthält, ist nur insofern verständlich, als der Begriff der
Analytizität schon vorgängig verstanden ist.« (Quine, 1961: 31; dtsch.
1979: 37).
   Quine übernimmt hier Carnaps Auffassung, nach der die Aussage
   (9) Ein Objekt *c* besitzt notwendigerweise die Eigenschaft *P*.
nichts anderes ist, als das Äquivalent in *inhaltlicher Redeweise* für die
folgende Aussage in *formaler Redeweise:*
   (10) » p (α)« ist analytisch wahr.
Aussage (10) ist hier in der syntaktischen Metasprache wiedergegeben, d. h. » p « ist hier ein Prädikat und » α « eine Objektbezeich-
nung, während in (9) »P« eine Eigenschaft und »c« ein Objekt
bezeichnen.
   Seit den Arbeiten von Kanger (1957), Hintikka (1968) und Kripke
(1963) definiert man den Begriff der Notwendigkeit im allgemeinen
eher *semantisch* als *syntaktisch.* Man würde etwa sagen: »Das Objekt
c hat notwendigerweise die Eigenschaft *P*« ist wahr in einer Welt w_i
genau dann wenn für jede Welt w_j aus der Menge aller Welten **W**
gilt, daß das Objekt *c* die Eigenschaft *P* hat. (vgl. etwa Hughes and
Cresswell, 1968: 73) Doch diese Definition fordert denselben Einwand heraus wie die vorangehende: sie tut nichts weiter als den
Begriff der Notwendigkeit aus der Objektsprache in die Metasprache
zu verschieben, diesmal in die *semantische* Metasprache. Die Menge
W ist die Menge aller *möglichen* Welten. Der Zirkularität der
modalen Begriffe sind also wir hiermit noch nicht entronnen.
   Nach dem Fehlschlag des ersten Definitionsversuchs für den
Synonymiebegriff wendet sich Quine der Untersuchung eines zweiten

Versuchs zu, dem Versuch Carnaps. Carnap suchte angesichts der Schwierigkeiten, den Analytizitätsbegriff für natürliche Sprachen zu definieren, nach einer Definition dieses Begriffs für künstliche Sprachen, in denen explizite semantische Regeln zur Verfügung stehen. Zu diesen Regeln gehören in einer Sprache L_0 auch solche Regeln, die es erlauben, alle analytischen Aussagen in L_0 rekursiv zu bestimmen. Diese Definition fällt allerdings einem anderen Problem zum Opfer: »Hier besteht die Schwierigkeit ganz einfach darin, daß die Regeln das Wort ›analytisch‹ enthalten, das wir nicht verstehen.« (Quine, 1961: 33; dtsch. 1979: 38 f). Man könnte hier versucht sein, den Term *analytisch in L_0* als Grundbegriff zu akzeptieren, der durch die Regeln, die von diesem Begriff Gebrauch machen, kontextuell definiert wird, etwa so wie der Begriff der natürlichen Zahlen durch die Peano-Axiome definiert ist.

Doch wenn L_0 eine Konstante ist, gibt es keinerlei Gemeinsamkeiten zwischen *Analytizität-in-L_0* und *Analytizität-in-L_1*. Man wird also, wie Bosch betont, L als Variable auffassen müssen, denn »es läßt sich immer noch nicht sagen, was eigentlich Analytizität oder Synonymie im allgemeinen ist, selbst wenn wir »analytisch-in-L« bzw. »synonym in-L« für alle vorliegenden Sprachsysteme geklärt haben« (Bosch, 1979: 170). Die Unzureichendheit jener Definition besteht darin, daß sie zwar eine Klasse von Eigenschaften bestimmt, zu der auch die der Analytizität gehört, daß sie jedoch nicht in der Lage ist, eben jene Eigenschaft der Analytizität festzulegen. Bosch gebraucht den folgenden Vergleich, um die Schwierigkeit zu verdeutlichen: »Wenn ich allgemein weiß, was blau ist, kann ich alle blauen Dinge, die sich auf meinem Schreibtisch befinden, aussortieren; aber wenn ich in der Lage bin, alle blauen Dinge, die jetzt auf meinem Schreibtisch liegen, auszusortieren, heißt das noch nicht, daß ich weiß, was blau ist (möglicherweise haben all diese Dinge noch andere Eigenschaften gemeinsam [...])« (Bosch, 1979: 170).

§ 2 Grice und Strawson

Grice und Strawson erkennen die Schwierigkeiten an, auf die jeder Versuch einer scharfen Definition des Gegensatzes von analytischen und synthetischen Aussagen stößt. Sie bestreiten jedoch die Richtigkeit der Schlußfolgerung, die Quine aus diesen Schwierigkeiten zieht, daß es nämlich keinen Wesensunterschied zwischen beiden Arten von

Aussagen gebe.

Als Argument für das Vorliegen eines realen Unterschieds führen Grice und Strawson die Tatsache an, daß der Unterschied projizierbar ist. Mit anderen Worten, wenn man jemandem einige Paare von Aussagen, jeweils bestehend aus einer analytischen und einer synthetischen Aussage, vorlegt, ist er im allgemeinen in der Lage, die Eigenschaft der Analytizität, die jeweils einer Aussage in jedem Paar zukommt und der anderen fehlt, hinreichend gut zu abstrahieren, um weitere Aussagen korrekt als analytisch oder synthetisch zu klassifizieren.

Wie es scheint, berührt auch die Schwierigkeit einer Definition der Synonymie den Laien nicht. Er kann scheinbar ohne Schwierigkeit Synonymiebeziehungen feststellen und kann diese Fähigkeit in der Praxis seines Sprachgebrauchs anwenden: »Wenn ich in einer konkreten Situation mit jemandem rede, und mein Gesprächspartner versteht mich nicht, [...] so bin ich als muttersprachlicher Sprecher im allgemeinen in der Lage, das, was ich gemeint habe, noch einmal mit anderen Worten zu sagen.« (Bosch 1979: 166.)

Die Kompetenz des Sprechers in seiner Muttersprache beschränkt sich nicht darauf, ostensiv, d. h. anhand von Beispielen, erlernte Ausdrücke auf neue Situationen im Alltagsleben anzuwenden, die der paradigmatischen Situation, in der die Ausdrücke erlernt wurden, relativ ähnlich sind. Der Sprecher kann seine Sprache ebenfalls auf imaginäre Situationen anwenden: »Wir gewöhnen uns an eine gewisse Variationsbreite von Situationen, in denen wir ohne Schwierigkeiten unsere Prädikate anwenden können, eine Variationsbreite, die nicht bloß bestimmt ist durch unsere Erfahrung der Wirklichkeit, sondern auch durch unsere indirekte Erfahrung sekundärer, mythischer und literarischer Wirklichkeit« (Bosch, 1979: 171).

Nichtsdestoweniger hat die Projektionsfähigkeit des Sprechers d. h. seine Fähigkeit, Ausdrücke in stets neuen Situationen zu verwenden, ihre Grenzen. Die Variationsbreite von Situationen und Kontexten aus unserer Erfahrung kann selbstverständlich, wie Bosch hervorhebt, »die Menge aller möglichen Kontexte nicht ausschöpfen, und auch nicht die Menge aller möglichen Objekte, so daß unsere Prädikate, die wir ostensiv erlernt haben, immer und notwendigerweise in vielerlei Richtungen in ihrer Anwendbarkeit unbestimmt bleiben« (Bosch, a. a. O.)

Diese Unbestimmtheit zeigt sich in der Unsicherheit des Urteils, wenn der Sprecher mit Situationen konfrontiert wird, die von den

Situationen seiner Erfahrung ganz und gar verschieden sind: »Stellen wir uns vor, es stelle sich heraus, daß alle Katzen Roboter wären, die von einem anderen Stern her ferngesteuert werden. Würden wir sie dann weiterhin ›Katzen‹ nennen wollen und einräumen, daß sich mit jener Entdeckung die Bedeutung des Wortes ›Katze‹ verändert habe (so wäre dann die Aussage ›Alle Katzen sind Tiere‹ nicht mehr analytisch wahr, sondern empirisch als falsch erwiesen), oder würden wir die Bedeutung des Wortes ›Katze‹ beibehalten wollen und sagen, daß wir uns wohl geirrt hätten und daß was wir unter ›Katzen‹ verstehen, offenbar nicht existiert?« (Bosch, 1979: 166 f).

Wenn wir solche ungewöhnlichen Fälle in unsere Betrachtung einbeziehen, können wir den Fehler in Gricens und Strawsons Antwort genau lokalisieren. Grice und Strawson behaupten, daß der Begriff der Synonymie, wenn er auch nicht definiert werden könne, doch seine Realität im Sprachverhalten des Sprechers habe, insofern der Sprecher nämlich korrekte Synonymieurteile abgeben könne. Doch diese Fähigkeit ist, wie Bosch richtig beobachtet hat, eine sehr begrenzte. Der Sprecher ist nämlich in der Tat überhaupt nicht in der Lage, *Synonymieurteile* abzugeben sondern lediglich Urteile hinsichtlich der *Kontextäquivalenz* von Ausdrücken, d. h. der Austauschbarkeit von Ausdrücken im Hinblick auf die Intentionen eines Sprechers in einem ganz bestimmten Kontext. Und der Unterschied zwischen beiden Arten von Urteilen ist entscheidend: »Synonymieurteile sind generelle Aussagen über die Sprache und keine Form des Sprachgebrauchs [...]. Im Gegensatz zum Begriff der Kontextäquivalenz enthält der Synonymiebegriff implizit den Begriff aller möglichen Kontexte und den Begriff aller möglichen Ausdrucksintentionen.« (Bosch, 1979: 166 f).

Quine behält somit schließlich gegenüber Grice und Strawson recht: der Sprachgebrauch natürlicher Sprache ist zu unbestimmt, als daß scharfe Begriffe wie Analytizität und Synonymie sich auf ihn anwenden ließen. In jedem Fall trifft dies zu, wenn es um Ausdrücke geht, die ostensiv erlernt wurden. Die natürliche Sprache ist zu unbestimmt, als daß man sagen könnte, daß gewisse Ausdrücke mit gewissen anderen im oben angegebenen präzisen Sinn miteinander in Synonymiebeziehung stünden. Synonymie ist nicht nur nicht definierbar, sondern es gibt sie einfach nicht.

§ 3 Die Verifikationstheorie der Bedeutung und
die analytisch-synthetisch Unterscheidung

Für Frege besteht der Sinn eines Ausdrucks in dessen *Wahrheitsbedingungen*. Die logischen Positivisten ersetzten »Wahrheit« durch »Verifikation« und vertraten die Auffassung, daß der Sinn eines Satzes in seinen Verifikationsbedingungen bestehe. Schlick, als einflußreicher Mann des Wiener Kreises, schreibt 1936 in »Meaning and Verification«:

»Die Bedeutung eines Satzes anzugeben heißt, die Regeln, nach denen der Satz verwendet wird, anzugeben; und das ist dasselbe wie die Angabe der Verifikations- (oder Falsifikations-) möglichkeiten für den Satz. Die Bedeutung eines Satzes ist die Methode seiner Verifikation« (Schlick, 1936, zitiert nach dem Nachdruck 1949: 148).

Diese Definition der Bedeutung nimmt die Peircesche Auffassung wieder auf, nach der »die Bedeutung einer Aussage in dem Unterschied besteht, den die Wahrheit dieser Aussage für mögliche Erfahrung ausmachen würde« (zitiert nach Quine, 1969: 78, dtsch: 1975: 109).

Diese Konzeption könnte die Hoffnung nähren, daß schließlich doch noch eine Definition der Synonymie, wenigstens als Synonymie zwischen Sätzen, möglich sei: zwei Aussagen sind synonym genau dann wenn sie auf gleiche Art verifiziert bzw. falsifiziert werden. Anders ausgedrückt: »Synonymie von Aussagen, heißt es, sei Gleichheit der Methode empirischer Bestätigung bzw. Schwächung.« (Quine, 1961: 38; dtsch. 1979: 43). Ebenso suggeriert die verifikationistische Bedeutungsdefinition eine Definition der Analytizität: »solange es als sinnvoll gilt, allgemein von der Bestätigung oder Schwächung einer Aussage zu reden, scheint es ebenfalls sinnvoll zu sein, von dem Grenzfall einer Aussage zu reden, die ohne weiteres, *ipso facto,* komme was da will, bestätigt ist. Und eine solche Aussage ist analytisch.« (Quine 1961: 41, dtsch. 1979: 46).

Wenn man analytische Aussagen als solche Aussagen definiert, die bestätigt sind, komme was da will, muß man davon ausgehen, daß man *isolierte Aussagen* bestätigen oder schwächen, bzw. verifizieren oder falsifizieren kann. Doch dieser Ausgangspunkt wird von manchen teilweise und von anderen vollkommen zurückgewiesen. Welche Konsequenzen haben diese Auffassungen für die Definition der analytisch-synthetisch Unterscheidung?

§ 4 Epistemologischer Holismus

In *La Théorie physique, son objet, sa structure* (1914: 284) schreibt Duhem: »der Physiker kann niemals eine isolierte Hypothese an der Erfahrung überprüfen, sondern immer nur die Gesamtheit seiner Hypothesen«. Und weiterhin: »Den Versuch zu unternehmen, die Hypothesen der theoretischen Physik von anderen Annahmen, auf denen diese Wissenschaft beruht, zu trennen, um sie so einzeln an der Beobachtung zu überprüfen, heißt einem Hirngespinst nachzulaufen... Die einzige experimentelle Kontrolle physikalischer Theorie die nicht unlogisch wäre, besteht darin, das Gesamtsystem der physikalischen Theorie mit der Gesamtheit der experimentellen Gesetzmäßigkeiten zu vergleichen.« (Duhem, 1914: 33 f.)

Diese Lehre Duhems, die wir »eingeschränkten epistemologischen Holismus« nennen wollen, bezieht sich jedoch lediglich auf die Physik. Duhem räumt explizit für die Physiologie ein, daß es dort alles entscheidende Beobachtungen, d. h. das *experimentum crucis,* gebe. Von der Verifikation einzelner Aussagen zu reden habe zwar in der Physik keinen Sinn, in anderen Wissenschaften jedoch sehr wohl. Von daher ist der Holismus Duhems durchaus damit vereinbar, daß Analytizität als eine Eigenschaft solcher Aussagen definiert wird, die verifiziert sind, komme was da will.

Man mag also sehr wohl sich zu Duhems Lehre bekennen und zugleich, ohne damit inkonsistent zu werden, der Auffassung sein, daß die Unterscheidung von analytischen und synthetischen Urteilen wohlbegründet sei. Als starrster Verfechter jener Unterscheidung war Carnap auch ein uneingeschränkter Anhänger Duhems; in *The Logical Syntax of Language* (1937: 318) schreibt er: »im allgemeinen ist es unmöglich, [...] einen einzelnen hypothetischen Satz zu überprüfen. [...] Die Überprüfung wird im Grunde nicht auf einzelne Hypothesen sondern auf das gesamte System der Physik als ein System von Hypothesen angewendet (Poincaré, Duhem).«

Wenn man andererseits den epistemologischen Holismus auf die Gesamtheit der Wissenschaft ausdehnt, verbietet man sich damit gleichzeitig, von der Verifikation einzelner Aussagen zu sprechen und muß logischerweise die oben gegebene Definition der Analytizität aufgeben (d. h. die Definition von analytischen Aussagen als solche Aussagen, die verifiziert sind komme was da will).

Der erste unter den Wissenschaftstheoretikern der Gegenwart, der unseres Wissens einen solchen *allgemeinen epistemologischen Holis-*

mus vertreten hat, war Gonseth in seinem Aufsatz »Logique et Dialectique« (1947). Gonseth versucht dort eine Philosophie, die mit vier Prinzipien umschrieben werden kann. Eines davon, das *Ganzheitsprinzip,* das »die Gesamtheit des Bewußtseins als ein Ganzes, dessen Teile nicht autonom sind« (1947: 124) postuliert drückt deutlich die Lehre des allgemeinen epistemologischen Holismus aus. Man sollte also erwarten, daß Gonseth die analytisch-synthetisch Unterscheidung zurückweist. Und dies ist in der Tat auch der Fall. Gonseth führt als weiteres Prinzip das *Dualitätsprinzip* an, das die Untrennbarkeit des Rationalen und des Empirischen behauptet und damit die Quinsche Zurückweisung der analytisch-synthetisch Unterscheidung vorwegnimmt. Gonseth formuliert ferner das *Revidierbarkeitsprinzip,* das Quines Behauptung antizipiert, keine Aussage sei immun gegenüber Revision.

Im Jahre 1949 nimmt Perelman die Epistemologie Gonseths wieder auf, modifiziert sie und formuliert sie neu: anstatt die Prinzipien der Philosophie Gonseths *nebeneinander* stehen zu lassen, verbindet er das Dualitätsprinzip mit dem Ganzheitsprinzip: »die Konjunktion von Dualitätsprinzip und Ganzheitsprinzip ist das eigentliche Charakteristikum der *Regressiven Philosophie:* die anderen Prinzipien ergeben sich als Konsequenzen dieser Konjunktion.« (Perelman, 1949).

Zwei Jahre später wiederum interpretiert Quine in »Two Dogmas of Empiricism« (in Quine 1961, zuerst 1951) den allgemeinen epistemologischen Holismus noch schärfer, wenn er die These aufstellt, daß es keine Grenze zwischen analytischen und synthetischen Aussagen gebe. Er stellt indirekt den Zusammenhang zwischen beiden Prinzipien her, indem er zeigt, daß ihre Antithesen zusammenfallen: »In der Annahme, daß jede Aussage unabhängig und isoliert von anderen Aussagen bestätigt bzw. geschwächt werden kann, besteht das Dogma des Reduktionismus fort. [...] Das Dogma des Reduktionismus steht [...] im engen Zusammenhang mit dem anderen Dogma, daß es eine Kluft zwischen dem Analytischen und dem Synthetischen gebe [...] In der Tat sind beide Dogmen im Grunde identisch.« (Quine 1961: 41; dtsch. 1979: 45 f.)

Der enge Zusammenhang zwischen dem allgemeinen epistemologischen Holismus und der Zurückweisung der analytisch-synthetisch Unterscheidung wird selbst von Wissenschaftstheoretikern anerkannt, die gewisse Einschränkungen am allgemeinen Holismus anbringen wollen.

So schreibt etwa Glymour in *Theory and Evidence* (1980: 152):

»Quine hatte recht in der Annahme, daß die Lehre von der analytischen Wahrheit eng mit der falschen Auffassung verbunden ist, daß jede Aussage ihren eigenen empirischen Gehalt habe.« Er geht sogar noch weiter und führt ein neues Argument an, um zu zeigen, daß die Zurückweisung des Dualismus vom Analytischen und Synthetischen logisch zur Lehre des Holismus führt: »Wenn Bestätigung nicht eine Relation wäre zwischen Evidenz, Hypothese und Theorie, sondern stattdessen eine Relation zwischen Evidenz, Hypothese und analytischen Wahrheiten, dann wäre, wenn die analytischen Wahrheiten unverändert bleiben, Bestätigung lediglich eine Funktion von Evidenz und Hypothese. Welche Evidenz eine Hypothese bestätigen oder schwächen würde, würde lediglich von der Hypothese abhängen und von nichts anderem. Doch dem ist nicht so. Welche Evidenz für eine bestimmte Behauptung relevant ist, hängt davon ab, mit welchen anderen Behauptungen wir sie im Zusammenhang sehen. Insofern jedenfalls führt uns die Zurückweisung von analytischer Wahrheit direkt zum Holismus.« (a. a. O.).

§ 5 Einwände gegen Quines erste Version des epistemologischen Holismus

In »Two Dogmas of Empiricism« (1968: 41, dtsch. 1979: 45) gibt Quine die folgende Version des epistemologischen Holismus: »unsere Aussagen über die Außenwelt [treten] nicht als Individuen, sondern als Kollektiv vor das Tribunal der sinnlichen Erfahrung«.

Diese Formulierung wird durch zwei Metaphern weiter spezifiziert: »Die Gesamtheit unseres sogenannten Wissens oder Glaubens, angefangen bei den alltäglichsten Fragen der Geographie oder der Geschichte bis hin zu den grundlegendsten Gesetzen der Atomphysik oder sogar der reinen Mathematik und Logik, ist ein von Menschen geflochtenes Netz, das nur an seinen Rändern mit der Erfahrung in Berührung steht. Oder, um ein anderes Bild zu nehmen, die Gesamtwissenschaft ist ein Kraftfeld, dessen Randbedingungen die Erfahrung sind.« (1961: 42, dtsch. 1979: 47).

In seinem Aufsatz »On Duhem's and Quine's Thesis« (1979) kritisiert Vuillemin den Holismus und stellt ihm eine Abteilungskonzeption der Wissenschaft gegenüber, die seiner Auffassung nach die Wissenschaftgeschichte ebenso wie die Strukturiertheit der Natur auf eine getreuere Weise wiedergibt. »Es ist eine empirische Tatsache«, schreibt er, »daß selbst wenn die Natur nicht in Abteilungen eingeteilt ist, sie doch zu einem gewissen Grade die Unterteilung in Abteilungen zuläßt. Mit ›Abteilungen‹ meine ich quasi-abgeschlossene und selbständige Systeme, die annäherungsweise unabhängig von äußeren Einflüssen sind. Wie die Geschichte der Taxonomie, der Astronomie, der Statik und der Dynamik zeigt, wurde Wissenschaft möglich, weil einige solcher Abteilungen häufig genug vorkommen und elementar genug sind (insofern sie wenige Konstanten und durch lineare oder höchstens quadratische Gleichungen miteinander verbundene Variablen enthalten) um leichtzugängliche Objekte theoretischer Rekonstruktion zu werden.« (1979: 89).

Nun kann allerdings den von Vuillemin angeführten Fällen rechnung getragen werden, ohne daß der verallgemeinerte epistemologische Holismus aufgegeben zu werden braucht. Hierzu müssen wir mindestens zwei Elemente in der holistischen Doktrin unterscheiden: die These, nach der »die Hypothesen der Theorie miteinander verbunden, quasi ineinander verwoben sind«, und die These, nach der »ein Stück Evidenz sich nicht auf einen Teil der Theorie beziehen kann, ohne zugleich sich auf die gesamte Theorie zu beziehen.«

Nun ist es jedoch möglich, die zweite These zu verwerfen und doch die erste aufrecht zu erhalten. Und das genau tut Glymour, dessen Arbeit wir die obige Formulierung der beiden Aspekte des allgemeinen Holismus entlehnt haben. Quine hat dieses Zugeständnis an die Abteilungs-Auffassung in *Word and Object* gemacht, wo er selbst die Metapher vom Netz folgendermaßen korrigiert: »Diese Struktur miteinander verbundener Sätze ist in einem offensichtlichen Sinn ein einziges Verbundnetz, das alle Wissenschaften einschließt. [...] Allerdings wird ein mittelgroßes Theoriestück normalerweise alle Zusammenhänge umfassen, die sich auf unsere Beurteilung eines Satzes auswirken.« (1960: 12 f.; dtsch. 1980: 35 f.)

Dieser Gedanke wird in *The Philosophy of Logic* (1970a: 7) wieder aufgenommen und durch ein Beispiel illustriert: »Nehmen wir also an, ein Wissenschaftler leite aus einem Dutzend unserer theoretischen Annahmen eine Vorhersage in der Molekularbiologie ab und die Vorhersage stellt sich als falsch heraus. Er wird sich dann wahrscheinlich nur jenes halbe Dutzend Annahmen, das zur Molekularbiologie gehört, näher auf die Möglichkeit einer Revision hin ansehen und kaum das andere Halbdutzend allgemeinerer Annahmen in Zweifel ziehen, welches mit Logik, Arithmetik und dem allgemeinen Verhalten von Körpern zu tun hat. Diese Strategie ist eine vernünftige – eine

Maxime der minimalen Beeinträchtigung (»maxim of minimum mutilation«).«

Noch eine weitere Kritik des Holismus verdient nähere Betrachtung: die von Dummett in *Frege: Philosophy of Language* (1973) formulierte Kritik. Sie ist nicht eigentlich gegen den Holismus selbst gerichtet, sondern gegen die Konjunktion des Holismus mit der Behauptung, daß eine periphere Aussage der Theorie, die nicht mit der Erfahrung übereinstimmt, dadurch gerettet werden kann, daß im Inneren der Theorie Anpassungen vorgenommen werden.

Diese Konjunktion stellt in der Tat eine explosive Mischung dar, da ja die zweite These in ihrer Konsequenz »die Metapher von Innerem und Peripherie unterläuft«. Dummett (1973: 593 f) argumentiert folgendermaßen: »Wenn immer alternative Revisionsmöglichkeiten vorliegen und zwar insbesondere solche, die die Peripherie unbeeinträchtigt lassen, dann ist die Behauptung, daß die Theorie nur an ihrer Peripherie mit der Erfahrung Kontakt hat, eine leere Behauptung. Es ist eher so, daß die gesamte Theorie *als ganze* mit der Erfahrung konfrontiert ist: das Auftreten einer bestimmten Erfahrung erzwingt eine Revision in der Theorie als ganzer, oder tut dies nicht, aber es gibt keinen Punkt, oder keine Region in der Theorie, mit der die Erfahrung direkt in Kontakt steht. Die Peripherie war definiert worden als jene Menge von Sätzen, die in direkter Berührung mit der Erfahrung stehen, das Innere der Theorie war definiert als jene Menge von Sätzen, die nur über die Vermittlung diverser am Wege liegender Sätze von der Peripherie her einen Impuls von außen erhalten kann. Wenn das System nur als Ganzes mit der Erfahrung konfrontiert ist, dann gibt es kein Inneres und keine Peripherie.«

Dummett versucht hier, Quine in ein Dilemma zu bringen: entweder den Holismus fallen zu lassen, oder den Empirismus, der den Beobachtungssätzen einen privilegierten Status zuweist. Quine weist die von Dummett gestellte Alternative zurück. Er weist den Gedanken ab, daß es einen *wesentlichen Unterschied* gebe zwischen Beobachtungssätzen (d. h. der Peripherie) und anderen Aussagen; er will Beobachtungssätzen lediglich einen epistemologisch privilegierten Status zuerkennen. Er sieht *alle* Aussagen, ob sie nun an der Peripherie lokalisiert sind oder nicht, als empfindlich für Konflikte mit der Erfahrung; nur haben nicht alle den *gleichen Grad* von Empfindlichkeit: »Die These Duhems bleibt gültig, sei es auch in einer sehr wörtlichen Weise, sogar für Beobachtungsaussagen. Der Wissenschaftler widerruft nämlich gelegentlich auch eine Beobachtungsaussage; dann nämlich, wenn sie mit einer bewährten Theorie in Konflikt steht und er vergeblich versucht hat, das Experiment zu wiederholen. Die These Duhems wäre jedoch falsch, wenn sie so verstanden wird, daß sie allen Aussagen in einer wissenschaftlichen Theorie einen gleichen Status aufzwingt und damit die starke Bevorteilung der Beobachtungsaussagen verleugnen würde. Es ist diese Bevorteilung von Beobachtungsaussagen, was eine Wissenschaft empirisch macht.« (Quine, 1975: 314.)

Man könnte erwidern, daß man, wenn man den Beobachtungsaussagen einen privilegierten epistemologischen Status zuschreiben will – und sei es auch nur ein relativ privilegierter Status – jedenfalls in der Lage sein muß, sie als solche zu identifizieren. Andernfalls würde der Holismus den Begriff der *Klasse* von Beobachtungsaussagen aufs Spiel setzen; dies in eben dem Maße, in dem er den Unterschied zwischen Beobachtungsaussagen und theoretischen Aussagen von einem Wesensunterschied in einen Gradunterschied umwandelt. Der Konflikt zwischen den beiden von Quine ins Spiel gebrachten Metaphern läßt diese Schwierigkeit deutlich hervortreten: wenn die Wissenschaft ein Kraftfeld ist, wie ja die zweite Metapher suggeriert, kann man dann noch von einem Innen und Außen reden, von dem Inneren und der Peripherie?

Bei Quine findet sich zu diesem Problem die folgende überzeugende Erklärung: der Unterschied hinsichtlich der Revisionsempfindlichkeit zwischen Beobachtungsaussagen und theoretischen Aussagen ist lediglich ein Gradunterschied. Der Anteil der Beobachtung und der Anteil der Theorie an Beobachtungssätzen bzw. theoretischen Sätzen ist ebenfalls nur eine graduelle Angelegenheit. Doch die Grade werden nicht mit demselben Maß gemessen. In der Tat schlägt Quine ein Kriterium der Observationalität und ein Maß der Observationalität vor, die von der Position des jeweiligen Satzes im Hinblick auf die Peripherie unabhängig sind. Das Kriterium zur Unterscheidung der Beobachtungssätze von anderen Sätzen ist ein soziales und verhaltensorientiertes.

In dem Aufsatz »Grades of Theoreticity« (1970: 4) erinnert Quine an das Kriterium, das er zuerst in *Word and Object* (1960) formuliert hatte: »Ich habe das verhaltensorientierte Kriterium für Beobachtungssätze bereits formuliert. Es besteht darin, daß alle Sprecher der Sprache, die aufmerksam anwesend sind, wenn ein solcher Satz behauptet wird, entweder sämtlich zustimmen oder sämtlich anderer Meinung sind.« Etwas später (1970: 5) präzisiert er, was mit »Graden von Observationalität« gemeint ist: »Der Grad der Observationalität eines Satzes mag dann gemessen werden als die Inverse der Stimulationsmenge, die benötigt wird, um zu einem stabilen Urteil [über die Wahrheit des Satzes] zu kommen.«

Man darf also nicht den traditionellen Begriff epistemologischer Daten mit dem Begriff des Beobachtungssatzes verwechseln. Die Daten stehen im Gegensatz zur Theorie. Der Beobachtungssatz steht andererseits im Gegensatz zum stehenden Satz (»standing sentence«), ein Begriff, der in Kapitel III, das sich mit Quines Semantik beschäftigt, definiert werden wird. Diese beiden Gegenüberstellungen decken sich nicht. Im Rahmen des Holismus gibt es kein Mittel, den Theorieanteil an einem Satz von seinem Empirieanteil zu scheiden. Andererseits gibt es sehr wohl die Möglichkeit, eine scharfe Trennung zwischen Beobachtungssätzen und stehenden Sätzen zu machen, nämlich mittels einer Konvention hinsichtlich der Stimulationsdauer. Und hiermit mag man zufrieden sein, denn »anders als der ältere Begriff des (epistemologischen) Datums ist der Begriff des Beobachtungssatzes relativ klar und scharf« (Quine, 1970: 4).

Die Eigenschaft der Observationalität erlaubt ohne Zweifel Gradunterschiede; wir haben gesehen, daß Quine den Observationalitätsgrad messen will als umgekehrt proportional zum Mittel der für ein stabiles Urteil notwendigen Stimulationsmenge. Damit ist klar, daß der neue Begriff des Beobachtungssatzes ein relativer, ja selbst ein impräziser Begriff ist. Es ist jedoch kein verworrener Begriff, wie der *traditionelle* Begriff der Beobachtungsaussage. Die neue Definition liefert somit einen wesentlichen Fortschritt: Relativität und Unschärfe von Begriffen ist nicht notwendigerweise vom Übel, Verworrenheit jedoch immer.

Wir haben Dummetts Einwand besprochen, demzufolge der Holismus schwer mit dem Empirismus zu vereinbaren sei. Doch dem Holismus droht noch ein anderes Schicksal: In gewissen Versionen, die Quine dem Holismus gibt, entsteht die Gefahr, daß sich der Holismus mit dem Konventionalismus vermengt. Mit diesem Problem werden wir uns im folgenden Abschnitt beschäftigen.

§ 6 Holismus und Konventionalismus

In *La theorie physique* (1914: 284) schreibt Duhem in Bezug auf den Physiker, daß »die Erfahrung, wenn sie mit seinen Vorhersagen nicht übereinstimmt, ihn zwar lehrt, daß mindestens eine der seiner Vorhersage zugrundeliegenden Hypothesen nicht stimmt und also modifiziert werden muß, daß die Erfahrung ihm aber nicht kenntlich macht, welche Hypothese geändert werden muß«.

Eine genaue Parallele zu dieser Behauptung findet sich in *Word and Object* (1960: 64; dtsch. 1980: 122): »Andere Sätze sind dadurch charakterisiert, daß sie wesentlich indirekt von der Erfahrung abhängen, vermittelt durch mit ihnen zusammenhängende Sätze. Es ergeben sich Alternativen: Erfahrungen machen die Abänderung einer Theorie notwendig, doch geben sie nicht an, wie und wo die Abänderungen vorzunehmen sind.«

In früheren und auch späteren Arbeiten Quines findet sich gelegentlich eine stärkere Version des epistemologischen Holismus. So heißt es z. B. in »Two Dogmas« (1961: 43; dtsch. 1979: 47): »selbst eine Aussage ganz nahe an der Peripherie kann angesichts gegenläufiger Erfahrung als wahr aufrechterhalten werden, indem mit Halluzinationen argumentiert wird« und schließlich: »keine Aussage ist unrevidierbar«.

Diese zweite Version ist unzweifelhaft stärker als die erste. Man gibt sich nicht damit zufrieden, daß für jeden Konflikt zwischen Theorie und Beobachtung *mehr als eine* Lösung existiert; man behauptet nun, daß *jede* Theorie gegenüber einer sie schwächenden Beobachtung bestehen kann, insofern man sich nämlich autorisiert, Gegenbeispiele durch Berufung auf *Halluzinationen* zu disqualifizieren.

In einem Brief an Grünbaum von 1962 arbeitet Quine seinen Holismus noch schärfer heraus: er geht soweit, auch noch zu akzeptieren, daß der Sinn der Wörter geändert wird, um eine durch Beobachtung falsifizierte Aussage zu retten. Seinen Holismus kommentierend schreibt er: ». . . ich habe diese These nicht als eine um ihrer selbst willen interessante These vorgeschlagen. Ich führe sie nur im Laufe einer Argumentation ein, die sich gegen Gedanken jener Art wendet, daß der empirische Gehalt von Sätzen allgemein Satz für Satz festgestellt werden könne; oder daß das Verständnis eines Terms von Kollateralinformationen über das Objekt abgelöst werden könne. Angesichts solcher Ziele sorge ich mich nicht darum, jenes außerordentliche und triviale Extrem zu vermeiden, das darin besteht, ein

Gesetz durch Veränderung der Bedeutung zu retten« (vgl. Quine 1976).

Diese letzte trivialisierende Version des Holismus, verwischt nun leider die Unterscheidung zwischen dem Holismus Duhems und dem Konventionalismus Poincarés. Nach Grünbaums Meinung handelt es sich jedoch um eine wertvolle Unterscheidung, die es zu bewahren gelte.

Man kann diese Unterscheidung folgendermaßen illustrieren: Stellen wir uns vor, daß zwei Physiker, der eine Schüler von Duhem und der andere Schüler von Poincaré, die Meinung vertreten, es sei unter allen Umständen möglich, eine bestimmte Geometrie – z. B. die euklidische – aufrechtzuerhalten, wobei sie sich nichtsdestoweniger hinsichtlich der Argumentation, die sie für ihre Behauptung heranziehen, unterscheiden. Um eine physikalische Geometrie zu erhalten, geht man von einem axiomatischen System der reinen Geometrie aus und gibt den theoretischen Termen *Kongruenz, Länge, Abstand* eine physikalische Interpretation. Der Physiker, der die Anschauung Duhems vertritt, wird darauf aufmerksam machen, daß diese Interpretation »gewonnen wurde *durch die Vermittlung von Hypothesen und Gesetzen,* die mit der geometrischen Theorie in *Beziehung* stehen, deren Bedeutung man gerade spezifiziert« (Grünbaum 1976: 121). Kongruenz z. B. wird physikalisch definiert durch Verschiebung einer Meßlatte, welche einer *theoretischen Korrektur* unterliegt, um gewisse störende Faktoren, wie etwa Verformungen, zu eliminieren, denen die Latte in einem thermisch oder elektromagnetisch nicht homogenen Milieu unterliegen kann, Verformungen, die von der chemischen Zusammensetzung der Latte abhängen. Wenn er sich auf diesen notwendigen Einfluß der Thermodynamik auf die Festlegung der Bedeutung des Kongruenzbegriffs beruft, wird der Anhänger von Duhem mit Einstein die folgende Auffassung vertreten: »die Logik selbst, die zur Berechnung dieser Korrekturen herangezogen wird, schließt die Möglichkeit aus, daß die Geometrie *unabhängig* von anderen physikalischen Regularitäten experimentell überprüft werden kann« (Grünbaum 1976: 120).

Grünbaum meint, daß sich nun ein konventionalistischer Physiker von der Schule Poincarés viel mehr Spielraum zugesteht als ein Physiker der Schule Duhems. Neben dem Recht, zwischen der Anordnung der physikalischen Geometrie und der Thermodynamik zu wählen, wird er sich die Freiheit nehmen, eine neue *Metrik* anzunehmen, in der die Länge der Maßlatte unabhängig von Ort und Richtung variiert. Wenn man die Metrik ändert, um die physikalische Geometrie zu retten, bedeutet das nicht nur, daß man sich das Recht nimmt, Veränderungen innerhalb der *empirischen* Wissenschaft, sondern ebenso *semantische* Änderungen vorzunehmen und zu *neuen Definitionen* zu kommen. Den Gegensatz, den Grünbaum zwischen dem Holismus Duhems und dem Konventionalismus Poincarés konstruiert, entspricht nun allerdings nicht der historischen Realität. Wie Vuillemin in »Poincarés Philosophy of Space« (1972: 177) zeigt, »unterscheidet sich trotz der Meinung einiger Exegeten der Sinn des Wortes ›Konvention‹ [in dem Poincaré das Wort gebraucht] nicht fundamental von dem Sinn, den es in der Quine-Duhem These hat«. Doch sehen wir ab von historischer Korrektheit. Die beiden Strategien zur Rettung der Geometrie, die wir gerade beschrieben haben, unterscheiden sich in jedem Fall merklich voneinander. Die erste ist viel anspruchsvoller, insofern sie mehr Einschränkungen respektiert. Sie hat *a priori* weniger Chancen. Es ist daher wichtig, die beiden Strategien zu unterscheiden und nicht die oben besprochene dritte Version des Quine'schen Holismus zu übernehmen, die beide Strategien gerade vermischt.

§ 7 Der Konflikt zwischen zwei Auffassungen Quines.
Versuch einer Lösung

Aus der Verbindung der Verifikationstheorie Schlicks und Peirces, die die Bedeutung als die Bedingungen der Verifikation auffaßt, mit dem allgemeinen epistemologischen Holismus, d. h. der These, daß die zu verifizierende Einheit nicht die einzelne Aussage sondern die gesamte Wissenschaft ist (»unsere Aussagen treten nicht als Individuen, sondern als Kollektiv vor das Tribunal der sinnlichen Erfahrung«), ergibt sich eine dritte Auffassung, der *semantische Holismus*. Der semantische Holismus geht davon aus, daß die bedeutungstragende Einheit weder der Begriff noch die Proposition sondern die Theorie, ja die Wissenschaft als ganze ist[1].

Mithin wird man erwarten können, daß Quine, da er ja zum epistemologischen Holismus steht und auch zur Verifikationstheorie der Bedeutung, auch zum semantischen Holismus steht. Und diese

---

[1] Der semantische Holismus wird in Kapitel 2 ausführlicher besprochen.

Erwartung ist korrekt. In »Two Dogmas« (1961: 42; dtsch. 1979: 46) schreibt er: »Der Gedanke, Symbole im Gebrauch zu definieren, war, wie bemerkt, ein Fortschritt gegenüber dem unmöglichen Empirismus Term-für-Term, wie Locke und Hume ihn vertraten. Mit Frege wurde statt des Terms die Aussage als die Einheit anerkannt, die einer empiristischen Kritik verantwortlich ist. Doch worauf ich hier den Nachdruck lege, ist, daß wir, selbst wenn wir die Aussage als Einheit nehmen, noch zu fein sieben. Die Einheit empirischer Signifikanz ist die Wissenschaft als ganze.«

Der semantische Holismus ist in der Bedeutungstheorie das, was der Idealismus (»das Ganze ist die Wahrheit«) für die Theorie der Erkenntnis ist. Die idealistische Erkenntnistheorie geht davon aus, daß wir nichts wissen, solange wir nicht das Ganze wissen. Die holistische Bedeutungstheorie geht davon aus, daß wir nichts verstehen, wenn wir nicht das Ganze verstehen. Keine dieser beiden Theorien kann akzeptiert werden. Dummett kritisiert den semantischen Holismus folgendermaßen: »Quine hat recht, wenn er sich gegen die Positivisten und gegen eine atomistische Bedeutungstheorie wendet, nach der jeder einzelne Satz mit bestimmten sinnlichen Erfahrungen verbunden ist, die als seine Verifikation oder Falsifikation gelten. [...] Die Fehler des atomistischen Modells können jedoch nicht dadurch korigiert werden, daß man Sätzen jeden Sinn abspricht und ihn nur ganzen Theorien zugesteht ohne dabei der Tatsache Rechnung zu tragen, daß Theorien komplexe Strukturen von Sätzen sind.« (Dummett: 1973: 597.)

Wir möchten Dummetts Kritikpunkt einen weiteren hinzufügen. Der semantische Holismus ist nämlich nicht zu vereinbaren mit einer anderen These Quines, die wir sogleich erläutern werden: der Unterdetermiertheit einer Theorie durch die Daten.

Die klarste Formulierung der These von der Unterdeterminiertheit gibt Quine in (1970 b: 179): »... die physikalische Theorie ist selbst durch alle überhaupt möglichen Beobachtungen unterdeterminiert«, und, kurz darauf, »Die Theorie kann immer noch variieren, selbst wenn alle auch nur möglichen Beobachtungen festliegen. Physikalische Theorien können miteinander in Widerspruch stehen, selbst wenn jede von ihnen mit allen auch nur möglichen Daten (im weitesten Sinne) vollkommen vereinbar ist. Kurz: die Theorien können logisch inkompatibel und empirisch äquivalent sein.« (a. a. O.)

Die These der Unterdeterminiertheit darf nicht mit dem epistemologischen Holismus verwechselt werden, der lediglich behauptet, daß »wissenschaftliche Aussagen nicht als einzelne durch gegenläufige Beobachtung widerlegt werden können«. Dennoch gibt es einen logischen Zusammenhang zwischen den beiden Theorien. Der epistemologische Holismus gibt der These von der Unterdeterminiertheit ihre Plausibilität. »Die Holismusthese macht die Unterdeterminiertheitsthese glaubwürdig. Wenn wir bei gegenläufigen Beobachtungen immer frei unter verschiedenen Anpassungsmöglichkeiten für die Theorie wählen können, dann müßten auch alle überhaupt möglichen Beobachtungen zusammengenommen unzureichend sein, um die Theorie zu determinieren.« (Quine: 1975: 313.)

Wenn nun die bedeutungtragende Einheit, ebenso wie die zu verifizierende Einheit, nicht die Aussage sondern die gesamte Theorie ist, dann müssen zwei durch dieselben Beobachtungen verifizierte Theorien miteinander *synonym* sein. Doch das heißt, daß wir es im Grunde mit lediglich einer auf verschiedene Weise ausgedrückten Theorie zu tun haben und mithin sind semantischer Holismus und die These der Unterdeterminiertheit nicht miteinander vereinbar. Auch Quine erkennt sehr wohl an, daß der semantische Holismus *per definitionem* zu einer Zurückweisung der These der Unterdeterminiertheit führt: »... man wird einwenden, daß es niemals zwei vollständige Theorien geben kann, die hinsichtlich aller Beobachtungen übereinstimmen. Man wird einwenden, daß solche Theorien empirisch äquivalent sein würden, dieselbe empirische Bedeutung hätten, daß mithin der Unterschied zwischen ihnen rein verbal sein würde.« (Quine, 1975a: 80). Und er fügt hinzu: »Dieses Argument schließt nun einfach *per definitionem* aus, daß die physikalische Theorie hinsichtlich aller überhaupt möglichen Daten unterdeterminiert ist.« (a. a. O.)

Quine befindet sich damit in einer gewissen Schwierigkeit. Die These der Unterdeterminiertheit, die ja auf dem epistemologischen Holismus beruht, ist mit dem semantischen Holismus nicht zu vereinbaren. Und der semantische Holismus wird von der Konjunktion aus epistemologischem Holismus und verifikationistischer Bedeutungstheorie impliziert. Eine dieser vier Thesen wird also fallen gelassen werden müssen. Die meist kontroverse These ist die des semantischen Holismus. Man wird daher wohl am ehesten geneigt sein, diese These fallen zu lassen. Doch wenn man den semantischen Holismus für falsch erklärt, wird man dann nicht auch gezwungen sein, wenigstens eine der Prämissen, aus denen er folgt, d. h. entweder den epistemologischen Holismus oder die verifikationistische Bedeutungstheorie, für falsch zu erklären? Die Lösung, die wir vorschlagen möchten, besteht nun jedoch nicht darin, den semantischen Holismus für falsch zu erklären, sondern darin, ihn neu zu formulieren, auf eine Art, die ihn mit den übrigen drei Auffassungen in Einklang bringt.

Die vorzuschlagende Neuformulierung besteht in einer Erweiterung des semantischen Holismus. Statt als bedeutungtragende Einheit die *Wissenschaft* anzunehmen, schlagen wir vor, die *Sprache* als bedeutungtragende Einheit einzuführen. Nach dieser Auffassung hat dann der epistemologische Holismus nicht mehr dasselbe Anwendungsgebiet wie der semantische Holismus: der epistemologische Holismus hat es mit der Gesamtwissenschaft zu tun, d. h. der Gesamtheit als wahr akzeptierter Theorien; der semantische Holismus hingegen hat es mit der Sprache zu tun.

Indem wir die Anwendungsgebiete der beiden Holismen unterscheiden, können wir, wie Ayer in *The Central Questions of Philosophy* (1973: 33) vorschlägt, »die Bedeutung einer Theorie, oder genauer die Bedeutung der Sätze in denen die Theorie formuliert ist, von dem Tatsachengehalt der Theorie unterscheiden.« Zugleich können wir hiermit den semantischen Holismus mit der These von der Unterdetermiertheit wissenschaftlicher Theorien in Einklang bringen.

Diese Erweiterung des semantischen Holismus, die die Sprache zur bedeutungtragenden Einheit macht, ist kein *deus ex machina,* der speziell zu diesem einen Zweck auf die Bühne gerufen wird. Es geht hier um eine Auffassung, die aufgrund der ihr eigenen Vorzüge von einem Philosophen vorgeschlagen wurde, der in mancher Hinsicht den Ideen Quines sehr nahe steht. In »Truth and Meaning« schreibt Davidson: »Wir haben uns entschlossen, nicht davon auszugehen, daß Satzteile Bedeutungen haben, außer in dem ontologisch neutralen Sinn, daß sie einen systematischen Beitrag zu den Bedeutungen jener Sätze liefern, in denen sie vorkommen. [. . .] Wenn die Bedeutung von Sätzen von der Struktur der Sätze abhängig ist, und wenn wir die Bedeutung jedes Elements in der Struktur nur als eine Abstraktion von der Gesamtheit jener Sätze verstehen, in denen das Element vorkommt, dann können wir die Bedeutung eines Satzes (oder Wortes) nur angeben, wenn wir die Bedeutung aller Sätze (oder Wörter) der Sprache angeben können. Frege sagte, daß ein Wort nur im Zusammenhang des Satzes Bedeutung habe; er hätte, im gleichen Sinne, hinzufügen können, daß ein Satz (und daher ein Wort) nur im

Zusammenhang der Sprache Bedeutung hat.« (Davidson 1969: 5.)

Die Unterscheidung zwischen den hier vorgeschlagenen Anwendungsgebieten der beiden Holismen setzt voraus, daß Sprache und Theorie voneinander unterschieden werden. Doch läßt Quine eine solche Unterscheidung zu? Mit der Behandlung dieser Frage wollen wir dieses Kapitel beschließen.

§ 8 Sprache und Theorie

In seiner Formulierung des semantischen Holismus in »Two Dogmas« sieht Quine als »die bedeutungtragende Einheit [...] die gesamte Wissenschaft«. Meint er nun mit »Wissenschaft« die wissenschaftliche Theorie, die wissenschaftliche Sprache, oder beides?

Wenn man sich an den üblichen Sprachgebrauch hält, wird man von der ersteren Interpretation ausgehen müssen. Die Wissenschaft gilt dort als die Menge aller akzeptierten wissenschaftlichen Theorien. Doch Quines Sprachgebrauch ist hier nicht der übliche Sprachgebrauch. Quine tendiert dazu, unter den Begriff der Wissenschaft oder des Systems neben der wissenschaftlichen Theorie auch die Sprache zu subsumieren.

Seit 1952 verwendet Quine das Wort »System« zur Bezeichnung der Theorie: »Wie Pierre Duhem insistierte, ist es das System als ganzes, das auf die Erfahrung gerichtet ist.« (Quine, 1966: 203.) Doch einige Zeilen weiter bringt er die Erlernung des Systems in engen Zusammenhang mit dem Spracherwerb: »Wir übernehmen das System im wesentlichen von unseren Vorfahren. Wie Kinder, die ihre Sprache lernen, erwerben wir die diversen einfachen Terme und Schlüsselausdrücke durch Assoziation mit den jeweiligen Erfahrungen. Sobald wir in dieser Art des Lernens einigermaßen fortgeschritten sind, erlernen wir weitere Formen des Sprachgebrauchs aus dem Kontext. [...] Soviel im Hinblick auf die Beherrschung von Sprache und Überlieferung durch das Individuum« (a. a. O.).

Wie wir gesehen haben, sieht Quine eine wissenschaftliche Theorie als ein »einziges zusammenhängendes Netz«. Doch, wie Chomsky bemerkt, »scheint es, daß Quine den Vorschlag macht, auch eine Sprache als ein Netz von auf diverse Arten miteinander verknüpften Sätzen zu sehen, die weiterhin auf diverse Arten mit nicht-sprachlichen Stimuli in Verbindung stehen, wobei die Verbindungen durch konditionierte Reaktionen zustandekommen.« (Chomsky, 1968: 54.)

In unserem Zusammenhang ist wichtig, daß Chomsky (a. a. O.) Quine vorwirft, »die Terme *Sprache* und *Theorie* tendenziell austauschbar zu gebrauchen«. Quine bekennt sich schuldig: »Diese Tendenz«, schreibt er in seiner Antwort auf Chomsky (Quine, 1968: 281), »hat zu tun mit meiner Zurückweisung der traditionellen Unterscheidung zwischen analytischen und synthetischen Aussagen, oder, was auf das gleiche hinausläuft, der Unterscheidung zwischen Bedeutung und weithin geteilter Kollateralinformation, oder, was schließlich auch auf dasselbe hinausläuft, meiner Zurückweisung der Auffassung, daß die Sätze einer Theorie jeweils einen separaten empirischen Gehalt hätten.«

Natürlich weiß Quine sehr wohl, daß eine Theorie im technischen Sinne des Wortes eine prinzipiell unendliche Folge von Aussagen ist, zu der die Axiome und all ihre Konsequenzen gehören, und daß, wenn die Theorie konsistent ist, diese unendliche Folge eine echte Teilmenge der Sprache ist, und daß sie sich von der Sprache dadurch unterscheidet, daß sie von jedem Paar der Form ⟨p, ~p⟩ nur ein Element enthält. Doch Quine hält diese Unterscheidung an diesem Punkt für nicht relevant: »Dieser Begriff hat seinen Nutzen, wenn wir uns, wie in der Modelltheorie oder der Beweistheorie, innerhalb eines vorgegebenen logischen Rahmens bewegen – gewöhnlich der Rahmen von Quantifikation und Wahrheitsfunktion. Aber es ist kaum ersichtlich, was diese Unterscheidung für Fragen der Übersetzung und des Sprachlernens für eine Relevanz haben könnte, bei denen wir ja nicht mit einem spezifischen logischen Apparat arbeiten und nicht einmal den logischen von dem übrigen Apparat unterscheiden.« (Quine, 1968: 281.)

Das von Quine zur Rechtfertigung seiner Tendenz, die Terme »Sprache« und »Theorie« austauschbar zu verwenden, angegebene Argument ist sehr schwach. Es ist unklar, wie es möglich sein soll, jene Unterscheidung zu vernachlässigen, wenn man es mit der Übersetzungstheorie zu tun hat. Im allgemeinen spricht man von Quellsprache und Zielsprache, nicht jedoch von Quelltext und Zieltext. Ein Übersetzer, der in der Lage ist, die Äneasfabel ins Deutsche zu übersetzen, der jedoch nicht in der Lage wäre, auch einen deformierten Text zu übersetzen, der sich vom Original etwa darin unterscheidet, daß Äneas über Bord fällt und ertrinkt, ein solcher Übersetzer könnte nicht zu recht »Übersetzer« heißen. Wir werden im nächsten Kapitel sehen, daß Quine selbst zu der Auffassung gezwungen ist, daß Übersetzung in erster Linie eine Relation zwischen Sprachen ist, und erst in abgeleiteter Weise eine Relation zwischen Texten. Diese Konsequenz ergibt sich aus dem was er über »Übersetzungsregeln« sagt.

Andererseits ist es richtig, daß der Unterschied zwischen Sprache und Theorie wenigstens teilweise vernachlässigt werden kann, wenn es um den Spracherwerb geht. Wenn man ein Wort ostensiv erlernt, lernt man zugleich das Wort und die Tatsache, daß eine bestimmte Proposition wahr ist. Es ist gerade dieses Zusammenfallen beider Lernvorgänge, was die Stärke der bei Philosophen der Alltagssprache (»ordinary language«-Philosophen) gebräuchlichen Argumentation mit paradigmatischen Beispielen ausmacht. Dieses Zusammenfallen erlaubt Quine auch, in »The Nature of Natural Knowledge« (1975a: 73) ganz richtig zu schreiben: »...die Beobachtungssätze sind Anfangspunkte der Spracherlernung. Ebenso sind sie die Anfangspunkte und die Prüfstellen für wissenschaftliche Theorien.«

Quine sieht seine Vernachlässigung der Unterscheidung zwischen Sprache und Theorie im Zusammenhang mit seiner Ablehnung der Unterscheidung zwischen analytischen und synthetischen Aussagen. Dieser Zusammenhang, den Quine, wie wir zeigen werden, zu Unrecht herstellt, ergibt sich aus der Tatsache, daß er nur zwei Arten von Zusammenhängen zwischen den Sätzen einer Sprache bzw. einer Theorie in Betracht zieht: Implikationszusammenhänge und Zusammenhänge der Evidenz. Hieran läßt die folgende Aussprache aus *The Roots of Reference* keinen Zweifel: »die Evidenzbeziehung und die semantische Beziehung zwischen Beobachtung und Theorie sind koextensional.« (1974: 38.)

Quine ist im übrigen nicht der einzige, der sich diese Zusammenhänge so restriktiv denkt. Dummett teilt Quines Auffassung, wenn er in »The Significance of Quine's Indeterminacy Thesis« (1974: 352) schreibt: »Wenn eine Sprache eine artikulierte Struktur sein soll, muß es Zusammenhänge zwischen den Sätzen geben: solche Zusammenhänge erst machen die Gesamtheit der Sätze zu einer Struktur, und sie bestimmen die Stelle jedes Satzes innerhalb des Ganzen. Wir sollten diese Zusammenhänge natürlich als Implikationszusammenhänge sehen (eventuell unter Einschluß von sowohl induktiven als deduktiven Schlüssen).«

Dummett und Quine übersehen offenbar andere als inferentielle Zusammenhänge zwischen Sätzen. Insbesondere vergessen sie die durch das Kompositionalitätsprinzip entstehenden Zusammenhänge, d. h. das Prinzip nach dem »die Bedeutung eines Satzes oder zusammengesetzten Ausdrucks [...] als das Produkt der Bedeutungen der

den Satz bzw. Ausdruck konstituierenden lexikalischen Einheiten«
(Lyons, 1968: 249) begriffen wird.

Dieses Prinzip, oft auch das *Fregesche Prinzip* genannt, stellt nicht-
inferentielle Zusammenhänge her zwischen allen Paaren von Sätzen,
die mit Hilfe derselben Wörter und derselben Konstruktionen gebildet sind, so z. B. zwischen »A redet mit B« und »B redet mit A«.

In einem formalen System sind die Regeln, die inferentielle Zusammenhänge zwischen Sätzen herstellen, deutlich von jenen Regeln
unterschieden, die der Bedeutung ihren kompositionellen Charakter
geben. Die ersteren heißen Deduktionsregeln (die Regel des *modus
ponens* wäre ein Beispiel); die letzteren sind die jeweiligen Teile der
rekursiven Definitionen des Erfüllungsbegriffs und des Wahrheitsbegriffs für das infrage stehende System. Neil Tenant hat die Rolle der
letzteren Regeln sehr gut beschrieben: sie enthalten »Klauseln für
jedes Konnektiv, jeden Quantor und jedes atomare Prädikat. Da die
Operatoren, die in der Definition des Erfüllungsbegriffs ihre eigenen
Klauseln haben, in einem offensichtlichen Sinn diejenigen Mittel sind,
die aus alten Formeln neue konstruieren, sehen wir, daß eine endliche
Anzahl von Anwendungen der Erfüllungsdefinition ausreichen muß,
um für jede beliebige Formel die Erfüllungsbedingungen herauszuarbeiten.« (1977: 371.)

Was für den Prädikatenkalkül gilt, gilt auch für jenen Teil der
natürlichen Sprache, der in seinem Rahmen reglementiert werden
kann (und das ist jener Teil natürlicher Sprachen, der Quine vor allem
interessiert). Davidson hat dies in verschiedenen Artikeln gezeigt,
insbesondere in »Truth and Meaning« (1969).

Nun kann Quine jedoch vollkommen konsequent die Existenz
anderer als rein inferentiller semantischer Beziehungen anerkennen
und kann dennoch weiterhin behaupten, daß »die Evidenzbeziehung
und die semantische Beziehung zwischen Theorie und Beobachtung
koextensional« sind. Die semantischen Beziehungen zwischen »A
sieht B an« und »B sieht A an« oder zwischen »Die Sonne zieht die
Erde an« und »Die Erde zieht die Sonne an« sind keine Gegenbeispiele. Zwar handelt es sich hier sicherlich um semantische Beziehungen, die keine Evidenzbeziehungen sind, aber es sind *keine semantischen Beziehungen zwischen Beobachtung und Theorie*. Es sind
semantische Beziehungen zwischen Beobachtung und Beobachtung
oder zwischen Theorie und Theorie.

Wir haben soeben gezeigt, daß Quine ohne in Widersprüche zu
kommen die Existenz von semantischen Beziehungen akzeptieren

kann, die keine Evidenzbeziehungen sind. Wir werden im nächsten Kapitel sehen, daß er dies nicht nur tun *kann,* sondern sogar tun *muß,* wenn er die These der Unterdeterminiertheit nicht trivialisieren und eine nicht-triviale Interpretation für die Tatsache geben will, daß wir die wissenschaftliche Theorie zugleich mit der wissenschaftlichen Sprache erlernen.

Wenn jene semantischen Beziehungen, die nicht zugleich auch Evidenzbeziehungen sind, Quine nicht dazu zwingen, seine verifikationistische Bedeutungstheorie aufzugeben, so zwingen sie ihn doch dazu, zwischen Sprache und Theorie zu unterscheiden, d. h. eine Unterscheidung ernst zu nehmen, die er meinte, vernachlässigen zu können.

Aber es gibt noch einen weniger trivialen Grund, der die Aufrechterhaltung der Unterscheidung zwischen Sprache und Theorie rechtfertigt. Wenn die Theorie sich mit der Sprache vermischen würde, ginge jede ihrer Veränderungen einher mit einer Veränderung der Sprache; dieses würde zum *Paradox der Inkommensurabilität* wissenschaftlicher Theorien führen. Mary Hesse (1976: 197) hat das Problem klar dargelegt: »Wir könnten nicht einmal wissen, ob verschiedene Theorien das gleiche Objekt der Beobachtung betreffen, denn wenn die Bedeutungen der Prädikate, die in den Beobachtungsaussagen auftreten, durch die theoretischen Annahmen des Beobachters bestimmt sind, und wenn diese Bedeutungen sich von Theorie zu Theorie unterscheiden, scheinen wir einen Fall von Inkommensurabilität vor uns zu haben, der jeden Vergleich zwischen Theorien untersagt und insbesondere verbietet, von Beziehungen der Kompatibilität, der Inkompatibilität oder der relativen Bestätigung zwischen ihnen zu sprechen.«

Wenn man, um dieses Paradox zu umgehen, zulassen würde, daß diese oder jene Beobachtungsprädikate *semantisch invariant* sind, würde man in der Tat die Dichotomie des Analytischen und Synthetischen wiedereinführen. Aber es gibt eine subtilere Lösung, die es erlaubt, die Unterscheidung zwischen Sprache und Theorie zu retten, ohne die von Quine angegriffene Dichotomie zu rehabilitieren. »Um den Term ›gleiche Theorie‹ zu retten, der zur Vermeidung der Paradoxien der Inkommensurabilität *(meaning variance paradoxes)* erforderlich ist, »muß es« – wie Hesse (1976: 202) schreibt – »eine gewisse semantische Stabilität geben; in der Tat muß die Mehrzahl der deskriptiven Prädikate in diesem Sinne stabil sein; aber, da wir nicht *a priori* wissen, welche Beobachtungsaussagen sich als wahr herausstellen werden, wissen wir auch nicht, welche Beobachtungsprädikate eine stabile Bedeutung behalten. Die Vorstellung Mary Hesses ist, daß Veränderungen der Theorie zwar im allgemeinen von einer Änderung der Sprache begleitet werden, wie auch Quine meint, doch daß beide Arten der Veränderung keineswegs ununterscheidbar sind. Was sie unterscheidet ist ihr *Rhythmus:* die Sprache ist *stabiler* als die Theorie, und diese größere *Stabilität* sichert jenes Minimum notwendiger Invarianz, das die Verständigungsmöglichkeit zwischen den Theorien aufrechterhält. Es handelt sich um einen *Gradunterschied* und *nicht* um einen Wesensunterschied. Hesse gesteht zu, daß es sich, wenn das Zeitintervall zu groß ist, um Inkommensurabilität handeln kann.

Diese *dynamische* Konzeption der Beziehungen zwischen der Sprache-Theorie Unterscheidung und der analytisch-synthetisch Dichotomie erscheint uns korrekter als die einfache Zurückweisung der zwei als zusammengehörig vorgestellten Unterscheidungen. Sie verpflichtet übrigens Quine zu keiner wirklichen Konzession, weil in der Sicht von Mary Hesse die Grenze zwischen Sprache und Theorie instabil, und vorübergehend ist, und – dieser Punkt ist wesentlich – von der Theorie *abhängt*. Dies schließlich deshalb, weil sie nur für einen momentanen Zustand der wissenschaftlichen Theorie sinnvoll ist. Wir haben also genau das Gegenteil von dem vor uns, was die traditionellen Verteidiger der analytisch-synthetisch Dichotomie wollen. Für sie ist die Sprache tatsächlich ein Rahmen, der von außen seine Einschränkungen auf die Theorie überträgt, so wie ein Gefäß der in ihm enthaltenen Flüssigkeit seine Form aufzwingt[1].

Hesses Position ist auch anpassungsfähiger als die Strawsons, der, während er die Idee eines *notwendigen* Rahmens für alle möglichen wissenschaftlichen Theorien ganz zurückweist, dennoch die Existenz *notwendiger Zusammenhänge* innerhalb wissenschaftlicher Theorien zugesteht. Bei Mary Hesse gibt es nichts dergleichen. Die Sprache ist ganz einfach starrer als die Theorie, und dies ist ein bloßer Gradunterschied.

Die andere Gegenüberstellung von Sprache und Theorie, die sich am Gegensatz zwischen wohlgeformten und nicht wohlgeformten Ausdrücken festmacht, *kann* Quine nicht nur unbeschadet seiner Abweisung der analytisch-synthetisch Dichotomie akzeptieren, son-

[1] In dem meisterhaften Buch von N. Mouloud *L'Analyse et le sens* finden sich sehr erhellende Analysen zum Verhältnis zwischen Sprache und Theorie.

dern er wird sie, wie wir noch zeigen werden, sogar akzeptieren *müssen,* wenn er eine seiner anderen Positionen aufrechterhalten will: seine These von der Unterdeterminiertheit wissenschaftlicher Theorien, eine These, von der noch die Rede sein wird.

Zweites Kapitel: Eine neue Konzeption der Erkenntnis

§ 1 Das Neue an der These der Unterdeterminiertheit von Theorien

H. Weyl schreibt in *Philosophy of Mathematics and Natural Science* (1949: 153): »Wir können die Möglichkeit nicht ausschließen, daß verschiedene Konstruktionen als Erklärung für unsere Wahrnehmungen gleichermaßen angemessen sein können; in dieser Anerkennung der ›Ambiguität der Wahrheit‹ haben Hobbes und d'Alembert die modernen Positivisten antizipiert.« Haben nun Hobbes und d'Alembert und Weyl und die modernen Positivisten Quine antizipiert und schon vor ihm die These der Unterdeterminiertheit von Theorien formuliert? Oder haben sie ihn antizipiert, indem sie vor ihm die These des epistemologischen Holismus formuliert haben?

Keines von beiden. Die Frage stellt sich nicht. Vor Quine waren beide Thesen miteinander vermengt, und das sind sie auch noch im oben zitierten Text. In der Tat läßt sich Weyls Aussage sowohl als Ausdruck des epistemologischen Holismus interpretieren als auch als Ausdruck der Unterdeterminiertheitsthese, je nachdem ob man »Wahrnehmungen« interpretiert als *tatsächliche Wahrnehmungen* oder als *überhaupt mögliche Wahrnehmungen*.

Wenn man nur tatsächliche Wahrnehmungen betrachtet, handelt es sich bei der von Weyl angesprochenen Situation um den in der Wissenschaft wohlbekannten Fall eines Konflikts zwischen Theorie und Beobachtung, der auf verschiedene Weise gelöst werden kann. Dieser Situation trägt Duhems Holismus explizit Rechnung. Wenn man andererseits den Fall betrachtet, daß zwei Theorien angesichts aller Beobachtungen der Vergangenheit, Gegenwart und Zukunft und selbst aller überhaupt *möglichen* Beobachtungen als Konkurrenten bestehen können, dann kann die eingangs zitierte Aussage Weyls als eine Formulierung der Unterdeterminiertheitsthese interpretiert werden.

Ohne Zweifel war Quine der erste, der jene zwei in dem obigen Zitat noch vermengten Auffassungen klar unterschieden hat. Wir wollen hier sofort, um Mißverständnisse zu vermeiden, darauf hinweisen, daß Quine unter einer »möglichen Beobachtung« einen *beobachtbaren* Zustand oder ein *beobachtbares* Ereignis« versteht, im Gegensatz zu einem »*beobachteten* Zustand oder Ereignis«; d. h. er versteht unter einem »beobachtbaren Zustand oder Ereignis« einen

Zustand oder ein Ereignis »dessen Ort und Zeit außerhalb der Reichweite jedes zur Wahrnehmung befähigten Lebewesens« liegen kann (cf. Quine, 1975: 317). Es handelt sich also, mit anderen Worten, nicht um den *modalen* Begriff des Möglichen, den wir etwa in Kripkes Begriff der *möglichen Welt* finden.

Hinsichtlich der Unterscheidung zwischen epistemologischem Holismus und Unterdeterminiertheitsthese stellt sich natürlich die Frage, ob sich diese Unterscheidung lohnt. Wenn wir diese Frage positiv beantworten wollen, müssen wir zeigen, worin das wesentliche Interesse an jeder einzelnen der beiden Thesen besteht. Für den epistemologischen Holismus haben wir das bereits getan. Doch für die Unterdeterminiertheitsthese bleibt noch zu zeigen, daß es nicht um eine für den Wissenschaftler nicht weiter ernstzunehmende Phantasie-hypothese geht. Eine Bemerkung Einsteins mahnt uns hier zur Vorsicht. Er sagte in seiner Rede zu Max Plancks sechzigstem Geburtstag, die historische Entwicklung habe gezeigt, »daß sich von den vorstellbaren theoretischen Konstruktionen immer wieder eine als allen anderen überlegen herausstellte. Niemand, der sich wirklich in die Sache vertieft, wird leugnen wollen, daß die Welt der Wahrneh-mungen das theoretische System geradezu unzweideutig determiniert, wenngleich uns auch keine logischen Prinzipien zur Theorie hinfüh-ren.« (zitiert nach Weyl, 1949: 153.)

Auf den ersten Blick mag es so scheinen, als weise Einstein hier die These der Unterdeterminiertheit als rein spekulativ zurück, da sie in der Wissenschaftsgeschichte durch keinerlei Beispiele gestützt sei. Wenn man sich die Sache etwas näher ansieht, wird man jedoch sehen, daß diese Aussprache Einsteins auch als Zustimmung zur Unterdeter-miniertheitsthese verstanden werden kann. Einstein erkennt nämlich an, daß es zwischen einer wissenschaftlichen Theorie und den Beob-achtungen, die sie stützen, immer etwas Spielraum gibt. Und auch Quine schreibt (1975: 317): »die Lehre der Unterdeterminiertheit sagt, daß es einen gewissen Spielraum zwischen Beobachtung und Theorie gibt.«

Die Unterdeterminiertheitsthese ist nun allerdings weder eine historische Aussage zur Wissenschaftsgeschichte noch eine Vorher-sage in Bezug auf von kommenden Generationen noch zu entwik-kelnde Theorien. Es handelt sich um eine These, die die Gesamtheit der möglichen Theorien betrifft und behauptet, daß »unser System der Welt notwendigerweise eines von verschiedenen empirisch äquivalen-ten Systemen ist.« (Quine, 1975: 327.)

Quine argumentiert für seine These folgendermaßen. Eine Theorie muß mit endlichen Mitteln einer unendlichen Menge von Beobachtungen Rechnung tragen; technisch bedeutet dies, daß die Axiome der Theorie eine unendliche Anzahl von auf Beobachtungen bezogenen Bedingungssätzen implizieren müssen, d. h. Bedingungssätze, deren Vordersatz bestimmte Randbedingungen und deren Nachsatz eine Beobachtung beschreibt. Es gibt somit eine Kluft zwischen der *endlichen* Formulierung der Theorie und der *unendlichen* Menge von Aussagen, die sie impliziert. Diese Kluft kann auf verschiedene Weise überbrückt werden: *hier* ergibt sich der Spielraum zwischen Beobachtungen und Theorie, von dem bereits die Rede war. Und *hier* tritt die Unterdeterminiertheit auf: »Jede endliche Formulierung die [die auf Beobachtung bezogenen Bedingungssätze] impliziert, wird unweigerlich auch einiges zusammenphantasiertes Zeug, einiges Füllmaterial, implizieren, dessen einzige Funktion darin besteht, die Formulierung abzurunden. Hinsichtlich der Wahl des Füllmaterials ergibt sich eine gewisse Freiheit der Auswahl, und darin besteht die Unterdeterminiertheit« (Quine, 1975: 327).

Wir haben gesehen, daß man in den Konventionalismus abgleitet, wenn man den epistemologischen Holismus zu liberal interpretiert; doch wir haben auch gesehen, wie diese Gefahr gebannt werden kann. Eine ähnliche Gefahr lauert auf die Unterdeterminiertheitsthese. Wenn nicht von Beginn an genau festgelegt wird, was als »dieselbe Theorie« bzw. als »eine andere Theorie« gelten soll, d. h. wenn nicht von Beginn an Identitätsbedingungen für Theorien genau festgelegt werden, besteht die Gefahr, daß Theorien, die nur verbal verschieden sind und deren logische Unvereinbarkeit miteinander bloß scheinbar ist, als Beispiele empirisch äquivalenter und logisch inkompatibler Theorien durchgehen.

Quine illustriert einen solchen Fall von scheinbar konkurrierenden Theorien mit dem folgenden Beispiel: »Nehmen wir eine bestimmte Formulierung einer Theorie und wählen wir zwei ihrer Terme aus, sagen wir ›Elektron‹ und ›Molekül‹. Ich gehe davon aus, daß beide Terme keine essentielle Rolle in Beobachtungssätzen spielen, sondern rein theoretische Terme sind. Nun wollen wir unsere Formulierung der Theorie in eine andere Formulierung überführen, indem wir einfach jene beiden Terme durchgängig füreinander austauschen. Die neue Formulierung der Theorie ist damit mit der ursprünglichen Formulierung logisch inkompatibel: sie behauptet Dinge von sogenannten Elektronen, die die andere Formulierung ausschließt. Dennoch ist der Unterschied zwischen beiden Formulierungen, wie der Laie sagen würde, rein terminologisch. Die eine Formulierung gebraucht die technischen Terme ›Elektron‹ und ›Molekül‹ als Benennungen für das, was die andere Formulierung ›Molekül‹ bzw. ›Elektron‹ nennt. Und der Laie würde sagen, daß es sich um ein und dieselbe Theorie handelt.« (Quine, 1975: 319.)

Quine weigert sich auch, z. B. jene beiden von Poincaré angeführten Kosmologien als wirklich verschiedene Theorien zu akzeptieren und will auch sie als nur verbale Varianten voneinander sehen. Eine der beiden Theorien betrachtet den Raum als unendlich und die andere betrachtet den Raum zwar als endlich, jedoch alle Gegenstände als schrumpfend proportional zu ihrem Abstand vom Zentrum.

Der Grund für Quines Zurückweisung auch dieses Beispiels ist derselbe wie im vorhergehenden Fall: auch hier ist es möglich beide Theorien verbal zur Übereinstimmung zu bringen, und zwar mithilfe einer Rekonstruktion der relevanten Prädikate der Sprache. Im ersten Beispiel bestand die Rekonstruktion der Prädikate in einer einfachen Vertauschung von »Molekül« und »Elektron«.

Der Begriff der *Rekonstruktion von Prädikaten* ist der Kern des *Individuationskriteriums* für Theorien: »Ich schlage vor, Theorien folgendermaßen zu individuieren: Zwei Formulierungen gelten als Formulierungen derselben Theorie, wenn sie empirisch äquivalent sind und es eine Rekonstruktion von Prädikaten gibt, mit deren Hilfe eine der Theorien in ein logisches Äquivalent der anderen überführt werden kann« (Quine, 1975: 320). Auf dieser Basis läßt sich nun leicht ein Kriterium für Unterdeterminiertheit angeben: zwei empirisch äquivalente Theorien sind *real,* und nicht bloß *verbal* verschieden, wenn es keine wie auch immer komplexe Rekonstruktion von Prädikaten gibt.

Die Rekonstruktion von Prädikaten kann zwar komplex sein, bleibt aber dennoch gewissen Restriktionen unterworfen. Wäre dies nicht der Fall, dann ließe sich *immer* eine Abbildung einer der ursprünglich konkurrierenden Theorien auf die andere finden, und die Theorie der Unterdeterminiertheit wäre *a priori* falsch.

Wenn Quine von einer »Rekonstruktion von Prädikaten« spricht, erkennt er damit implizit die Notwendigkeit einer Unterscheidung zwischen Sprache und Theorie an. In der Tat müssen die Übersetzungsregeln der Rekonstruktion Wort*typen* in Wort*typen* abbilden und nicht Wort*token* in Wort*token* – andernfalls hätten wir es nicht mit Regeln zu tun sondern mit einfachen Übersetzungsanweisungen für jeweils einzelne Vorkommen von Wörtern. Und wenn die Übersetzungsregeln es mit Worttypen zu tun haben, beziehen sie sich selbstverständlich auf die *Sprache* und nicht auf den *Diskurs* oder auf die Theorie (die als Diskurs aufgefaßt werden mag). Quine scheint damit die Position aufzugeben, die er in seiner Replik auf Chomsky (1968) eingenommen hatte, und zwar im Austausch für jene Position, die wir oben in unserem Rettungsversuch für den semantischen Holismus vorgeschlagen hatten.

§ 2 Die philosophische Relevanz der Unterdeterminiertheitsthese

Das wesentliche Argument, das Quine in »Two Dogmas« gegen die analytisch-synthetisch Unterscheidung ins Feld geführt hat, ist die Unbestimmbarkeit des *Synonymiebegriffs*.

Wenn Quine sich nun auch weigert, den Synonymiebegriff zu gebrauchen, so akzeptiert er doch den Gebrauch des Begriffs der *Nicht-Synonymie*. Diesen Begriff braucht er, um empirisch äquivalente jedoch *verbal* verschiedene Theorien von Theorien zu unterscheiden, die *signifikant* voneinander verschieden sind.

In dem Aufsatz »Notes on the Theory of Reference« (1961: 130–138; dtsch. 1979: 125–132) schreibt Quine, die Bedeutungstheorie sei »in einem schlechteren Zustand als die Referenztheorie«. Doch zur Formulierung seiner These der Unterdeterminiertheit benötigt er dennoch einen Begriff, der in gewissem Sinne gerade zur Bedeutungstheorie gehört: den Begriff der *Nicht-Synonymie*. Nun ist zugegebenermaßen dieser Begriff, anders als der Synonymiebegriff, nicht ontologisch verpflichtend. Da Nicht-Synonymie keine Äquivalenzrelation ist, und sich auch hierin von der Synonymie unterscheidet, kann sie nicht dazu verwendet werden, durch Abstraktion Definitionen aufzustellen und so Bedeutungen als Entitäten einzuführen, eine Prozedur, von der etwa Russell Gebrauch machte; vgl. die folgende Passage: »das Wort ›Proposition‹ ... soll bedeuten ›die Klasse aller Sätze, die dieselbe Bedeutung haben wie ein gegebener Satz‹«. (Russell: 1966: 166.)

Doch Quines Widerstand gegen den Begriff der Synonymie ist nicht auf einem nominalistischen Vorurteil begründet, sondern »Das Problem liegt eher in dem zweistelligen Prädikat der Synonymie selbst; es ist zu unklar und zu undurchsichtig« (Quine, 1961: 130; dtsch. 1979: 167). Hier wird man jedoch hinzufügen wollen, daß der Begriff der

Nicht-Synonymie natürlich ebenso unklar ist wie der der Synonymie. Und auf den ersten Blick würde man auch annehmen, daß der Begriff der Nicht-Synonymie selbst auf dem der Synonymie beruht. Doch würde Quine hierauf zweierlei antworten können: erstens ist Nicht-Synonymie als die Relation zwischen zwei Theorien definiert, die empirisch äquivalent sind, jedoch nicht in einander übersetzbar. Und Übersetzung definiert Quine nicht aufgrund des Synonymbegriffs sondern aufgrund von *Rekonstruktion von Prädikaten* und *Abbildung*. Zweitens kann Quine den folgenden Grund für die Annahme anführen, daß Nicht-Synonymie ein grundlegenderer Begriff sei als Synonymie: wenn zwei Theorien mithilfe verschiedener Prädikate formuliert sind, beruht die Beweislast, daß die Prädikate als Theorien identisch sind, d. h. synonym, bei demjenigen, der dies behauptet; er muß eine Rekonstruktion der Prädikate vorschlagen, eine Abbildung, die die verbal unterschiedenen Theorien in verbal identische Theorien über- führt.

Christopher Peacocke spricht in seinem Aufsatz »With Reference to the Roots« ein interessantes Problem an: »Quines grundlegendes Dilemma ist folgendes: nehmen wir an θ_1 und θ_2 seien zwei Theorien, die im Hinblick auf Beobachtung in der Tat äquivalent sind und die durch Rekonstruktion von Prädikaten nicht auf einander zurückge- führt werden können. Kann dann sinnvollerweise davon die Rede sein, daß die eine Theorie, θ_1 etwa, wahr sei und θ_2 falsch? Wenn das sinnvoll ist, dann muß der Begriff der Bedeutung mehr umfassen als die beobachtungsmäßige Komponente, jedenfalls insofern als Bedeu- tung den Wahrheitswert beeinflußt. Wenn es nicht sinnvoll ist, dann erscheint es unvernünftig, zwischen den Theorien eine Wahl zu treffen, außer im Hinblick auf Faktoren, die mit Wahrheit nichts zu tun haben (wie etwa vorteilhafte mathematische Eigenschaften«) (Peacocke, 1978: 111).

Quines Antwort hierauf, bereits in Quine (1975) formuliert, zeigt deutlich die Originalität seines Denkens. In der Tat, so schreibt er, umfasse der Begriff der Bedeutung mehr als bloß die beobachtungs- mäßige Komponente. *Neben* observationaler Bedeutung müsse auch theoretische Bedeutung zugelassen werden.

Der theoretischen Bedeutung will Quine jedoch keine autonome Realität zusprechen, die jenseits der Beobachtung liegt, wie etwa Aristoteles' Grundkategorien. Für Quine besteht der Unterschied in der theoretischen Bedeutung zwischen zwei konkurrierenden Theo- rien in der Unübersetzbarkeit der beiden Theorien in einander. Um dies zuzugestehen, brauchen wir keinen Schritt vom Empirismus abzugehen und nicht auf Intuitionen zurückzufallen.

Auf die Frage, ob die von der These der Unterdeterminiertheit postulierten konkurrierenden Theorien Träger von Wahrheitswerten seien, antwortet Quine, es gebe »keine theorieunabhängige Wahrheit, keine Wahrheit in einem höheren Sinne als die, die wir anstreben oder in Anspruch nehmen, wenn wir an unserem System der Welt von innen heraus weiterbosseln.« (1975: 327.)

Wäre er mit zwei rivalisierenden Theorien konfrontiert, die Beispiele für die Unterdeterminiertheit von Theorien sind, dann würde Quine nicht zwischen ihnen wählen: »Dies ist die extreme Situation in der wir gut daran tun, uns mit offenem Dualismus zufriedenzugeben. Rivalisierende Theorien miteinander oszillieren zu lassen ist ohnehin ein übliches Verfahren in der Wissenschaft. Auf diese Weise werden alternative Hypothesen untersucht und überprüft. Wenn es auf alle Zeiten keine Basis für eine Auswahl gibt, dann können wir es einfach bei beiden Systemen belassen und uns frei in beiden bewegen, wobei wir unterschiedliche Symbole gebrauchen, um anzugeben, welches der Spiele wir jeweils spielen. Dieser Gebrauch unterschiedlicher Symbole beläßt uns zwei nicht aufeinander reduzierbare und nicht miteinander in Konflikt stehende Theorien.« (Quine: 1975: 328.)

Die These der Unterdeterminiertheit führt somit zu einer wichtigen Beschränkung für die neopositivistische These, daß die Bedeutung einer Aussage in ihren Verifikationsbedingungen bestehe. Doch das ist nicht alles. Die Unterdeterminiertheitsthese führt ebenfalls zu Beschränkungen der Fregeschen These, daß die Bedeutung einer Aussage in ihren Wahrheitsbedingungen bestehe. Wenn Quine akzeptiert, daß es eine Dualität der Bedeutung geben kann, selbst dort, wo sich die Frage der Wahrheit nicht stellt, erkennt er damit an, daß Bedeutung nicht nur durch die Verifikationsbedingungen nicht ausgeschöpft wird, sondern auch nicht durch Wahrheitsbedingungen.

Dieses Resultat muß gesehen werden im Vergleich mit der Entdeckung von Nicht-Standardmodellen, die gezeigt hat, daß Referenz durch Wahrheit unterdeterminiert ist. Betrachten wir ein axiomatisiertes formales System Σ, das vollständig ist, jedoch nicht kompakt. Wir können rekursiv alle Theoreme von Σ aufzählen und, da es sich um ein vollständiges System handelt, auch alle wahren Theoreme von Σ. Da jedoch Σ nicht kompakt ist, d. h. nicht-isomorphe Modelle zuläßt, »determiniert Σ weder welche Objekte vorliegen, noch enthält es alle strukturellen Beziehungen zwischen ihnen« (vgl. J. N. Crossley et al. 1972: 25). Mit anderen Worten, die Wahrheitswerte für alle Sätze des Systems legen die Referenz nicht fest.

Dieser Vergleich hilft uns zu verstehen, warum wir nicht mehr davon auszugehen brauchen, daß aufgrund der Zweiwertigkeit notwendigerweise höchstens eine von zwei empirisch äquivalenten und hinsichtlich aller Daten korrekten Theorien wahr ist. Dieser Schluß, der die Existenz von auf unerklärliche Weise unzugänglichen Tatsachen postuliert, drängt sich nicht auf, wenn man bereit ist, die Bedeutung von Aussagen auf ihre Wahrheitsbedingungen zu reduzieren. Aber gerade das will Quine ja nicht.

Die Annahme, daß eine von mehreren konkurrierenden Theorien in einem absoluten Sinn wahr sei, daß es jedoch unmöglich sei, zu wissen, welche Theorie dies ist, muß im Zusammenhang gesehen werden mit der Annahme, daß gewisse Modelle, etwa Standardmodelle, anderen *wesentlich* überlegen seien. Mathematiker haben sich von dieser zweiten Annahme losgemacht. Non-standard Analysis, die um 1960 von Abraham Robinson begründet wurde, hat sich als äußerst nützlich erwiesen; dank ihrer »ist es möglich, der Intuition sehr nahestehende Beweise für Theoreme des Differential- und Integralkalküls zu geben.« (Hirsch, demn.)

Wenn nun verschiedene Theorien gleich gut sind, dann wird man jene Metapher, nach der wissenschaftlicher Fortschritt in einer zunehmenden Annäherung der Theorien an die Wahrheit besteht, aufgeben müssen. Aber diese Metapher wäre ohnehin noch aus einem anderen Grunde abzulehnen, den Quine in *Word and Object* (1960: 23; dtsch. 1980: 55) nennt: »der Begriff des Grenzwerts hängt ab von dem Begriff ›näher als‹, der zwar für Zahlen, nicht jedoch für Theorien definiert ist«.

§ 3 Von der konzeptuellen Grundlegung zur genetischen Semantik

In seiner kleinen Studie »De l'art de persuader« formuliert Pascal das Programm der Grundlegung wie folgt: »Die Kunst der Überzeugung... besteht aus drei wesentlichen Teilen: dem Definieren jener Terme, deren man sich bedienen muß, um klare Definitionen zu geben; dem Vorschlagen von Grundannahmen oder evidenten Axiomen, mit deren Hilfe die Beweise geführt werden, und bei der Beweisführung der immer wiederkehrenden geistigen Einsetzung der Definitionen für das Definierte.« (Pascal, 1914, Bd. ix: 277.) Etwas

später gibt Pascal u. a. die folgenden Regeln an:
- »Man soll solche Dinge, die selbst schon so gut bekannt sind, daß keine noch klareren Terme zu ihrer Definition zur Verfügung stehen nicht definieren«,
- »Man soll Terme, die unklar oder mehrdeutig sind, niemals ohne Definition ausschließen.«
- »Man soll alle unklaren Propositionen beweisen und bei ihrem Beweis lediglich vollkommen evidente Axiome gebrauchen oder bereits zuvor akzeptierte oder bewiesene Propositionen.«

Heutzutage würde man nicht mehr drei, sondern nur noch zwei wesentliche Punkte unterscheiden: die Kunst der Definition und die der Deduktion. Die Regel, die uns das Recht gibt, das Definiens für das Definiendum einzusetzen wird heute der Kunst der Deduktion zugerechnet.

Drei Jahrhunderte nach Pascal formuliert Quine das Ideal der Grundlegung in derselben Begrifflichkeit wie Pascal, mit dem einen Unterschied, den wir soeben angegeben haben. Er schreibt in »Epistemology Naturalized«: »Studien zur Grundlegung der Mathematik lassen sich symmetrisch in zwei Arten aufteilen: in Begriffs- und Geltungsanalysen. Die Begriffsanalysen beschäftigen sich mit der Bedeutung, die Geltungsanalysen mit der Wahrheit. Mit den Begriffsstudien will man Begriffe durch Definition klären, wobei sich die Definition manchmal wieder anderer Begriffe bedient. Mit den Geltungsstudien will man sich der Gesetze durch Beweise versichern, wobei die Beweise z. T. wieder von anderen Gesetzen Gebrauch machen. [...] Im Idealfall würden die Definitionen alle Begriffe aus klaren und deutlich voneinander unterschiedenen Grundgedanken entwickeln, und die Beweise würden alle Theoreme aus selbstverständlichen Grundwahrheiten ableiten.« (1969: 69 f; dtsch. 1975: 97 f.)

Das Programm der Grundlegung kann in seinem konzeptuellen Teil, wie die Autoren der *Principia Mathematica* gezeigt haben, in dem Maße ausgeführt werden, in dem es möglich ist, alle mathematischen Begriffe mit Hilfe der folgenden drei Begriffe aus Logik und Mengentheorie zu definieren: dem Sheffer-Strich, dem Allquantor und dem Prädikat der Zugehörigkeit zu einer Menge als deren Element.

Was die Naturwissenschaften angeht, ist es Carnap gewesen, der die rationale Rekonstruktion theoretischer Begriffe aufgrund von Beobachtungsbegriffen und logisch-mathematischen Begriffen am weitesten vorangetrieben hat.

Im Gegensatz zum Programm der *Principia Mathematica* konnte das Programm das Carnap im *Logischen Aufbau der Welt* (1928) formulierte nicht realisiert werden. In *Testability and Meaning* (1936) mußte Carnap anerkennen, daß Dispositionsterme nicht mit Hilfe von Definitionen elimiert werden können und daß man sich darauf beschränken muß, die Bedeutung jener Terme mit Hilfe von Reduktionssätzen, wie etwa dem folgenden, partiell zu charakterisieren:

(x) (x ist in Wasser getaucht ⊃ [x ist wasserlöslich ⊃ x löst sich auf])

Wir sehen sofort, daß Reduktionssätze *keine Definitionen* sind: der Hauptjunktor ist kein Bikonditional. Reduktionssätze sind *Bedeutungspostulate*. In *Philosophical Foundations of Physics* (1966) gibt Carnap sogar den Versuch auf, nicht-dispositionale theoretische Terme zu definieren. »Wie erhält ein theoretischer Term seine Bedeutung?« fragt er (1966: 248), und er antwortet: »Die Aussicht, daß er sie aus dem Kontext der Theorie erhält, ist allgemein akzeptiert. Die Bedeutung von ›Gen‹ ergibt sich aus der Theorie der Genetik; der Term ›Elektron‹ findet seine Interpretation in den Postulaten der Teilchenphysik.«

Hiermit sind wir wieder beim semantischen Holismus aus »Two Dogmas« und den dazugehörigen Aporien: wenn wir die theoretischen Terme verstehen wollen, müssen wir die Theorie verstehen; und wenn wir die Theorie verstehen wollen, müssen wir die in ihr vorkommenden Terme verstehen. Doch wie können wir in die Theorie eindringen? Wo müssen wir beginnen?

Eine vernünftige Antwort wäre die, daß wir die theoretischen Terme, wie »Elektron«, »Gen« etc. lernen indem wir uns in die Physik bzw. Biologie einarbeiten. D. h. wir lernen die Sprache und die Theorie gleichzeitig. Die Antwort des Wissenschaftlers ist hier dieselbe wie die des vernünftigen Laien. So schreibt Oppenheimer in »Reflexions sur la science et la culture« (1962): »Die großen Gesetze der Physik [...] können nicht in einer Terminologie formuliert werden, die ohne eine lange Lehrzeit vernünftigerweise definiert werden kann, und dasselbe gilt auch für andere Fächer [...]. Wir können nicht in gängiger Alltagsterminologie über die neuesten Entdeckungen der Biologie reden. Wir können nicht davon reden, wenn wir uns nur auf die allgemein zugänglichen Tatsachen der Alltagserfahrung beziehen dürfen.«

Um dem *circulus vitiosus* des semantischen Holismus zu entgehen, müssen wir die Perspektive ändern, wir müssen aufhören, die Beziehungen zwischen Begriff und Theorie auf der *synchronen* Ebene zu betrachten und stattdessen eine *diachrone* Perspektive wählen, d. h. die Perspektive des *Lernprozesses*. Quine akzeptiert diese einfache

Feststellung, geht jedoch weiter, radikalisiert sie: »Der Wissenschaftler kann der wissenschaftlichen Theorie nicht mehr Sinn zuschreiben, nicht mehr Sinn in ihr finden, als in seinem Erlernen der Theorie eingeführt wurde. Die Wege der Spracherlernung, die vom Beobachtungssatz zum theoretischen Satz führen, sind die einzigen Verbindungen zwischen Beobachtung und Theorie.« (Quine, 1975a: 79). Hiermit eröffnet Quine einen neuen Weg philosophischer und semantischer Forschung: das deskriptive Studium der Stufen des Lernprozesses in dem die wissenschaftliche Sprache und Theorie erlernt werden.

Diese *genetische Semantik* ist jedoch kein Teil der *Logik*, da sie ja keine Derivationen oder Definitionen beschreibt, sondern »eine Fortentwicklung [. . .] mit kleinen Analogiesprüngen« (Quine. l. c. p. 78). Sie ist auch kein Teil der *Psycholinguistik*, da sie nicht das Erlernen einer natürlichen Sprache beschreibt, sondern den Erwerb einer Kunstsprache: des Prädikatenkalküls. Weiterhin beschreibt sie nicht, wie etwa der Gebrauch der Quantoren in der gegenständlichen Quantifikation (im Gegensatz zur substitutionellen Quantifikation), was *tatsächlich* erlernt wurde, sondern wie er erlernt werden *könnte*: »Was einen Satz zu einem Beobachtungssatz macht, ist nicht, daß er über Ostension erlernt *wurde*, sondern daß er von einer Art ist, daß er über Ostension hätte erlernt sein *können*.« (Quine/Ullian: 1970: 15.)

Um eine wissenschaftliche *Theorie* zu verstehen, muß man das Vokabular verstehen, doch außerdem natürlich auch die Grammatik, d. h. die syntaktischen Konstruktionen. Nur zu sagen, daß das Lexikon sich sowohl auf die wissenschaftliche Theorie als auch auf die Sprache bezieht, ist einigermaßen banal. Und an diese Grundwahrheit hat Oppenheimer in seinem obigen Zitat erinnert. Doch auch die Erlernung bestimmter *grammatischer* Konstruktionen mit der Vertiefung unseres Verständnisses der wissenschaftlichen Theorie in Zusammenhang zu bringen, ist einigermaßen neu. Die Herstellung dieses Zusammenhangs erlaubt Quine die Lösung einiger bislang ungelöster Probleme. Wir werden dies im nächsten Abschnitt sehen.

§ 4 Der Übergang von Beobachtungssätzen zu theoretischen Sätzen

Betrachten wir die folgenden drei Sätze:
(1) Hier ist ein kreisförmiger orangefarbener Fleck.
(2) Hier ist ein Glas Wasser.

(3) Neutrinos haben keine Masse.

Der erste Satz ist ein Beobachtungssatz, der ausschließlich Beobachtungsprädikate enthält. Er beschreibt Sinnesdaten. Der zweite ist ein Beobachtungssatz, der jedoch einen theoretischen Term enthält: einen Term, der einen physikalischen Körper bezeichnet, und, wie Quine und Ullian (1970: 15) bemerken, »daß es hinter den fortlaufenden Prozessen der sinnlichen Erscheinung überhaupt dauerhafte Körper gibt, ist eine Annahme der physikalischen Theorie; ein grundlegender Punkt zwar, doch immerhin etwas, das über den gegenwärtigen Moment der Beobachtung hinausgeht.« Nichtsdestoweniger ist (2) ein Beobachtungssatz in dem Sinn wie Quine diesen Term gebraucht: ein Satz, der bei jeder Gelegenheit die Zustimmung oder Ablehnung der anwesenden Sprecher hervorruft. Der Satz (3) schließlich enthält nur theoretische Terme und ist ein theoretischer Satz.

In der gesamten empiristischen Epistemologie geht man davon aus, daß Beobachtungssätze die Evidenzlast der Theorien tragen und die Verifikatoren der Theorien sind.

Es stellt sich die Frage, zu welcher der beiden in den Sätzen (1) und (2) exemplifizierten Kategorien die Sätze gehören, die die Evidenz für eine Theorie liefern. Es kann nicht die Kategorie sein, die durch Satz (1) exemplifiziert wird, da, wie Quine (1960: 1) bemerkt, »die Rede von subjektiven sinnlichen Eigenschaften in erster Linie als eine abgeleitete Redeweise auftritt. Wenn jemand versucht, eine bestimmte sinnliche Eigenschaft zu beschreiben, fällt er typischerweise auf Hinweise auf intersubjektive Gegenstände zurück – etwa wenn er eine Farbe als orange oder als heliotrop beschreibt oder einen Geruch als den fauler Eier«. Doch Popper (1973: 61) lehnt auch die Kategorie des Satzes vom Typ (2) ab: »Der Satz ›Hier steht ein Glas Wasser‹ kann durch keine Erlebnisse verifiziert werden, weil die auftretenden Universalien nicht bestimmten Ereignissen zugeordnet werden können.«

Die von Quine entwickelte genetische Semantik kann für dieses Problem eine Lösung anbieten. Die Lösung besteht in der Unterscheidung zwischen dem *globalen* und dem *analytischen* Verstehen eines Satzes. Am Beginn unserer Spracherlernung und unserer Erlernung der Theorie verstehen wir Beobachtungssätze global. In diesem Stadium verstehen wir noch keine theoretischen Terme, ja überhaupt keine einzelnen Terme. In einem späteren Stadium jedoch lernen wir, Sätze in Worte zu zerlegen und neue Sätze zu konstruieren; und entsprechend lernen wir den einzelnen Wörtern eine eigene Referenz zuzuschreiben. Beide Lernprozesse, der der Syntax, und der der Theorie, die die Existenz von Dingen postuliert, stützen einander.

»Das besonders Vorteilhafte an Beobachtungssätzen ist, daß wir sie im Prinzip als ganze aufgrund von Beobachtung erlernen können, da sie als ganze auf die entsprechende beobachtbare Situation gerichtet sind. Und dies können wir lernen noch bevor wir lernen, die Wörter der Sätze mit dauerhaften Körpern in Zusammenhang zu bringen. ›Die Katze sitzt auf der Matte‹ kann ostensiv als eine einzige Kette von Silben gelernt werden, die mit einem gewissen Bereich möglicher Szenen assoziiert ist. Jeder von uns hat notwendigerweise einige Beobachtungssätze so erlernt. Später, als wir langsam in die Theorie dauerhafter Körper hineinwuchsen, haben wir angefangen, einzelnen Wörtern Referenz auf gewisse Körper zuzuschreiben. Lernen vermittels Ostension, wie es etwa bei einem dressierten Tier stattfindet, d. h. Beobachtungssätze mit entsprechenden Stimulationsmustern zu assoziieren, stellt einen unabdingbaren Schritt auf dem Weg zur Erlernung der physikalischen Theorie dar.« (Quine und Ullian, 1970: 15).

Um jedoch den referentiellen Apparat meistern zu lernen, der uns in die Lage versetzt, uns Objekte vorzustellen, reicht es nicht aus, vom globalen Verstehen den Schritt zum analytischen Verstehen zu tun. Es müssen weiterhin noch einige andere feinere grammatische Fähigkeiten erworben werden, von denen im folgenden Abschnitt die Rede sein wird.

§ 5 Abschied von der inhaltlichen Grundlegung

Das Programm der Grundlegung hat sich in seinem inhaltlichen Aspekt nicht durchsetzen können. Gödels Theorem hat der Ambition einer vollständigen Axiomatisierung der Arithmetik ein definitives Ende bereitet, und was die Naturwissenschaften angeht, hatte bereits Humes Induktionsproblem eine Kluft aufgetan, die man nie hat schließen können: »inhaltlich sehe ich nicht, daß wir über den Punkt hinausgekommen wären, an dem wir mit Hume bereits waren.« (Quine, 1969: 72; dtsch. 1975: 100.)

Leibniz war der erste, der jene Metapher angriff, in der das Wissen als ein Gebäude vorgestellt wird, das auf einem Fundament beruht, welches stärker sein muß als alles was es trägt. Zwar setzt sich Leibniz weiter für die Axiomatisierung des Wissens ein, doch sind für ihn die

Axiome jene *einfachen* Propositionen, auf die die gesamte Theorie zurückgeführt werden kann; sie brauchen keineswegs *evident wahre* Propositionen zu sein. Daher fordert Leibniz, daß man »alle nicht einfachen Axiome beweise oder die Mittel zu ihrem Beweis zur Verfügung stelle, unabhängig davon, welche Meinung die Menschen von diesen Axiomen haben, und ohne sich darum zu sorgen, ob sie diesen Axiomen zustimmen oder nicht.« (Leibniz, V: 67).

Popper ist Leibniz in dieser Hinsicht gefolgt. »Die empirische Basis der objektiven Wissenschaft«, schreibt er (1973: 75 f), sei nichts Absolutes, »die Wissenschaft baut nicht auf Felsengrund. Es ist eher ein Sumpfland, über dem sich die kühne Konstruktion ihrer Theorien erhebt; sie ist ein Pfeilerbau, dessen Pfeiler sich von oben her in den Sumpf senken – aber nicht bis zu einem natürlichen, ›gegebenen‹ Grund. Denn nicht deshalb hört man auf, die Pfeiler tiefer hineinzutreiben, weil man auf eine feste Schicht gestoßen ist: wenn man hofft, daß sie das Gebäude tragen werden, beschließt man, sich vorläufig mit der Festigkeit der Pfeiler zu begnügen.«

Wenn auch Popper auf die Hoffnung verzichtet, die empirische Wissenschaft auf untrügliche Evidenz zu gründen, so kann er sich doch noch nicht von der Gebäudemetapher trennen. Quine geht in dieser Hinsicht weiter und verwirft selbst den Gedanken an ein Fundament. Statt der Gebäudemetapher macht er von dem Bild eines Gewölbes Gebrauch: »Ein Stein im oberen Teil eines Gewölbes«, so schreibt er (1960: 11; dtsch. 1980: 34), wird unmittelbar durch die übrigen Steine im oberen Gewölbeteil getragen, während er letzten Endes von allen Grundsteinen gemeinsam, und nicht durch einen einzelnen Grundstein allein, getragen wird. Ebenso verhält es sich mit Sätzen in einer Theorie. Die Berührung eines Quaders mit einem anderen entspricht der Verknüpfung eines Satzes mit einem anderen, und die Grundsteine entsprechen Sätzen, die ... mit nicht-verbaler Stimulation verbunden sind. Vielleicht sollten wir uns vorstellen, daß das Gewölbe bei einem Erdbeben ins Schwanken gerät; dann wird selbst ein Grundstein hin und wieder nur von anderen Grundsteinen und mithilfe des Gewölbes gestützt«.

Dieses neue Bild der Wissenschaft wird der Realität viel eher gerecht als die traditionelle Konzeption. Es mündet nicht, wie man befürchten könnte, in eine Leere oder in Skeptizismus, sondern eher in eine Strategie der Selbstbegründung. Es handelt sich nicht darum, die Idee der *Abhängigkeit* der abgeleiteten von den einfachen Sätzen durch die Idee der *Unabhängigkeit* zu ersetzen, sondern durch die Idee der *gegenseitigen Abhängigkeit*. Man wird die Angemessenheit der Quineschen Konzeption der Wissenschaft beurteilen können, wenn man mit Sorgfalt die sehr konkreten methodologischen Probleme untersucht, die sich Ingenieuren bei der Überschreitung von Präzisionsschwellen stellen. Gonseth hat solchen Problemen bemerkenswerte Passagen in *Le problème du temps* (1964) gewidmet.

Die klassische Mechanik, bemerkt Gonseth, kann deduktiv auf einer bestimmten Zahl von Grundbegriffen aufgebaut werden, zu denen der Begriff der Zeit gehört und eine gewisse Anzahl von Grundgesetzen, wie das Trägheitsgesetz. Wenn man die klassische Mechanik nun experimentell überprüft, muß man u. a. die Variable t interpretieren, die die Zeit in den Gleichungen der Mechanik repräsentiert; man benutzt dazu einen Zeitmesser: die Uhr. Aber wie kann man die genaueste Uhr auswählen und wie kann man eine noch präzisere Uhr als die existierenden konstruieren: wie kann man die Präzisionsschwelle überschreiten? Nur die Physik insgesamt erlaubt eine Kritik der Zeitmesser und eine Untersuchung ihrer Störungen: »Die Uhr, zu deren Herstellung die Mechanik beiträgt, trägt selbst zur Grundlegung der Mechanik als gesicherter Disziplin bei, und zwar mit dem Präzisionsgrad, den Experimente zulassen.« (Gonseth, 1964: 330.)

Symbolsysteme wie die mathematischen Theorien könnten gegenüber dem Rechtfertigungsmodell von Quine und Gonseth als Ausnahmen erscheinen und Argumente für die traditionelle Grundlagenkonzeption liefern. Doch ist dies nur möglich, wenn man künstlich von der Ideengeschichte abstrahiert. Wenn man dagegen die mathematischen Systeme in einer diachronischen Sehweise betrachtet, sieht man, daß sie sich unter zunehmendem Druck von zunächst vernachlässigten Problemen verändern, so daß die Quinesche Metaphorik vom schwankenden Gewölbe sich auch hier anwenden läßt. Wie G. G. Granger (1976: 216) schreibt: »eine zunächst abartig erscheinende Konstruktion, die jedoch durch nichts in den Regeln des Systems verboten werden kann, stört die Angemessenheit des Symbolismus für seinen Inhalt. Das System hat von da an seine Arbeitsgrundlage verloren und die Aufgabe des Mathematikers richtet sich auf die Suche nach dem verlorenen Paradies. Schließlich findet sich der Ausgleich der die Angemessenheit des Symbolismus intuitiv wiederherstellt ... als Umformung der operativen Bedeutung der Symbole und mit der Explikation sozusagen einer syntaktischen Invariante.«

Das Unternehmen der Grundlegung ist in seinem inhaltlichen Aspekt gestrandet. Doch muß dieses Ende unser Vertrauen in die Wissenschaft schwächen? Ja, wenn man von der cartesischen Maxime des systematischen Zweifels ausgeht; nein, wenn man, wie etwa Peirce, diese Maxime ablehnt: »Sicherlich kann man im Laufe seiner Studien Gründe finden, das zu bezweifeln, was man bei Beginn der Studien glaubte; in diesem Fall jedoch zweifelt man, weil man positive Gründe dafür hat, und nicht aufgrund der cartesischen Maxime. Lassen Sie uns in der Philosophie nicht vorgeben, etwas zu bezweifeln, was wir nicht auch im Herzen bezweifeln.« (Peirce, Coll. Papers 5.265.)

Quine nimmt diese Position wieder auf, wenn er schreibt (1974: 68): »Cartesischer Zweifel ist kein Beginn.« Aber womit soll die Epistemologie beginnen? Welches soll ihr Ausgangspunkt sein? Quine sucht den Ausgangspunkt in der Naturwissenschaft. Bei verschiedenen Gelegenheiten führt er Neuraths Metapher an: Wir sind wie Schiffer auf einem Schiff auf hoher See und »können unser Schiff nur umbauen wenn wir uns dabei mit ihm über Wasser halten« (Quine, 1960: 124; dtsch. 1980: 221).

Im Inneren der Wissenschaft selbst finden wir sowohl die epistemologischen Probleme als auch die zu ihrer Lösung erforderlichen Materialien. Zum Beispiel »lehrt uns die Wissenschaft selbst; ... daß die einzige (visuelle) Information die unsere Wahrnehmung von externen Objekten her erreicht, beschränkt ist auf zweidimensionale optische Projektionen...« (Quine, 1974: 2.) Doch unsere Wissenschaft behauptet von allem Anfang an die Existenz von dreidimensionalen, ja selbst vierdimensionalen Objekten. Damit stellt sich ein epistemologisches Problem direkt aus dem Inneren der Wissenschaft: »Wenn unsere Wissenschaft wahr wäre, wie könnten wir das wissen?« (Quine, l. c.) Insofern diese Frage mehr eine Frage nach Explikation als nach Rechtfertigung ist, kann der Philosoph die Mittel zu einer Antwort auch aus der Wissenschaft selbst schöpfen: »Um dieser Herausforderung zu begegnen, darf sich der Epistemologe frei der gesamten wissenschaftlichen Theorie bedienen.« (Quine, l. c.)

Die Fruchtbarkeit der naturalisierten Epistemologie zeigt sich daran, daß sie Probleme lösen kann, die bis dahin unlösbar erschienen waren. Nehmen wir das Problem der Induktion. Daß Induktion Erfolg hat, ist eine Tatsache. Doch Induktion beruht auf subjektiven Ähnlichkeitsnormen: »wir basieren unsere Vorhersagen auf beobachtete Regelmäßigkeiten; und dies sind Regelmäßigkeiten aufgrund unserer subjektiven Ähnlichkeitsnormen« (Quine, 1974a: 70). Wenn Induktion Erfolg hat, dann deshalb, weil unsere subjektiven Ähnlichkeitsnormen in einem gewissen Maß mit objektiver Ähnlichkeit übereinkommen. Und warum sollte das der Fall sein? Hierauf gibt uns die Theorie der natürlichen Selektion eine Antwort:»Kreaturen, die mit ihren Induktionen fundamental schief liegen, unterliegen der traurigen doch vorteilhaften Tendenz, daß sie zugrunde gehen, bevor sie ihre Art reproduzieren« (1969: 126; dtsch. 1975: 174).

Wenn es Quines Absicht wäre, Induktion zu rechtfertigen, würde dieser Rekurs auf Darwins Theorie, die ja selbst auf Induktion beruht, dem Vorwurf der Zirkularität anheimfallen. Doch da Quine auf eine Explikation und nicht auf eine Grundlegung des Wissens aus ist, entfällt jener Vorwurf. »Ich berufe mich nicht auf die Darwinsche Biologie um die Induktion zu rechtfertigen. Das wäre zirkulär, da ja biologisches Wissen selbst auf Induktion beruht. Daß Induktion funktioniert setze ich vielmehr voraus, um dann festzustellen, daß die Darwinsche Biologie, wenn sie richtig ist, erklären hilft, warum die Induktion so gut funktioniert wie sie funktioniert.« (Quine, 1974a: 70.)

Wir haben sowohl die Originalität als auch die Fruchtbarkeit der naturalisierten Epistemologie betont. Wir haben auch gesehen, wie die naturalisierte Epistemologie dem Vorwurf der Zirkularität entgeht. Nichtsdestoweniger mag man hier eine gewisse Frustration verspüren. Wenn die Epistemologie zur Wissenschaft geworden ist, verliert sie dann nicht ihre Grundlage als *normative Disziplin,* die in der Lage sein sollte, gutes von schlechtem Denken zu unterscheiden?

Quine entgegnet, die Wissenschaft sei selbst auch normativ; daher verliere die Epistemologie von dem Moment an, da sie in die Wissenschaft absorbiert ist, keineswegs ihre kritische Rolle: »die Wissenschaft lehrt uns, welches die Kausalketten sind, die die Ereignisse der Außenwelt mit unseren Wahrnehmungsorganen verbinden. Und die Wissenschaft sagt uns, daß wir nur über diese Kausalketten und durch keinerlei andere Mittel unsere Kenntnisse über die Welt erhalten.« (Quine, 1978.)

Die Lehre der naturalisierten Epistemologie hat gewisse *normative* Implikationen: sie *disqualifiziert* vorgebliche Arten von Beobachtung wie Telepathie und Hellseherei und weist sie als *illusorisch* zurück.

Drittes Kapitel: Die Theorie der Bedeutung

§ 1 Platonismus, Mentalismus und verhaltensorientierte Semantik

Die direkteste und banalste Feststellung, die der Semantiker machen kann, ist ohne Zweifel die, daß die syntaktisch wohlgeformten Sätze sich in zwei Teilmengen aufteilen: die der sinnvollen Sätze und die der sinnlosen Sätze. Die Teilmenge der sinnvollen Sätze teilt sich, wenn wir einmal nur von Deklarativsätzen ausgehen, wiederum in zwei Teilmengen: die der wahren und die der falschen Sätze.

Mit anderen Worten, manchen Sätzen können wir das *Prädikat* »sinnvoll« zuschreiben, anderen das Prädikat »sinnlos«, und den Sätzen der ersten Klasse können wir entweder das Prädikat »wahr« oder das Prädikat »falsch« zuschreiben.

Mit diesen Feststellungen werden in dieser Formulierung bloße Selbstverständlichkeiten behauptet, die in keiner Weise kontrovers sind (wenn wir die Frage nach den Trägern von Wahrheitswerten bzw. nach den bedeutungstragenden Einheiten hier einmal beiseite lassen).

Sehr schnell gebrauchen Semantiker jedoch eine Sprache zur Formulierung dieser Feststellungen, die sie stärker festlegt. So etwa spricht Frege (1892), statt davon zu reden, daß ein Satz *sinnvoll* sei, davon, daß ein Satz *einen Sinn habe;* und statt zu sagen, ein Satz *sei wahr oder falsch*, sagt er der Satz *habe einen Wahrheitswert*.

Dieser Unterschied in der Formulierung hat nichts mit einer bloßen notationellen Variante zu tun; mit der neuen Formulierung wird eine theoretische Position eingenommen, die erst noch gestützt werden muß. Grice und Strawson (1956) haben für diese Position argumentiert, doch, wie Quine zeigt, ist ihre Argumentation unzureichend: »Eines dieser Argumente«, schreibt Quine (1960: 206 f; dtsch. 1980: 356 f), »beruht auf der ›fallacy of subtraction‹: es wird argumentiert, daß es, wenn wir von einem Satz sagen, er sei sinnvoll oder habe Sinn, einen Sinn geben müsse, den der Satz hat; und dieser Sinn muß entweder identisch sein oder verschieden sein von dem Sinn, den ein anderer Satz hat. Dies wird behauptet ohne daß man einen Gedanken daran verschwendet, daß wir ebenso für die Existenz von Anbetrachten und Gespenstern argumentieren könnten, wenn wir nur von den Redewendungen ›in Anbetracht dessen‹ und jemand ›sehe Gespenster‹ ausgehen.«

Natürlich reicht es nicht aus, ein schlechtes Argument, das zur

Stützung einer Theorie vorgetragen wurde, zu widerlegen, wenn man die Theorie zerstören will. Es reicht nicht einmal aus, die Theorie jeglicher Rechtfertigung zu berauben. So bleibt die Semantik Freges, die aufgrund anderer als der Erwägungen von Grice und Strawson von reifizierten Bedeutungen ausgeht, von Quines Widerlegung ziemlich unberührt. Doch Freges Semantik lädt zu einer anderen Kritik ein.

Frege postuliert die Existenz von zwei Komponenten der Bedeutung, die er »Sinn« bzw. »Bedeutung« nennt, sowohl für Sätze als auch für Namen. Der *Sinn* eines Satzes ist der Gedanke, den der Satz ausdrückt, und seine *Bedeutung* ist sein Wahrheitswert. Bei dem Gedanken handelt es sich für Frege nicht um einen geistigen Zustand, der eine Angelegenheit der Introspektion wäre, sondern um eine platonistische Entität, die »zum Bewußtseinsinhalte des Denkenden [. . .] nicht gehört (1918: 75). Der Gedanke ist nicht im Bewußtsein enthalten oder von ihm abhängig, sondern geht ihm voraus, ebenso, wie das visuell wahrgenommene Objekt von der Tätigkeit des Sehens unabhängig ist. Frege präzisiert weiter (1918: 69, Fußnote 5): »Wenn man einen Gedanken faßt oder denkt, so schafft man ihn nicht, sondern tritt nur zu ihm, der schon vorher bestand, in eine gewisse Beziehung«.

Quine kritisiert Frege nicht, die Reifikation von Bedeutungen über das spezifische Argument der Subtraktion eingeführt zu haben. Er kritisiert ihn auch nicht, Bedeutungen ohne guten Grund postuliert zu haben. Freges Entitäten, der Wahrheitswert und der Gedanke, sind nicht willkürlich. Sie wurden eingeführt im Rahmen einer Theorie, die konkrete Probleme im Auge hatte: Probleme wie das der Existenz informativer wahrer Identitätsaussagen, wie z. B. »Der Morgenstern ist der Abendstern«. Was Quine bei Frege ablehnt, ist nicht ein *willkürlicher Platonismus,* sondern ein *vermeidbarer Platonismus*; er ist vermeidbar insofern er mit der in *Roots of Reference* formulierten Maxime des relativen Empirismus unvereinbar ist: »Entferne dich nicht weiter von sinnlicher Evidenz als unbedingt nötig« (Quine, 1974: 138).

Freges Zielsetzungen sind legitim, jedoch reichen sie als Rechtfertigung des Platonismus nicht aus. So schreibt er z. B.: »Ein drittes Reich muß anerkannt werden. Was zu diesem gehört, stimmt mit den Vorstellungen darin überein, daß es nicht mit den Sinnen wahrgenommen werden kann, mit den Dingen aber darin, daß es keines Trägers bedarf zu dessen Bewußtseinsinhalte es gehört. So ist z. B. der Gedanke, den wir im pythagoreischen Lehrsatz aussprachen, zeitlos wahr, unabhängig davon, ob irgendjemand ihn für wahr hält« (Frege, 1918: 69).

Es ist deutlich, daß die *Unabhängigkeit der Wahrheit vom denkenden Subjekt* weniger kostspielig z. B. im Rahmen der Tarskischen semantischen Wahrheitstheorie vertreten werden kann. So geht beispielsweise Tarskis Bedingung inhaltlicher Adäquatheit davon aus, daß »Schnee ist weiß« dann und nur dann wahr ist, wenn Schnee weiß ist. Hieraus folgt, daß es für die Wahrheit der Aussage zwischen den Anführungszeichen ausreicht, daß Schnee weiß *ist*; es ist nicht erforderlich, daß irgendein denkendes Subjekt *weiß, daß* Schnee weiß ist.

Ebenso ist es möglich, der Unabhängigkeit der Bedeutung vom sprechenden Subjekt Rechnung zu tragen, *ohne* ein »drittes Reich« zu postulieren, in dem die Bedeutung reifiziert ist. Es reicht aus, wenn wir dem Prädikat »ist sinnvoll« oder »hat Bedeutung« seinen ursprünglichen Status als Satzprädikat zubilligen.

Die Klasse der sinnvollen Sätze ist unendlich und ist unabhängig von Äußerungen ebenso wie vom Sprecher. Sie kann mithilfe des mathematischen Folgebegriffs definiert werden. Damit macht man zwar erneut ein Zugeständnis an den Platonismus, doch handelt es sich hier um einen extensionalistischen Platonismus und somit um etwas fundamental anderes als den intensionalistischen Platonismus, auf dessen Gebiet man sich begibt, wenn man z. B. Propositionen postuliert, die als Klassen aller Sätze definiert sind, die mit einem gegebenen Satz synonym sind.

In *Inquiry into Meaning and Truth* (1940) stellt Russell die Skizze einer mentalistischen Semantik vor: »Der Sprachgebrauch, den Logiker assertiv nennen würden, hat im allgemeinen zweierlei Funktionen: eine Tatsache anzudeuten und einen Zustand des Sprechers auszudrücken.« (1966: 212.) Als Propositionen versteht Russell eben jenen psychischen Zustand. »Ich komme zu dem Schluß . . ., daß Propositionen von Sätzen unterschieden werden müssen, aber daß Propositionen keineswegs undefinierbar zu sein brauchen. Sie wären zu definieren als psychische Ereignisse bestimmter Art – komplexe Vorstellungen, Erwartungen, etc. . . . Solche Ereignisse werden durch Sätze ›ausgedrückt‹; doch was die Sätze ›aussagen‹ ist etwas anderes. Wenn zwei Sätze dieselbe Bedeutung haben, dann liegt dies daran, daß sie dieselbe Proposition ausdrücken!« (Russell, 1966: 189.)

Quine weist die mentalistische Semantik Russells mit derselben Entschiedenheit zurück wie die platonistische Semantik Freges. So richtet sich etwa die folgende Passage aus *Roots of Reference* (1974:

35) auf Russell und die Tradition des britischen Empirismus: »Sprache, so hören wir, diene dazu, Ideen zu übermitteln. Wenn wir die Sprache erlernen, lernen wir, ihre Worte mit denselben Ideen zu assoziieren wie andere Sprecher. Doch wie können wir wissen, daß die Ideen dieselben sind? Und was macht es aus, soweit es die Kommunikation angeht? Wir haben alle gelernt, das Wort ›rot‹ auf Blut anzuwenden, für Tomaten, reife Äpfel und gekochte Langusten. Die damit assoziierte Idee mag sein wie sie will. Die Sprache geht an der Idee vorbei und hält sich an das Objekt. Es gibt weniges, das für die Sprache weniger von Nutzen ist als die Idee.«

Wenn wir jenen »Mythos eines Museums« ablehnen, »in dem Bedeutungen die Exponate und die Worte die Etiketten sind« (Quine, 1969: 27; dtsch. 1975: 42), müssen wir uns nach einer Alternative zu sowohl der mentalistischen als auch der platonistischen Semantik umsehen. Quine sucht eine solche Alternative in einer von Deweys Naturalismus inspirierten Semantik. Es handelt sich um jenen Naturalismus, wie ihn Dewey in seinen letzten dreißig Jahren vertrat und wie er sich in den folgenden Aussprachen äußert, die Quine in *Ontological Relativity* zitiert: »Bedeutung . . . ist keine psychische Entität, sondern in erster Linie eine Eigenschaft des Verhaltens« (Dewey, 1925: 179) oder »Sprache ist insbesondere eine Interaktionsart von mindestens zwei Personen, einem Sprecher und einem Hörer; sie setzt eine organisierte Gruppe voraus, der jene zwei Personen angehören und in der sie ihre Sprachgewohnheiten erworben haben. Sprache ist daher als eine Beziehung aufzufassen.« (Dewey, 1925: 185.) Quine hat seine naturalistische Bedeutungstheorie am ausführlichsten in dem langen zweiten Kapitel von *Word and Object* (1960) dargestellt. Wir wenden uns jetzt dieser Theorie zu und diskutieren ihre interessantesten Thesen.

§ 2 Der Begriff der Stimulusbedeutung

Es ist bekannt, daß man beim Aufbau einer Theorie des Gewichts besser als Ausgangsbegriff die Relation »x hat dasselbe Gewicht wie y« statt direkt den Begriff des Gewichts wählt. Man kann ohne weiteres eine operationale Definition jener Relation unter Bezugnahme auf das Gleichgewicht der Waagschalen angeben; doch dies ist für den Begriff des Gewichts nicht möglich. Wenn wir das auf die Sprache übertragen, heißt dies, daß wir als Untersuchungsgegenstand eher die Relation »x hat dieselbe Bedeutung wie y« oder »x ist mit y synonym« wählen als die Bedeutung selbst.

Wenn man von Synonymie spricht, denkt man normalerweise an Synonymie zwischen Wörtern oder Sätzen derselben Sprache. Das Studium der *intralinguistischen Synonymie* ist indes nicht das ideale Terrain für die Beschäftigung mit einer semantischen Methode behaviouristischer und wissenschaftlicher Art. Der Linguist, der seine Muttersprache studiert, ist gewiß in einer priviligierten Situation. Um den Sinn der Wörter zu erforschen, genügt es ihm, sein »Sprachgefühl« oder einen Landsmann zu befragen. Anders ist die Lage für einen Linguisten, der mit der Aufgabe betraut ist, erstmalig eine kulturell isolierte Sprache zu übersetzen, d. h. der sich damit beschäftigt, eine Grammatik und ein zweisprachiges Wörterbuch anzufertigen, die es erlauben, jeweils Paare *interlinguistisch synonymer* Sätze zusammenzustellen. Er wird durch die Sachzwänge auf ein rein naturalistisches und behaviouristisches Herangehen an das linguistische Phänomen festgelegt. Eine Alternative hat er nicht. Der Urwald-Linguist ist zum Behaviourismus verurteilt.

Die einzigen Daten, über die der Urwald-Linguist verfügt, sind einerseits die *sensorischen Stimulationen,* die er auf die Sinnesorgane seiner Informanten wirken sieht und andererseits ihre *verbalen Äußerungen,* die von den Stimulationen ausgelöst werden. Seine Aufgabe besteht darin, *Korrelationen* zwischen beiden herzustellen. Wenn auch die Ausdrücke des Eingeborenen keine Naturphänomene sind, sondern erlernte Verhaltensweisen, und auch wenn die Sprache eher ein kulturelles Produkt als ein Naturphänomen ist, so ändert das überhaupt nichts an der epistemologischen Sehweise: Beobachtung und Induktion sind die Basis der Spracherlernung, für den Linguisten ebenso wie für das Kind.

Wenn es stimmt, daß die Korrelationen zwischen *sensorischer Stimulation* und *verbaler Reaktion* die einzigen Daten objektiver Beobachtung sind, über die der mit radikaler Übersetzung beschäftigte Linguist verfügt, dann muß eine sich empirisch verstehende Bedeutungstheorie auf einem Bedeutungsbegriff aufbauen, der unter Bezug auf sensorische Stimulation und verbale Reaktion definiert ist. Entsprechend führt Quine zunächst den Begriff der *Stimulusbedeutung* ein.

Die Stimulusbedeutung des Satzes S für den Sprecher a zum Zeitpunkt t ist die Menge σ der Stimuli, die Zustimmung von a zu S zum Zeitpunkt t verursachen würden und die Menge σ' der Stimuli, die die Zurückweisung von *S* durch *a* zum Zeitpunkt *t* verursachen würden. Dies ist die Definition der Bedeutung vom *Bezeichneten* her. Vom *Subjekt* her, das den Satz hört und ihn interpretieren soll, ist die Stimulusbedeutung des Satzes *S* für den Sprecher *a* der Dispositionsvorrat des Sprechers *a*, der *S* unter Einwirkung der Stimuli σ und σ' zustimmt oder ablehnt.

Wenn er auch noch relativ grob ist, so erlaubt uns dieser von der Erfahrung her entwickelte Bedeutungsbegriff doch schon die Formulierung traditioneller Unterscheidungen der Bedeutungstheorie, wie etwa des Unterschieds von *Extension* und *Intension* (oder »Umfang« und »Inhalt«, wie es früher oft hieß).

Die Stimulationen, die dazu führen, daß jemand dem Satz »da ist ein Einhorn« zustimmt, unterscheiden sich in der Tat von denen, die zur Billigung des Satzes »da ist ein Heinzelmännchen« führen.

Dennoch merkt man sehr schnell, daß der Begriff der Stimulusbedeutung das, was gewöhnlich unter »Bedeutung« verstanden wird, überhaupt nicht erschöpft. *Das ist jedoch kein Grund, den Begriff als inadäquat zurückzuweisen;* denn auf diesen Begriff zu verzichten hieße gleichfalls den Anspruch auf eine empirische Semantik aufzugeben. Ehe wir den zu groben Begriff der Stimulusbedeutung zurückweisen, sollten wir versuchen, näher den *Unterschied* zwischen Stimulusbedeutung und Bedeutung schlechthin zu untersuchen.

Man hat unlängst Condillac den *abstrakten* und *spekulativen* Charakter seines grundlegenden Begriffs »sensation« vorgeworfen. Ist der Begriff des sensorischen Stimulus nicht demselben Vorwurf ausgesetzt? Gibt es Identitätskriterien für Stimuli? Wäre die Antwort negativ, dann verstünden wir Aussagen wie »σ$_1$ ist *dieselbe Stimulation* wie σ$_2$« auch nicht besser als Aussagen der Art »der Satz S$_1$ hat denselben Sinn wie der Satz S$_2$«.

Ohne auf Details einzugehen, wollen wir nur kurz zeigen, daß Quine diesen Einwand vorausgesehen und sich sorgfältig gegen ihn abgesichert hat. So empfiehlt er z. B., nicht partielle Strukturen visueller Stimulationen zu vergleichen: »Was die Strukturen angeht, die nötig sind, um Zustimmung zu ›Kaninchen‹ hervorzurufen, so sind vollständige Szenen [...] besser geeignet als ausgewählte Teile; die Differenz zwischen Zentrum und Peripherie – ein wichtiger Faktor für die visuelle Aufmerksamkeit – ist dann automatisch mit einbezogen.« (Quine 1960: 32; dtsch. 1980: 69.)

§ 3 Die Klassifikation in Gelegenheitssätzen, stehende Sätze, zeitlose Sätze, Beobachtungssätze und theoretische Sätze

Quine hat die Unterscheidung eingeführt zwischen einerseits *Gelegenheitssätzen,* die nur dann die Zustimmung oder Ablehnung des eingeborenen Sprechers hervorrufen, wenn die Frage des Ethnologen zeitlich direkt nach der verursachenden Stimulierung gestellt wird (»das tut weh«, »das ist rot« oder »da ist ein Kaninchen«) und andererseits *stehenden Sätzen,* denen der Sprecher auch wiederholt zustimmen und die er auch wiederholt ablehnen kann, ohne daß dazu eine gleichzeitige Stimulierung vorhanden sein müßte (»Präsident A ist gestorben«, »Die Süddeutsche ist gekommen«).

Zeitlose Sätze sind nur eine Teilmenge der Menge der stehenden Sätze; es sind »Sätze, die wahr oder falsch sind, unabhängig von den Umständen, die ihre schriftliche oder mündliche Äußerung umgeben.« (1970a: 13; dtsch. 1973: 22.) Hierzu gehören natürlich die Sätze der Arithmetik, da Zeit und Raum im Fall einer Wissenschaft wie der Arithmetik keine Rolle spielen; weiterhin die Gesetze der Physik; aber zur Klasse der zeitlosen Sätze werden auch Aussagen gezählt wie »Am 14. Juli 1968 regnet es in Boston« wobei »regnet es« als temporal unbestimmt anzusehen ist.

Ebenso wie bei der Menge der stehenden Sätze ein Interesse besteht, die Teilmenge der zeitlosen Sätze zu isolieren, besteht ein Interesse, aus der Menge der Gelegenheitssätze (»Da ist ein Junggeselle«, »Da ist ein Kaninchen« usw.) die Teilmenge der Beobachtungssätze zu isolieren (»Da ist ein Kaninchen«). Wie wir gesehen haben, sind diese nicht auf die Beschreibung von Sinnesdaten beschränkt (»In diesem Moment taucht ein roter Fleck auf«), sondern sie können sich auch gut auf *Dinge* beziehen: »Da ist ein Kaninchen«. Man kann die Klassifikation mit Hilfe folgender Tabelle (S. 64) zusammenfassen.

Der Übergang von der Kategorie der Gelegenheitssätze zu der der stehenden Sätze hängt davon ab, was wir als längste Dauer einer Stimulierung ansehen. Daraus sollte man allerdings nicht schließen, daß Quine einen »Gradualismus« vertritt, für den sich jede Unterscheidung in Nebel auflöst. Der Unterschied zwischen den klarsten Fällen von Beobachtungs-Gelegenheitssätzen und stehenden Sätzen bleibt ein scharfer Kontrast: die ersteren haben für sich *unabhängig* ihre Bedeutung, während die anderen *abhängig* sind. Mit anderen Worten, Quine gesteht den Beobachtungs-Gelegenheitssätzen, und nur ihnen, eine *autonome* empirische Bedeutung zu.

	stehende Sätze		Gelegenheitssätze
zeitlos	2 + 2 = 4. Der Milchmann ist am 10. 5. 1970 um 8 Uhr beim KDW vorbeigegangen.	Beobach-tungssätze	Da ist ein Kaninchen. Das tut weh.
nicht-zeitlos	Die Krokusse sind raus. Der Milchmann ist vorbeigegangen.	Nicht-Be-obachtungs-sätze	Da ist ein Junggeselle.

Es scheint, daß Quine, indem er hier bestimmten Sätzen eine unabhängige Bedeutung zugesteht, in gewisser Weise die holistische These aus *Two Dogmas* einschränkt, nach der die Sätze als Kollektiv vor das Tribunal der Erfahrung treten. Doch könnte man sehr wohl argumentieren, daß es sich hier um ein anderes Problem handelt. In *Two Dogmas* geht es Quine um Sätze, die *semantisch vollständig in ihre Bestandteile analysiert sind.* Wenn er im Gegensatz dazu hier sagt, daß die Beobachtungs-Gelegenheitssätze eine autonome Bedeutung hätten, betrachtet er sie als *Ganzheiten* und abstrahiert von ihren Bestandteilen und von ihrer Struktur. Die *Wörter* sind von dem Privileg, das den Beobachtungs-Gelegenheitssätzen zugestanden wird, ausgeschlossen.

Im übrigen kann Quine natürlich seinen Holismus einschränken, ohne seine These hinsichtlich der analytisch-synthetisch Unterscheidung im geringsten anzutasten. Zwar impliziert der Holismus die Zurückweisung der analytisch-synthetisch Dichotomie, doch nicht umgekehrt.

§ 4 Die Unterscheidung zwischen Bedeutung und Kollateralinformation in Beobachtungs-Gelegenheitssätzen

Wir haben gesehen, daß Gelegenheitssätze die Zustimmung oder Ablehnung des Informanten einzig dann hervorzurufen brauchen, wenn der Ethnologe sie sofort nach einer geeigneten intersubjektiven Stimulation ausspricht. Nur die Gelegenheitssätze sind derart direkt mit den Stimulationen korreliert. Nur für diesen Satztyp kann der technische Begriff der Stimulusbedeutung ein gutes *Explikans* des geläufigen Begriffs der *Bedeutung* sein und der der Stimulussynonymie ein gutes Explikans für den Begriff der Synonymie. Aber selbst wenn man sich auf diese bevorzugten Fälle beschränkt, scheint der vorgeschlagene technische Begriff noch unzureichend.

Bei weiterem Nachdenken sieht man in der Tat unvorhergesehene Schwierigkeiten auftauchen. »Gleichheit von Stimulusbedeutungen hat ihre Nachteile, wenn sie in die Rolle der Synonymiebeziehung treten soll«, schreibt Quine (1960: 37; dtsch. 1980: 76). »Die Schwierigkeit besteht darin, daß die Zustimmung oder Ablehnung eines Informanten außer vom gegenwärtigen Stimulus beträchtlich von Kollateralinformationen abhängen kann. Der Informant kann etwa aufgrund einer kaum feststellbaren Bewegung im Gras zustimmend auf ›Gavagai ?‹ reagieren, weil er *zuvor*, ohne Wissen des Linguisten, in der Nähe Kaninchen gesehen hat.«

In der soeben beschriebenen Situation wäre der Linguist in der Lage, den unerwünschten Einfluß der Kollateralinformation durch Austausch seiner Informanten zu eliminieren; aber es gibt Fälle, in denen diese Methode nicht hilft; dann nämlich, wenn die gesamte Sprachgemeinschaft, zu der die Informanten gehören, über die betreffende Kollateralinformation verfügt. Davidson stellt sich den Fall vor, daß die Anwesenheit einer bestimmten Fliegenart, einer in der Gegend vorkommenden »Kaninchenfliege«, die der Linguist nicht kennt, die jedoch schon von weitem an ihren langen Flügeln und ihrer ruckartigen Bewegung erkennbar ist, den Eingeborenen mit einiger Sicherheit anzeigt, daß Kaninchen da sein müssen, selbst wenn man sie momentan nicht sieht. Quine meint, daß in diesem Fall »zur Stimulusbedeutung von ›Gavagai‹ für die Eingeborenen generell visuelle Reize gehören, die sich aus gut sichtbaren Kaninchenfliegen und kaum sichtbaren Kaninchen zusammensetzen, während für den Linguisten diese Reize nicht zur Stimulusbedeutung von ›Kaninchen‹ gehören.« (Quine 1960: 37, dtsch. 1980: 77.)

In diesem Fall gelingt es auch mit ausgefeiltesten Experimentiertechniken nicht, die Bedeutung von »Gavagai« von Kollateralinformationen zu trennen. Muß man hieraus den Schluß ziehen, daß der Begriff der Stimulusbedeutung gescheitert ist, da er ja keinen Unterschied zwischen dem machen kann, was sich aus der Erlernung des eigentlichen Ausdrucksgebrauchs durch den Eingeborenen ergibt und dem, was sich aus dem Erwerb zusätzlicher Kenntnisse hinsichtlich der

Referenzobjekte der Ausdrücke ergibt?

Nein. Eine so pessimistische Schlußfolgerung ist nicht gerechtfertigt. Das Beispiel zeigt lediglich, daß der Unterschied zwischen Bedeutung und der den Mitgliedern der Sprachgemeinschaft gemeinsamen Kollateralinformation *keine experimentelle Signifikanz* hat. Es läßt sich nicht angeben, wo ein Informationszuwachs endet und eine Bedeutungsveränderung beginnt. Die Bedeutung kann sich im gleichen Rhythmus entwickeln wie der fortschreitende Erwerb von Informationen. Die Unterscheidung ist nicht real. »Womit wir es objektiv zu tun haben, ist eine fortschreitende Anpassung an die Natur, reflektiert in der Entwicklung einer Menge von Dispositionen, aufgrund bestimmter Stimuli bestimmte Sätze zu akzeptieren oder zurückzuweisen.« (Quine, 1960: 38 f.; dtsch. 1980: 80.)

Man kann entsprechend nicht dem Begriff der Stimulusbedeutung den Vorwurf machen, er sei zur Erfassung der Unterscheidung zwischen Bedeutung und kulturspezifischer Kollateralinformation zu grob: in der Realität gibt es einfach keinen Unterschied dieser Art. Und das braucht nicht wunder zu nehmen: die umstrittene Unterscheidung hängt ab von der Unterscheidung zwischen dem Analytischen und Synthetischen.

§ 5 Die Bedeutung von Gelegenheitssätzen,
    die keine Beobachtungssätze sind

Ein anderer Typ von Gelegenheitssätzen scheint nun ein Hindernis für die Identifizierung von Bedeutung mit Stimulusbedeutung aufzuwerfen: der Typ von Gelegenheitssätzen, die keine Beobachtungssätze sind. Es handelt sich, das zur Erinnerung, um Sätze, die, wie der vorhergehende Typ, einzig dann die Zustimmung oder Ablehnung des Informanten hervorrufen, wenn sie direkt nach der Stimulierung ausgesprochen werden, die aber, im Gegensatz zum gerade besprochenen Typ, nicht mit einem direkt beobachtbaren physischen Merkmal verbunden sind. Der Satz »Da ist ein Junggeselle«, geäußert beim Näherkommen eines Junggesellen, ist ein Beispiel für einen Gelegenheitssatz, der kein Beobachtungssatz ist.

Im Fall des Satzes »Dort ist ein Kaninchen«, haben die Stimulationen, die zu der affirmativen Stimulusbedeutung gehören, ein hervorstechendes Merkmal; sie bieten dem Ethnologen ebenso wie dem Eingeborenen einen gemeinsamen anatomischen Zustand dar, der es

unserem Linguisten erlaubt, durch Induktion aufgrund einiger Beispiele zu generalisieren. Das geht nicht im Fall des Satzes »Da ist ein
Junggeselle«, wo es nicht darauf ankommt, ein gemeinsames beobachtbares Merkmal festzustellen: Eine analog angewendete induktive
Methode hätte uns bei einem Satz vom Typ »Da ist ein Junggeselle«
von Anbeginn scheitern lassen: »Einzelne Stimulationen, die für den
Eingeborenen zur affirmativen Stimulusbedeutung dieses Satzes
gehören, würden keine gemeinsamen Merkmale aufweisen, aufgrund
deren Vermutungen über zukünftige Fälle angestellt werden können,
jedenfalls keine Vermutungen, die sich im weiteren bewahrheiten
würden.« (Quine, 1960: 46; dtsch. 1980: 91).

Die Bedeutung des Satzes »Da ist ein Junggeselle« wird erlernt
aufgrund der »Verbindung dieses Satzes mit anderen Sätzen. Auf
diesem Wege wird der Satz indirekt mit früheren Beobachtungen
in Zusammenhang gebracht. Dies sind jedoch andere Beobachtungen als jene, die gegenwärtig zu einer Zustimmung zu dem vorliegenden Satz führen würden.« (Quine, 1960: 45; dtsch. 1980:
90). Entsprechend variiert hier die Stimulusbedeutung mit der
Vergangenheit des individuellen Sprechers, obwohl jenes Netz, das
die Sätze miteinander verbindet, für alle Sprecher annähernd gleich
ist.

Die Stimulusbedeutung scheint sich also im Fall von Gelegenheitssätzen, die keine Beobachtungssätze sind, deutlich von der einfachen
Bedeutung zu unterscheiden, so daß man sich fragen muß, ob
Stimulusbedeutung hier als Explikation für Bedeutung angesehen
werden kann. Quine hat jedoch eine überraschende Tatsache festgestellt, die das Explikans wieder in sein volles Recht setzt: »Er-
staunlicherweise ist die Stimulusbedeutung von ›Junggeselle‹ und ›unverheirateter Mann‹ [...] für den jeweiligen einzelnen Sprecher
identisch. Jeder würde aufgrund derselben Stimulationen sowohl
›Junggeselle‹ als ›unverheirateter Mann‹ akzeptieren bzw. ablehn-
nen. *Stimulussynonymie* oder Identität der Stimulusbedeutung
ist somit für Gelegenheitssätze, die keine Beobachtungssätze
sind, ein ebenso guter Standard für Synonymie wie für Gelegenheitssätze, die Beobachtungssätze sind, solange wir uns jedenfalls
auf den individuellen Sprecher beschränken.« (Quine, 1960: 46;
dtsch. 1980: 92 f.).

Nun kann man allerdings die Beschränkung auf den individuellen
Sprecher auch wieder aufheben und sagen, daß »Junggeselle« und
»unverheirateter Mann« genau dann stimulussynonym für die Sprach-

gemeinschaft sind, wenn sie es für jeden einzelnen Sprecher sind. Ebenso kann man sagen, daß »Junggeselle« und »bachelor« für den bilingualen Sprecher stimulussynonym sind. Wider Erwarten zeigt sich damit, daß die Beziehungen zwischen Stimulussynonymie und Synonymie im Fall der Gelegenheitssätze, die keine Beobachtungssätze sind, keine banale Entsprechung der Beziehungen zwischen Stimulusbedeutung und Bedeutung sind. Wenn wir Sprecher für Sprecher vorgehen, ist Stimulussynonymie ein gutes Explikans für Synonymie, und die Kluft zwischen Stimulusbedeutung und Bedeutung verschwindet. Hier eröffnet die Begrifflichkeit der behaviouristischen Semantik ein neues Arbeitsfeld.

§ 6 Die Grenzen des Naturalismus und die experimentelle Methode

Wir haben gesehen, daß der Ethnologe damit beginnt, die Bedeutung von Beobachtungs-Gelegenheitssätzen ausgehend von der *passiven Beobachtung* einer konstanten Korrelation zwischen Sinnesreizungen und sprachlichen Reaktionen des Eingeborenen zu bestimmen. Es handelt sich dabei um eine einfache Anwendung der *Induktion,* durch nichts unterschieden von der auf natürliche Ereignisse angewendeten Induktion, die die Menschheit gelehrt hat, daß auf den Blitz der Donner folgt.

Aber der Ethnologe kann dabei nicht stehen bleiben. Um zu erkennen, daß die Klasse der Stimuli, die den Satz »Gavagai«, d. h. »dort ist ein Kaninchen«, auslösen kann, in der Stimulationsklasse *enthalten* ist, die den Satz auslösen kann »Dort ist ein Tier«, ist reine Beobachtung nicht ausreichend. Der passiv beobachtende Ethnologe, der den Eingeborenen sagen hört »Dort ist ein Kaninchen«, hat, weil ja ein Sprecher nur einen Satz auf einmal aussprechen kann, keinerlei Mittel zu erkennen, daß der Eingeborene sehr gut auch hätte sagen können »Dort ist ein Tier«. Sensorische Stimuli können, wie *jedes physikalische Geschehen* in einer physikalischen Beziehung der *zeitlichen Abfolge* oder der *Gleichzeitigkeit* zueinander stehen, aber sie können nicht in logische Zusammenhänge zueinander treten, wie Zugehörigkeit oder Inklusion. Die passive Beobachtung der sensorischen Stimuli, die zur Äußerung von »Dort ist ein Kaninchen« und von »Dort ist ein Tier« führen, führt also nicht zu der Erkenntnis, daß jedesmal, wenn der Eingeborene sagt »Dort ist ein Kaninchen« er auch »Dort ist ein Tier« hätte sagen können. Eine weiter entwickelte Methode wäre hier notwendig: der Enthnologe müßte die passive mit der aktiven Rolle vertauschen und selbst Sätze in der Anwesenheit des Eingeborenen aussprechen, wenn die entsprechende intersubjektive Stimulation auftritt. Um die Reaktion des Eingeborenen interpretieren zu können, wird er zuvor jedoch die Zeichen der Zustimmung und der Ablehnung in dessen Sprache herausgearbeitet haben müssen, d. h. die Wörter der Eingeborenen für »ja« und »nein«.

Diese Schritte gehen über reine *Beobachtung* und *Induktion* hinaus; sie müssen die experimentelle und die hypothetisch-deduktive Methode anwenden; aber auch hier handelt es sich nur um Methoden, die in den Naturwissenschaften laufend angewendet werden.

Wenn der Ethnologe dabei stehen bliebe – aber wir werden sehen, daß er das nicht tut – wäre er einem Vorwurf ausgesetzt, der in der Diskussion von Royaumont, als Quine eine Vorarbeit zu seiner Theorie der Bedeutung vorstellte, von Ryle wie folgt formuliert wurde: »Unser Urwaldlinguist scheint mir einer der größten Dummköpfe, die ich je getroffen habe. Man könnte sagen, er versucht zu erfassen, was in dem sprachlichen Verhalten seiner Population geschieht, indem er außerhalb der Sache bleibt. An den Türen horchend wird er jedoch nicht sehr weit kommen. So ... lernt kein Kind seine Muttersprache: nicht durch die einfache Macht der Gewohnheit und auch nicht mit Hilfe heikler Deduktionen. Im Gegenteil, es lernt sie weitgehend, wenn nicht ganz und gar, weil man sie ihm beibringt. Man fragt sich, warum der arme Ethnologe von Professor Quine nicht zum selben Mittel greift.« (Ryle, 1962: 181.)

Doch Ryles Einwand überzeugt nicht. Wenn das Kind den Sinn neuer Wörter mit Hilfe von Definitionen lernt, hat es schon die ersten Stadien des Spracherwerbs hinter sich gelassen. Es kennt schon die Sprache, aber noch nicht die ganze Sprache. Wenn man andererseits an das Kind denkt, das den Sinn der Wörter durch Ostension lernt – die Erwachsenen zeigen ihm die Objekte und nennen deren Namen – ist es einleuchtend, daß der Lernende für diese Art des Unterrichts elementarere Operationen benötigt als Beobachtung, Induktion und Konstruktion von Hypothesen. Ryle gibt kein Argument dafür, daß Lernen durch Unterricht ein Weg *sui generis* sei, unterschieden von Beobachtung, Induktion und Hypothesenbildung. Da Argumente dieser Art fehlen, kann man allenfalls zugestehen, daß das Lernen durch Unterricht sich in der Komplexität unterscheidet, nicht aber hinsichtlich der involvierten Operationen (wie Beobachtung, Induktion usw.), wie es Ryle behauptet.

Wir gestehen indes zu, daß es einen Unterschied gibt zwischen dem auf Sprachkenntnis und dem auf Kenntnis der Natur gerichteten Lernen; aber im Gegensatz zu Ryle glauben wir, daß dieser Unterschied nicht im *Lernen,* sondern eher im Objekt der Erkenntnis liegt: die Natur unterscheidet sich von der Sprache so wie *Gesetze* sich von *Regeln* unterscheiden. Quine erkennt diesen Unterschied sehr wohl an.

Um zweisprachig zu werden, sagt Quine (1960: 47; dtsch. 1980: 94), muß der Ethnologe »die Fähigkeit erwerben, eindeutig sachliche Irrtümer der Eingeborenen zu erkennen«. Quine betont, daß diese Fähigkeit mehr erfordert als einfache Beobachtung: »Solange der Linguist nichts weiter macht, als die Beobachtungsaussagen des Eingeborenen mit seiner eigenen Stimulusbedeutung zu korrelieren, kann er keinen der Sätze des Eingeborenen als falsch disqualifizieren.« (a. a. O.)

Man sieht hier den Gedanken sich entwickeln, daß eine Sprache zu lernen nicht bedeutet, eine Menge von *Gesetzen,* wie die Naturgesetze, zu lernen, sondern eine Menge von *Regeln*, die, im Gegensatz zu den Gesetzen, respektiert oder übertreten werden können: der eingeborene Sprecher kann sich im Gebrauch seiner eigenen Sprache »irren«, während sich etwa ein Planet in seiner Umlaufbahn nicht irren kann. Er könnte höchstens von seiner Bahn abweichen, nicht aber »sich irren«. Quine unterstützt implizit also nicht eine *naturalistische* sondern eine *konventionalistische* Konzeption der Bedeutung, wie sie von Aristoteles im *Organon* formuliert worden ist: »Jeder Satz hat eine Bedeutung, nicht wie ein natürliches Werkzeug, mit dem ein physischer Zweck ausgeführt wird, sondern wie wir gesagt haben, durch Konvention.« (Bekkersche Ausgabe, Bd. I, S. 17a, § 4 der Abhandlung über die Interpretation.)

Quine unterstreicht andererseits die Tatsache, daß die Sprache in erster Linie *sozial* und *öffentlich* ist. Die »Bedeutung« ist gegenüber der interpersonalen Kommunikation sekundär. »Wer die Sprache lernt, muß das Wort nicht nur phonetisch lernen, wenn er es von einem anderen Sprecher hört, er muß auch das Objekt sehen; weiterhin muß er, um den Sachbezug des Wortes, seine Beziehung zum Objekt, zu erfassen, sehen, daß der Sprecher das Objekt ebenfalls sieht.« Man kann die Lernsituation durch die folgende Graphik darstellen, in der S_1 einen Sprecher bezeichnet, O das wahrgenommene Objekt, S_2 den Beobachter und die Pfeile Relationen des Sehens:

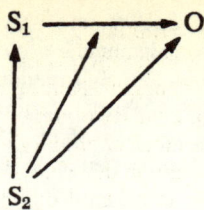

§ 7 Die Methode der analytischen Hypothesen und das Erlernen der
Bedeutung von stehenden Sätzen

Wir haben in Kapitel 2 gesehen, daß stehende Sätze von der Art wie
»Mama ist eine Frau«, die vor Quine eher als Beobachtungssätze denn
als theoretische Sätze klassifiziert wurden, eigentlich als theoretische
Sätze zu behandeln sind, ebenso wie Sätze der Art »Neutrinos haben
keine Masse«, von denen wir gesehen haben, daß sie keinen eigenstän-
digen empirischen Gehalt haben. Wie wird nun die Bedeutung der
stehenden Sätze erlernt, wenn sie, trotz ihrer Einfachheit, von Quine
immerhin als theoretische Aussagen klassifiziert werden?
Die Antwort findet sich an verschiedenen Stellen in Quines Arbeiten. U. a. in dem gemeinsam mit Ullian geschriebenen *Web of Belief*:
»Wir bewegen uns Schritt für Schritt weiter in die Theorien hinein,
wenn wir lernen, die Beobachtungssätze zu zerlegen und die in ihnen
vorkommenden Wörter neu zu verwenden.« (1970: 15 f.)
Diese Operation, die in der Zerlegung des Satzes in Wörter und in
der Neukonstruktion von Sätzen mit denselben Wörtern besteht, hat
Quine in *Word and Object* als die Bildung ›analytischer Hypothesen‹
bezeichnet (1960: 68; dtsch. 1980: 129).
Die analytischen Hypothesen dienen nicht nur dazu, Sätze in
Wörter zu zerlegen, sondern auch dazu, den Beitrag der Wörter zur
Bedeutung des Satzes herauszuarbeiten. Sobald der Satz in Wörter
zerlegt ist, stellt sich die Frage, welche Wörter eine eigenständige
Bedeutung haben (d. h. Kategoremata sind) und welche nicht (d. h.
welche Synkategoremata sind). Weiterhin stellt sich die Frage, welche
Wörter eine referentielle Funktion haben und worauf sie referieren.
Quine vertritt die These, daß Referenz unerforschlich sei, und zwar
in dem Sinn, daß rivalisierende Systeme analytischer Hypothesen die
Frage, worauf ein Wort referiere, verschieden beantworten können.
Wir werden Quines Argumente für diese These im nächsten Kapitel

behandeln. Z. B. könnte ein System analytischer Hypothesen die Frage nach der Referenz von »Kaninchen« dahingehend beantworten, daß das Wort auf ein Kaninchen als Individuum referiere; ein anderes System könnte sagen, das Wort referiere auf ein Kaninchen als eine Klasse verbundener Kaninchenteile. Und wir haben keinerlei Mittel, zwischen diesen Antworten eine vernünftige Auswahl zu treffen.

Man könnte meinen, daß wir uns hiermit in einem epistemologischen Dilemma befänden, das von der gleichen Art ist wie die Quinesche Unterdeterminiertheit von Theorien. Doch tatsächlich handelt es sich um ein viel schwerwiegenderes Dilemma, da wir nicht nur nicht *wissen* können, welches der äquivalenten rivalisierenden Systeme analytischer Hypothesen das bessere ist, sondern weil es *in Wirklichkeit* überhaupt kein optimales System *gibt*: »There is no fact of the matter« (»Die Frage ist gegenstandslos«). Aus der Unerforschlichkeit der Referenz ergeben sich zwei wichtige philosophische Konsequenzen, die wir in Kapitel 4 und 5 untersuchen werden: die Unbestimmtheit der radikalen Übersetzung und die Relativität der Ontologie.

§ 8 Ontogenese der Referenz

Wir wollen von dem Beobachtungs-Gelegenheitssatz »Es regnet« ausgehen. Unter den gleichen Äußerungsumständen könnte evtl. auch der Stoffname »Wasser« verwendet werden. Am Beginn des Lernprozesses kann das Kind gewiß den wichtigen Unterschied zwischen beiden Ausdrücken nicht absehen; das Kind wird den Unterschied später retrospektiv wahrnehmen können: der Satz »Es regnet« ist in einer bestimmten Situation *wahr*, während das Wort »Wasser« auf einen Stoff referiert.

Der Kontrast zwischen der Wahrheit eines Gelegenheitssatzes und der Referenz eines Wortes, das in einem Gelegenheitssatz vorkommt, kann bereits bei einem Vergleich der folgenden zwei Sätze beobachtet werden:

(1) »Es regnet«,
(2) »Lumpi!«

In der Äußerungssituation von (1) braucht es nichts zu geben, das besonders auffällt oder hervorspringt. Wenn jedoch (2) in einer Situation zutreffend sein soll (sei es als Wort, das auf ein Individuum referiert, oder als Ein-Wort-Satz), dann muß es in der Situation ein besonders hervorspringendes Individuum geben (nämlich Lumpi).

»Lumpi« ist kein Stoffname wie »Wasser«, sondern bezieht sich auf einen Körper; es ist ein Term, der sich auf ein unter Deformation und Ortsveränderung konstantes Objekt bezieht.

Wenn wir von einem Kind sagen wollen, daß es auf Objekte referieren könne, muß es weiterhin in der Lage sein, Gattungnamen wie »Hund« zu gebrauchen. Diese Fähigkeit ist jedoch eine noch weiter entwickelte Angelegenheit als die Fähigkeit, Terme wie »Mama«, »rot« und »Wasser« zu verwenden. Quine beschreibt den Kontrast folgendermaßen: »Wir haben diese drei Terme gelernt in dem Sinne, daß wir in der Lage sind anzugeben, ob Mama, rot und Wasser anwesend oder in der jeweiligen Situation auffallend anwesend sind. Um ›Hund‹ zu lernen, müssen wir mehr lernen als reine Anwesenheit. Wir müssen auch die individuierende Kraft des Terms erlernen, die Teilung der Referenz. Wir müssen lernen, was als ein Hund gilt und was als ein anderer.« (Quine, 1974: 56.)

Man beherrscht Gattungnamen nicht, wenn man nicht den Unterschied zwischen den folgenden Sätzen ausmachen kann:

(i) Dieser Hund hier ist der gleiche wie jener Hund dort.

(ii) Dieser Hund ist derselbe wie jener Hund dort.

Im ersten Fall geht es um eine qualitative Ähnlichkeit oder Gleichheit, etwa um zwei Hunde dergleichen Rasse. Im zweiten Fall geht es um die Identität von zwei Erscheinungen desselben Individuums (etwa die Identifikation eines Hundes auf zwei verschiedenen Fotos). Quine spricht bei der Ähnlichkeitsbasis eines Gattungsnamen von einer »Ähnlichkeit zweiter Ordnung«.

Dieser Ausdruck scheint uns glücklich gewählt. In der Tat geht die Fähigkeit, das Wort »Hund« zu verstehen hinaus über die Wahrnehmung einer Ähnlichkeit zwischen (a) einer Ähnlichkeit von zwei Erscheinungen von Lumpi und (b) einer Ähnlichkeit von zwei Erscheinungen von Waldi; d. h. es geht um eine Ähnlichkeit von Ähnlichkeiten, m. a. W. um eine Ähnlichkeit zweiter Ordnung.

Dennoch könnte man die These in Zweifel ziehen, daß der Sprecher nun zu *objektivem Referieren* in der Lage sei, d. h. zum Referieren auf Objekte, und man könnte die Ansicht vertreten, daß eigentlich nur eine niedrigere Fähigkeit bewiesen sei: die Fähigkeit, *auf Situationen zu referieren*. Harman diskutiert das sprachlernende Kind, das Sätze wie »Dies ist derselbe/ der gleiche Hund wie der« beherrscht, und stellt richtig fest, daß »eine Wahrheitstheorie solchen Sätzen Rechnung tragen kann ... indem sie davon ausgeht, daß ›dies‹ auf die Situation referiert.«

§ 9 Das Erlernen syntaktischer Konstruktionen

Die Bedeutung von Sätzen ist das Produkt aus Wortbedeutungen und der Art ihrer Verknüpfung. Über die letztere liefert die Syntax ihren Beitrag zur Satzbedeutung. Dieser Beitrag ist nicht leicht festzumachen. Lyons schreibt in seiner *Introduction to Theoretical Linguistics* (1968: 476): »... wir sind gegenwärtig noch nicht in der Lage den Term ›Produkt‹ (oder ›kompositionale Funktion‹ – um einen technischeren Ausdruck zu verwenden) in der vorgeschlagenen Definition der Bedeutung eines Satzes oder anderweitigen zusammengesetzten Ausdrucks als ›Produkt der Bedeutungen seiner ihn konstituierenden lexikalischen Einheiten‹ zu interpretieren.«

Um den entscheidenden Schritt von Gelegenheitssätzen zu stehenden Sätzen tun zu können, muß das Kind die Konstruktion der Prädikation beherrschen lernen: es muß die Konstruktion der *singulären Attribution* erlernen, wie wir sie in »Schnee ist weiß« und die der *pluralischen Attribution,* wie wir sie in »Hunde sind Tiere« finden.

Quine schlägt einen Lehrprozess vor, der den Anforderungen des naturalistischen Ansatzes entspricht: »Der Mechanismus, den ich vorschlage, besteht, wie man in der üblichen Terminologie sagen würde, in einer Übertragung der Konditionierung. Das Kind ist konditioniert, zustimmend auf die Frage ›weiß?‹ zu reagieren, wenn Schnee vorgewiesen wird; diese Reaktion wird übertragen von der Stimulierung durch Schnee auf die mit Schnee verbundene verbale Stimulierung, d. h. auf das Wort ›Schnee‹. Mein Vorschlag trägt solcher Übertragung auf der Grundlage von Gedächtnisspuren und Auffallendheit (»traces and salience«) Rechnung.« (Quine, 1974: 65.)

Der gleiche Mechanismus der Übertragung wird zuhilfe genommen, um die pluralische Attribution zu erklären. Betrachten wir den Satz »Ein Hund ist ein Tier«, dem der Logiker die Form der universalen kategorischen Aussage zugrundelegt: »Jedes α ist ein β«, und in dem sowohl das Subjekt wie das Prädikat ein Universalterm ist. »Auch hier bietet sich mehr oder weniger das gleiche Lernmuster an«, schreibt Quine (1974: 66), »wie in den vorhergehenden Fällen. Wenn das Kind den Ausdruck ›Tier‹ gelernt hat, tendiert es dazu, zustimmend auf die Frage ›Ein Tier?‹ zu reagieren, wenn es annimmt, daß ein Hund oder ein anderes Tier in der Situation anwesend ist. Dann lernt das Kind durch Übertragung, zustimmend auf ›Ein Tier?‹ zu reagieren, wenn es den Ausdruck ›Ein Hund‹ hört. Es stimmt dem Satz ›Ein Hund ist ein Tier?‹ zu.«

Um die Auswirkung des naturalistischen Ansatzes auf Quines Semantik richtig zu ermessen und ihre Originalität hervorzuheben, wollen wir Quines Semantik mit der von Frege inspirierten Semantik Cresswells vergleichen, die in dem Aufsatz »Semantic Competence« (1978) skizziert ist. Nehmen wir als Beispiel den Satz

(3) Auf dem kleinsten Tisch im Seminarraum an der Kelburn Parade 22, in Wellington, Neuseeland befindet sich am 15. November 1974 um 13.30 Uhr NZDT eine Katze.

Nun schreibt Cresswell (1978: 12): »Die Bedeutung von Satz (3) zu kennen, heißt, für jede beliebige mögliche Welt zu wissen, ob (3) in jener Welt wahr oder falsch ist.«

Wenn wir statt des Satzes (3), den Quine als zeitlosen Satz einstufen würde (das Verb »befindet sich« muß wegen der explizit vorliegenden Zeitangabe als selbst zeitlos angesehen werden) einen Gelegenheitssatz wie den folgenden nehmen:

(4) Auf dem kleinsten Tisch des Seminarraums an der Kelburn Parade 22, in Wellington, Neuseeland befindet sich eine Katze.

wobei wir davon ausgehen, daß dieser Satz ein Ereignis beschreibt, das gleichzeitig mit seiner Äußerung am 15. November 1974 um 13.30 NZDT stattfindet, dann können wir den kontroversen Begriff der »möglichen Welt« durch den unschuldigen Begriff des Umstands ersetzen. Quine wäre geneigt, eine wahrheitskonditionale Definition der Bedeutung zu akzeptieren, allerdings eben unter der Voraussetzung, daß sie durch die Einsetzung von »Umstand« für »mögliche Welt« entschärft wird: »Als wir lernten, Beobachtungssätze zu gebrauchen und zu verstehen, haben wir uns ziemlich direkt auf Erwägungen hinsichtlich des Wahrheitswertes verlassen, denn diese Lernprozesse bestanden einfach im Lernen der Umstände unter denen wir den Sätzen zustimmen bzw. sie zurückweisen.« (Quine, 1974: 65). Mit anderen Worten, wenn wir lernen, was »Da drüben ist eine Katze« bedeutet, lernen wir, diesem Satz entsprechend den Umständen einen Wahrheitswert zuzuschreiben.

Diese Methode kann für Gelegenheitssätze, die ihren Wahrheitswert entsprechend den Umständen verändern, Erfolg verbuchen; sie scheint jedoch nicht auf zeitlose Sätze anwendbar zu sein: »Als wir zu zeitlosen Sätzen kamen, mußten wir zu unserem Leidwesen feststellen, daß dieser Ansatz wegen der festliegenden Wahrheitswerte unpassend war.« (Quine, 1974: 65.)

An diesem Punkt nun bringt Quine den *Lernmechanismus* ins Spiel (1974: 65): »wir sehen jetzt, daß sich die Veränderlichkeit des Wahrheitswertes nur auf ein höheres Abstraktionsniveau zurückgezogen hat. Eine bestimmte Prädikation mag für alle Ewigkeit auf einen Wahrheitswert festgelegt sein. Die Verknüpfungsart der Prädikation allerdings erhält verschiedene Wahrheitswerte; für manche Termpaare erhält sie den Wahrheitswert ›wahr‹, für andere den Wahrheitswert ›falsch‹. [...] Wenn wir einen Gelegenheitssatz lernen, lernen wir, unter welchen Umständen wir ihn als wahr und unter welchen Umständen wir ihn als falsch ansehen müssen. Wenn wir die zeitlose Prädikationskonstruktion erlernen, lernen wir, wie wir beurteilen müssen, ob ein bestimmtes Termpaar eine wahre Prädikation ergibt, d. h. eine zeitlos wahre Prädikation, oder eine falsche, und zwar eine zeitlos falsche, Prädikation.«

Der Unterschied zwischen dem Erlernen der Bedeutung des Satzes »Da drüben ist eine Katze« und der von »Eine Katze ist ein Säugetier« besteht damit im folgenden: um die Bedeutung des ersten Satzes zu erlernen, müssen die Umstände variiert werden; im zweiten Fall müssen die Paare von Gattungsnamen variiert werden. Die zustimmende Reaktion der Sprecher auf die Frage »Ist ein α ein β?« für die Paare $\langle$Katze, Säugetier$\rangle$, $\langle$Wal, Säugetier$\rangle$ etc. und die zurückweisende Reaktion der Sprecher für die Paare $\langle$Katze, Fisch$\rangle$ $\langle$Wal, Fisch$\rangle$ etc. erlaubt dem Kind, den Beitrag der Struktur »Ein α ist ein β« auch in einem nie zuvor gehörten Satz auszumachen und diesem Satz Wahrheitsbedingungen zuzuschreiben, so daß es etwa sagen kann,

(5) Ein Einhorn ist ein Säugetier,

sei wahr dann und nur dann wenn die Substitution von »Einhorn« für α und die Substitution von »Säugetier« für β in »Ein α ist ein β« einen wahren Satz ergibt.

Diese Definition ist übrigens, entgegen dem eventuellen Anschein, nicht zirkulär, da ja der Beitrag von »Ein α ist ein β« zur Bedeutung der Universalaussagen durch Abstraktion gewonnen wurde und die Abstraktion von anderen Sätzen ausging als etwa dem obigen »Ein Einhorn ist ein Säugetier«.

Die naturalistische Explikation Quines scheint uns um vieles realistischer als die Cresswells. Es ist viel wahrscheinlicher, daß wir dem Kind die Fähigkeit zutrauen dürfen, mit Wörtern umgehen zu können, als daß wir ihm die Fähigkeit zutrauen könnten, mögliche Welten zu bereisen. In jedem Fall jedoch ist Quines Explikation die dem Empirismus näherstehende.

§ 10 Wurzeln der Referenz

Weiterhin betrachtet Quine die Erlernung des Relativsatzes oder der generellen Beschreibung der Form »Ding x, derart daß x F ist«, wobei »F« ein Platzhalter für Gattungsnamen ist. Er schlägt vor, daß diese Konstruktion durch die induktive Feststellung gelernt werde, daß Sprecher genau dann auf »a ist ein Ding x, derart daß x F ist« zustimmend reagieren, wenn sie auch auf »a ist F« zustimmend reagieren. Die Relativsatzkonstruktion erlaubt uns, jeden noch so komplexen Satz in der Form einer singulären Prädikation auszudrükken. So z. B. können wir »Lumpi ist ein tollwütiger Hund« umwandeln in »Lumpi ist ein Ding x, derart daß x ein Hund ist und x tollwütig ist.«

Der Relativsatz kann ebenfalls für pluralische Prädikationen der Form »ein α ist ein β« angewendet werden. Wenn wir etwa für α einsetzen »ein Ding x, derart daß x ein Hund ist und x tollwütig ist« und wenn wir für β einsetzen »ein Ding x derart daß x innerhalb 48 Stunden sterben wird«, erhalten wir: »Ein Ding x derart daß x ein Hund ist und x tollwütig ist, ist ein Ding x, derart daß x innerhalb 48 Stunden sterben wird«, und das ist äquivalent mit

»(x) (wenn x ein Hund ist und x tollwütig ist, dann wird x innerhalb von 48 Stunden sterben)«

Die Kombination von Relativsatz und Kategorialkonstruktion hat somit zum Entstehen der Quantifikation geführt, entweder in ihrer natürlichen oder in ihrer künstlichen Form (vgl. das vorletzte bzw. das letzte Beispiel).

Die Quantifikation läßt zweierlei Interpretationen zu: die objektuelle und die substitutionelle Interpretation. »Eine universelle Quantifikation im objektuellen Sinn kann durch einen nicht individuell angebbaren Wert ihrer Variablen falsifiziert werden, wohingegen die gleiche universelle Quantifikation im substitutionellen Sinn im gleichen Fall wahr bleibt.« (Quine, 1974: 98 f.)

Im Fall von gesetzesmäßigen Aussagen, wie in den beiden obigen Beispielen, ist deutlich, daß die objektuelle Lesart die passende ist, denn wir würden unsere Aussage für falsifiziert halten, wenn es einen tollwütigen Hund gäbe, der nicht innerhalb von 48 Stunden gestorben wäre, selbst dann, wenn dieser Hund nicht individuell spezifizierbar ist, d. h. keinen Namen hat.

Prädikate können als Synkategoremata behandelt werden, die keine eigenständige Bedeutung haben; Eigennamen können mithilfe von Kennzeichnungen eliminiert werden. Damit werden von Quantoren gebundene Variablen die einzigen nicht reduzierbaren Vehikel der Referenz. Da die Quantifikation wiederum das Resultat des kombinierten Gebrauchs der Relativsatzkonstruktion und der Kategorialkonstruktion ist, mag man mit gutem Recht diese beiden Konstruktionen die Wurzeln der Referenz nennen.

Viertes Kapitel: Die Indeterminiertheit der Übersetzung

§ 1 Analytische Hypothesen

Wir haben gesehen, daß das Kind, das seine Muttersprache lernt, die Bedeutung von stehenden Sätzen nur dadurch lernt, daß es lernt, Sätze in Wörter zu zerlegen und mit den alten Wörtern neue Sätze zu bilden.

Wir haben gesehen, daß das Kind bei der Zerlegung von Sätzen von analytischen Hypothesen Gebrauch macht, denen eine gewisse Indeterminiertheit eigen ist. So geht Quine etwa davon aus, daß, abgesehen von gewissen Anpassungen, ein Satz, der einen Term enthält, der z. B. auf ein Kaninchen referiert, so rekonstruiert werden kann, daß der Term auf ein Zeitsegment im Leben des Kaninchens referiert.

Nehmen wir einmal an, das Kind reagiere zustimmend auf die Frage »Ist dieses Kaninchen dasselbe wie jenes?«. Dann ist damit noch keineswegs ausgemacht, daß das Kind unter »Kaninchen« das Individuum und nicht ein Zeitsegment aus dessen Leben versteht. Der Effekt der zustimmenden Reaktion wäre z. B. ein ganz anderer, wenn wir andere analytische Hypothesen anwenden, d. h. wenn wir etwa das Wort »Kaninchen« verstehen als sich beziehend auf ein Zeitsegment aus dem Leben des Kaninchens, und wenn wir die Kopula »ist dasselbe Individuum wie« verstehen als »gehört zu demselben Kaninchen wie«.

Nicht anders geht der Urwaldlinguist vor, wenn er versucht von der Übersetzung von Gelegenheitssätzen zur Übersetzung von stehenden Sätzen fortzuschreiten. Auch er beginnt damit, die Sätze zu segmentieren: »Der Linguist zerlegt die Äußerungen, die er hört, in ausreichend kurze, wiederkehrende Teile und stellt so eine Liste der ›Wörter‹ der Eingeborenen zusammen. Dann stellt er Hypothesen hinsichtlich der Korrelation von Wörtern mit Wörtern oder Ausdrücken seiner eigenen Sprache auf. [...] Diese Hypothesen nenne ich die *analytischen Hypothesen* des Linguisten« (Quine, 1960: 68; dtsch. 1980: 129).

Die analytischen Hypothesen sind nicht bloß ein Mittel, in den geschlossenen Kreis der stehenden Sätze einzudringen. Sie stellen ebenso ein besseres Verständnis der Gelegenheitssätze sicher. Es besteht eben doch eine große Kluft zwischen dem Verständnis, das z. B. ein amerikanischer Tourist von einem aus dem »phrasebook« entnommenen Satz hat, von dem er nur weiß, daß er sich damit nach dem Weg zum Bahnhof erkundigen kann (»Isst deess derr V'aig tsoom bahnhohf?«) und dem Verständnis des muttersprachlichen Sprechers, das auf analytischem Verstehen beruht, auf der Kenntnis des Beitrags der einzelnen Wörter und ihrer Anordnung zum Gesamtresultat der Satzbedeutung.

Die Bedeutung der Wörter vermischt sich nicht mit der Stimulusbedeutung, auch dann nicht, wenn es sich um die Wörter in einem Gelegenheitssatz handelt und zusätzlich mit dem Finger gezeigt wird: »Wenn man auf ein Kaninchen zeigt, zeigt man zugleich auf einen Zustand eines Kaninchens, die Fusion (im Sinne Goodmans) aller Kaninchen und auf etwas das Kaninchentum manifestiert. Wenn man auf ein nicht-abgetrenntes Kaninchenteil zeigt, zeigt man wiederum auch auf die übrigen vier Dinge etc. Nichts, was nicht schon in der Stimulusbedeutung selbst unterschieden wäre, kann durch zusätzliches Zeigen unterschieden werden«. (Quine, 1960: 52 f; dtsch. 1980: 103)

Um zu erfahren, ob der Eingeborene mit dem Gelegenheitssatz »Gavagai«, der in der Sprache des Linguisten dem Satz »Da ist ein Kaninchen« entspricht, die eine oder andere der angegebenen Möglichkeiten meinte, um zu erfahren, ob der Eingeborene etwa unter »Gavagai« eher ein konstantes Objekt oder eine flüchtige Manifestation von Kaninchentum versteht, d. h. um zur Wortbedeutung von »Gavagai« vorzudringen, muß der Linguist andere Verfahren wählen als die, die ihn zur Stimulusbedeutung geführt haben. Er muß den Eingeborenen fragen können »Ist dies dasselbe Kaninchen wie das?«, »Sind dort ein oder zwei Kaninchen?«. Aber um solche Fragen stellen zu können, muß der Linguist zunächst gewisse Ausdrücke der Eingeborenensprache erlernt haben, die etwa den deutschen Ausdrücken »ist dasselbe wie«, »ist verschieden von« etc. entsprechen. Um diese Ausdrücke zu isolieren, muß der Linguist die Sätze des Eingeborenen mithilfe seiner analytischen Hypothesen segmentieren.

Man könnte meinen, daß diese analytischen Hypothesen das *linguistische Äquivalent* der Hypothesen sind, die ein Chemiker über die Zusammensetzung einer noch nicht analysierten Substanz aufstellen kann. Doch Quine lehnt diesen Vergleich ab. Er behauptet, daß es *in der durch den Linguisten erforschten Realität,* d. h. in dem was der Eingeborene sagen will, wenn er den Satz ausspricht, keine Struktur gibt, die durch die analytischen Hypothesen mehr oder weniger getreu reproduziert wird. Mit anderen Worten, es existiert keine korrekte Übersetzung in dem Sinn einer genauen Beschreibung der chemischen

Zusammensetzung eines Körpers. Die Übersetzung ist von Grund auf indeterminiert.

§ 2 Die These von der Indeterminiertheit der Übersetzung

Quines paradoxe Behauptung hat ein Polemik von beträchtlichem Ausmaß hervorgerufen. M. Friedman (1975: 353) stellt mit gutem Recht fest, daß »Quines These von der Indeterminiertheit der Übersetzung zweifellos die bekannteste und am meisten diskutierte These der gesamten zeitgenössischen philosophischen Literatur ist«.

Die These ist eine andere als die These vom methodologischen Holismus und die These von der Unterbestimmtheit wissenschaftlicher Theorien, aber sie hat zu diesen Thesen enge Beziehungen, die einige Verwirrung hervorgerufen haben. Um diese zu zerstreuen, ist ein genauer Vergleich notwendig.

Wir haben weiter oben gesehen, daß der Ethnologe sich auf analytische Hypothesen beziehen muß, wenn er wissen will, ob der Eingeborene unter »Gavagai« z. B. ein Kaninchen versteht, einen Kaninchenzustand oder eine Manifestation von Kaninchentum. Nun kommt er jedoch zu *rivalisierenden* analytischen Hypothesen; d. h. die analytischen Hypothesen, die denselben Satz des Eingeborenen mit verschiedenen deutschen Sätzen in Korrelation bringen, gehen *ex aequo* aus der Beobachtung des Verhaltens hervor. Wenn sich diese Situation ergibt, wird die Übersetzung »indeterminiert« genannt.

Quine hat in *Word and Object* detailliert ein Beispiel ähnlicher Rivalität beschreiben: »Wenn wir durch die Vermittlung einer analytischen Hypothese ›sind dieselben‹ als Übersetzung irgendeiner Konstruktion der Dschungelsprache nehmen, können wir uns auf dieser Basis daranmachen, unseren Informanten über die Identität von Gavagais von einem Auftreten zum anderen zu befragen und daraus schließen, daß Gavagais Kaninchen und nicht Zustände von Kaninchen sind. Wenn wir aber stattdessen den Ausdruck ›sind Zustände desselben Tieres‹ als Übersetzung der infrage kommenden Konstruktion der Eingeborenensprache nehmen würden, würden wir eine ganz andere Schlußfolgerung aus den identischen Antworten unseres Informanten auf unsere Fragen ziehen, nämlich, daß die Gavagais Zustände von Kaninchen sind. Beide analytische Hypothesen können als möglich angenommen werden. Man könnte sich zweifellos sowohl mit der einen wie mit der anderen zufriedengeben, wenn man ausgleichende Veränderungen in analytischen Hypothesen bezüglich anderer Ausdrücke vornimmt, derart, daß beide Hypothesen gleich gut mit allen unabhängig begründbaren Übersetzungen ganzer Sätze und schließlich mit allen Sprachdispositionen aller in Betracht kommenden Sprecher vereinbar sind« (1960: 72; dtsch. 1980: 135).

Das gerade zur Unterstützung der Indeterminiertheitsthese zitierte Argument läßt uns an die gleiche Situation in der Physik denken, wo, wie Duhem behauptet, ausgleichende Veränderungen es erlauben, die Theorien mit widerspenstigen Tatsachen in Einklang zu bringen. In Wirklichkeit indessen ist die hier vorliegende Situation schwerwiegender. In der Physik gibt es eine feststehende Realität und eine wahre Theorie, selbst wenn diese Wahrheit für uns unerkennbar ist und es auch für ein Lebewesen bliebe, das über alle möglichen *Beobachtungen* verfügt. In der Übersetzung gibt es dagegen keine objektive Realität. Die Indeterminiertheit ist nicht *epistemologisch* sondern *ontologisch:* »Es geht nicht darum, daß wir nicht mit Gewißheit sagen können, ob die analytische Hypothese richtig ist; sondern darum, daß es nichts Objektives gibt [. . .] hinsichtlich dessen man Recht haben oder im Irrtum sein könnte.« (1960: 73; dtsch. 1980: 137)

Diese These Quines, die heute soviele Proteste auslöst, war schon in aller Klarheit in »Meaning in Linguistics« (in Quine 1961, zuerst veröffentlicht 1951) formuliert worden, aber damals hatte man ihr keine Aufmerksamkeit gewidmet. Es ist nützlich, an diesen relativ alten Text zu erinnern, denn er ist von einer Genauigkeit, die man anderweitig kaum findet und die absolut wesentlich ist. Quine stellt sich einen Lexikographen bei der Arbeit in einem fernen Land vor, der sich mit den Daten seines Informanten abmüht und mit Hilfe von Hypothesen versucht, eine semantische Korrelation zwischen der fremden Sprache und seiner eigenen herzustellen.

»Das fertige Lexikon ist ein deutlicher Fall von *ex pede Herculem.* Doch nicht ganz. Wenn wir Herkules vom Fuß her projizieren, laufen wir Gefahr, einen Irrtum zu begehen, doch wir können uns zumindest damit trösten, daß es da etwas gibt, in Bezug worauf wir uns irren. Im Falle des Lexikons haben wir, solange wir keine Definition für Synonymie haben, keine Beschreibung des Problems; wir haben nichts, in Bezug worauf der Lexikograph Recht oder Unrecht haben kann.« (1961: 63; dtsch. 1979: 65 f)

Die wichtige Präzisierung, die dieser Text enthält, ist die, daß nur aufgrund einer fehlenden Synonymiedefinition – heute würden wir sagen aufgrund einer fehlenden analytischen Hypothese *es nichts gibt* hinsichtlich dessen der Linguist im Irrtum sein kann. Und diese Einschränkung gestattet uns die Annahme, daß für den Fall, daß analytische Hypothesen vorliegen etwas gegeben ist, hinsichtlich dessen der Linguist Recht haben oder im Irrtum sein kann.

Nach der Interpretation, die wir vorschlagen wollen, besteht die These Quines also nicht darin, schlicht und einfach die reale Existenz von *Bedeutungsinhalten,* die nicht auf Stimulusbedeutungen zurückführbar sind, zu verneinen, sondern darin, daß die Bedeutung nicht von den analytischen Hypothesen getrennt werden kann wie ein Brief von seinem Umschlag. Die These der Nichtexistenz des *Satzes an sich* (Bolzano) verwandelt sich also in die Behauptung der *Relativität* der Bedeutungen bezogen auf die analytischen Hypothesen. Es *existieren* wohl Bedeutungen, aber nicht *an sich.*

Genausogut wie man versuchen kann, die These der Unterdeterminiertheit zu *trivialisieren,* indem man sagt, daß sich zwei empirisch gleiche Theorien nur verbal unterscheiden, könnte man versucht sein, die These der Indeterminiertheit der Übersetzung zu trivialisieren: man könnte sagen, daß sich die aufgrund von zwei verschiedenen Handbüchern zustandegekommenen Übersetzungen, soweit sie mit dem gesamten Verhalten und den Verhaltensdispositionen übereinstimmen, nur verbal unterscheiden. »Wenn, wie Quine behauptet, ein Übersetzungssystem ein anderes ausschließt«, schreibt Sogo (1972: 213), »kann man annehmen, daß eine solche Ausschließlichkeit auf guten Gründen beruht [...] und weil die einzigen Gründe, die wissenschaftlich zählen, Unterschiede in der Stimulusbedeutung sind, kann man sich fragen, in welchem Sinn die Übersetzungshandbücher inkompatibel sind.« Für Sogo gibt es mit anderen Worten nur einen verbalen Unterschied. Unsere Interpretation, nach welcher Quine Bedeutungen zuläßt, die zwar unabhängig vom Verhalten sind, aber abhängig von Übersetzungshandbüchern, kann den Einwand Sogos zurückweisen. Der gleiche Einwand findet sich übrigens auch bei Young (1972: 181). Dieser diskutiert Quines »Problem, der Rivalität zwischen Übersetzungshandbüchern (d. h. analytischen Hypothesen) einen Sinn zu geben ohne den dritten Bestandteil der Indeterminiertheisthese zurückzuweisen (d. h. den Teil der These, nach dem es keine unabhängigen Propositionen oder Bedeutungen gibt)«.

§ 3 Quines neue Argumente für die Indeterminiertheitsthese

Vom epistemologischen Gesichtspunkt haben die These von der Unterdeterminiertheit der Theorien und die These von der Indeterminiertheit der Übersetzung eine große und offensichtliche Ähnlichkeit; Vergleichen wir beide Formulierungen:

(1) Die physikalische Theorie ist selbst durch alle *möglichen* Beobachtungen unterdeterminiert... die Theorie kann variieren auch wenn alle möglichen Beobachtungen festliegen. Physikalische Theorien können miteinander inkompatibel sein und doch kompatibel mit allen vorliegenden und auch mit allen nicht vorliegenden Daten im weitesten Sinn. (vgl. Quine, 1970: 179)

(2) Handbücher für die Übersetzung von einer Sprache in die andere können auf unterschiedliche Arten aufgebaut sein, von denen jede mit der Gesamtheit der sprachlichen Dispositionen kompatibel ist, und die doch untereinander inkompatibel sind. (vgl. Quine, 1960: 27; dtsch. 1980: 60)

Diese epistemologische Ähnlichkeit hat Chomsky zu der Annahme geführt, die Indeterminiertheit der Übersetzung sei nur ein Spezialfall der Unterdeterminiertheit von Theorien: »Die Situation im Fall der Sprache oder des Alltagswissens ist in dieser Hinsicht nicht anders als in der Physik«. (Chomsky, 1968: 61)

Es ist sehr aufschlußreich, noch einmal die Antwort Quines hierauf zu lesen, denn sie enthält eine neue Rechtfertigung der Unterscheidung der beiden Thesen und eine weitere Begründung für die zweite These. Er schreibt: »In der Physik, ist die Theorie ein letzter Parameter. Es existiert keine ›erste Philosophie‹, die über der Physik steht, die zuverlässiger als die Physik ist und auf die man sich über den Kopf der Physiker hinweg berufen könnte. [...] Obwohl die Linguistik selbstverständlich ein Teil der Theorie der Natur ist, ergibt sich die Indeterminiertheit der Übersetzung nicht einfach als Spezialfall der Indeterminiertheit unserer Theorie der Natur. Sie läuft parallel, aber geht weiter [...] Man betrachte [...] die Gesamtheit der Naturwahrheiten, bekannte und unbekannte, beobachtbare und nicht beobachtbare, vergangene und zukünftige. Das Beachtenswerte an der Indeterminiertheit der Übersetzung ist nun, daß sie selbst dann fortbesteht, wenn all diese Wahrheit vorliegt, die gesamte Wahrheit über die Natur. Das meine ich, wenn ich von der Indeterminiertheit der Übersetzung sage, daß wir es hier nicht mit dem Problem einer richtigen oder falschen Wahl zu tun haben: es gibt hier keine objektive

Realität (»there is no fact of the matter«)« (Quine, 1968: 275).

Quine hat seine eigene Passage mit folgenden Worten kommentiert, um noch einmal klarzustellen, inwiefern die Indeterminiertheit der Übersetzung wichtiger ist als die Unterdeterminiertheit der Physik: »Vom epistemologischen Gesichtspunkt aus vermischen sich die Indeterminiertheit der Übersetzung und die Unterdeterminiertheit der Physik. Vom ontologischen Standpunkt unterscheiden sie sich aufgrund meines Physikalismus und meiner Mißbilligung einer objektiven Realität; ganz einfach deshalb, weil das Übersetzungshandbuch sich gegenüber dem Zustand und der Lage der Elemente des Universums indifferent verhält. Eine Indifferenz, die nicht entschuldbar ist wie in der Mathematik; denn die Sprache bezieht sich im Gegensatz zur Mathematik auf die Welt der Natur insofern sie das Verhalten einer Säugetierart ist.« (Quine, persönliche Mitteilung an den Autor.)

Später hat Quine diese Form der These von der Indeterminiertheit der Übersetzung schriftlich formuliert: Übersetzungen seien »in diesem Sinn indeterminiert: zwei Übersetzer können unabhängig voneinander Übersetzungshandbücher entwickeln, von denen beide mit dem gesamten Sprachverhalten in Einklang sind und auch mit allen Dispositionen zum Sprachverhalten; dennoch ist es möglich, daß eins der Handbücher Übersetzungen vorschlägt, die das andere abweist. Meine Position hierzu war die, daß beide Handbücher brauchbar sind, daß jedoch die Frage, welches von beiden die richtigen und welches die falschen Übersetzungen angibt, eine gegenstandslose Frage ist.« (Quine, 1979: 167). Etwas später spezifiziert Quine, was er damit meint, wenn er jene Frage »gegenstandslos« nennt (»there is no fact of the matter«): »Ich meine, daß beide Handbücher im Einklang sind mit denselben raum-zeitlichen Gebieten in denselben elementaren physikalischen Zuständen« (1.c.)

Wir können also die Situation folgendermaßen zusammenfassen: die physikalische Theorie ist im Hinblick auf die unendliche Menge aller möglichen Beobachtungen *unterdeterminiert,* sie ist jedoch determiniert im Hinblick auf die Gesamtheit aller möglichen Verteilungen von Elementarteilchen im Universum. Die Übersetzung ist im Hinblick auf alle relevanten Reaktionen der Sprecher *unterdeterminiert,* sie ist jedoch darüberhinaus *indeterminiert* im Hinblick auf die Gesamtheit der Verteilungen von Elementarteilchen.

§ 4 Die Produktivität der analytischen Hypothesen

Bevor wir versuchen, für jene beunruhigende These der Indeterminiertheit der Übersetzung zu argumentieren, wird es nützlich sein, wenn wir uns mit einigen Aspekten der These vertraut machen, insbesondere mit der genauen Rolle, die die analytischen Hypothesen spielen, wobei wir vorläufig die Indeterminiertheitsthese erst einmal als korrekt unterstellen. Übersetzungshandbücher sind Konkordanztabellen, die die Sätze der Ausgangssprache mit Sätzen der Zielsprache in Korrelation bringen. Die Ausgangssprache ist von Anfang an mit Bedeutung ausgestattet. Die Korrelationen und analytischen Hypothesen des Handbuchs haben die Aufgabe, die Zielsprache, die vor der Übersetzung hypothetisch als völlig unverständlich angenommen wird, mit Bedeutung auszustatten. Quine hat dieses Verfahren sehr beredt beschrieben: »Die Methode der analytischen Hypothesen ist eine Art sich selbst unter Ausnutzung des Drehmoments der eigenen Sprache in die Sprache des Dschungels zu katapultieren. Man pfropft solange exotische Edelreiser . . . auf den altbekannten Strauch bis nur noch das Exotische sichtbar ist. Hinsichtlich einer Theorie der Übersetzungsbedeutung sind die analytischen Hypothesen vor allem bemerkenswert in der Hinsicht, daß sie über alles hinausgehen, was sich implizit in den Dispositionen der Eingeborenen zum Sprachverhalten befindet«. (1960: 70; dtsch. 1980: 133) Kurz: der Übersetzer *fügt hinzu;* er projiziert mehr Bedeutung in die Eingeborenensprache als er darin durch ausdauernde methodische Beobachtung von Korrelationen zwischen verbalen Stimuli, Situationen und nichtverbalem Verhalten der Eingeborenen entdecken kann. Die Korrelationen des Handbuchs tun mehr als nur die Zielsprache dadurch verständlich zu machen, daß sie das Verständnis, das der Ausgangssprache von Anfang an zueigen war, auf die Zielsprache ausdehnen. Sie *erzeugen* buchstäblich dieses Verständnis und diesen Ausdruckswert der Zielsprache für einen Sprecher, der bevor er den Übersetzer konsultiert nur die Ausgangssprache versteht.

Wie kann eine Konkordanztabelle, anstatt bereits vorliegende Synonymierelationen bloß zu *beschreiben,* Synonymierelationen, wenn auch nur in gewissen Grenzen, *erzeugen?* Mit anderen Worten: Wie kann die Tabelle etwas geben, was sie nicht hat? Wenn es sich um eine Schöpfung aus dem Nichts handeln würde, bliebe das Rätsel auf ewig ungelöst; doch handelt es sich weniger um eine Schöpfung als um eine kreative Verarbeitung: zwei Wörterbücher, auf denselben *input* angewendet, können zu einem unterschiedlichen *output* gelangen. Man kann also von einer »Produktivität der Wörterbücher« sprechen.

In *Ontological Relativity* (1969: 36 f; dtsch. 1975: 53 f) illustriert Quine diesen Mechanismus an einem Beispiel. Im Japanischen gibt es Partikeln, die man »Klassifikatoren« nennt; sie können auf zwei unterschiedliche Weisen analysiert werden. Nach der ersten Analyse werden Klassifikatoren an Zahlwörter angehängt, um zusammengesetzte Zahlwörter unterschiedlichen Typs, je nach Art der zu zählenden Objekte, zu bilden. Nach der zweiten Analyse sind Klassifkatoren nicht Teil des Zahlwortes, sondern Teil des Substantivs.

Nehmen wir an, das Substantiv sei »Rind«, das Zahlwort »fünf« und der Klassifikator etwas, was man im Deutschen als »Stück Vieh« übersetzen würde. Welche Analyse man auch anwendet, die drei japanischen Wörter werden im Deutschen durch ein Paar von Ausdrücken übersetzt, aber dieses hat in beiden Fällen eine unterschiedliche Bedeutung. Um den semantischen Unterschied herauszuarbeiten, kann man die beiden Interpretationen mithilfe der folgenden deutschen Ausdrücke angeben: »(fünf) (Rinder)« bzw. »(fünf) (Stück Rindvieh)«.

Quine schreibt: »Nach der einen Auffassung bilden das neutrale Zahlwort und der Klassifikator zusammen ein dekliniertes Zahlwort vom Genus ›Vieh‹ das dann aus ›Rind‹ im wesentlichen ›fünf Rinder‹ macht. Nach der anderen Auffassung entspricht das dritte japanische Wort nicht dem individuativen Term ›Rind‹, sondern dem kontinuativen Term ›Rindvieh‹; der Klassifikator wird auf diesen kontinuativen Term angewandt, um einen zusammengesetzten individuativen Term zu erzeugen, nämlich ›Stück Rindvieh‹; und das neutrale Zahlwort wird dann darauf direkt und ohne Genus angewandt, was ›fünf Stück Rindvieh‹, also dasselbe wie ›fünf Rinder‹ ergibt«. (1969: 36; dtsch. 1975: 54)

Die beiden analytischen Hypothesen unterscheiden sich grundsätzlich in der Behandlung, die sie dem dritten japanischen Wort zuteil werden lassen, das einmal als individuativer Term, einmal als kontinuativer Term behandelt wird; aber das globale Resultat ist in beiden Fällen dasselbe, denn der Unterschied wird durch die entsprechende Behandlung des zweiten Wortes, d. h. des Klassifikators, ausgeglichen.

Wir können nun verstehen, was es heißt es gebe kein *»fact of the matter«,* keine *objektive* Lösung der Probleme radikaler Übersetzung. Es reicht aus, auf die Konsequenzen zu verweisen: der mit radikalem

Übersetzen beschäftigte Übersetzer geht von seiner eigenen Sprache aus und *projiziert* eine Bedeutung in die Sätze des Eingeborenen, aber diese Bedeutung ist *nicht ablösbar* von den analytischen Hypothesen, welche in die Projektion eingehen.

Man ist zugestandenermaßen versucht zu entgegnen, daß die objektive Realität, mit der es der Übersetzer zu tun hat, der vom Eingeborenen in der Verborgenheit seines Bewußtseins gehegte Gedanke sei, und daß der Übersetzer sein Ziel erreichen würde, wenn er das *Unmögliche* wahrmachen könnte: nämlich diesen Gedanken wiederzugeben. Aber diese Entgegnung ist weit davon entfernt, das Problem der *intersubjektiven Kommunikation* zu lösen und geht direkt an ihm vorbei. Wenn der Übersetzer durch ein Wunder zum Eingeborenen *werden würde,* wäre die Situation ganz einfach umgekehrt; aber die Kluft zwischen den beiden Sprachen wäre damit keinesfalls zugeschüttet. Der einzige Unterschied wäre, daß die Übersetzung nun vom Deutschen in die Eingeborenensprache geleistet werden müßte anstatt andersherum. Peirce, Wittgenstein und Quine haben uns daran erinnert: Sprache ist eine soziale Kunst.

§ 5 Eine Verteidigung der These von der Indeterminiertheit
       der Übersetzung

Man könnte gegen Quine einwenden, seine These der Indeterminiertheit der Übersetzung beruhe auf einem physikalistischen Vorurteil. Føllesdal hat sich mit diesem Problem beschäftigt und hat den Quineschen Physikalismus auf einer breiter akzeptierten Lehre, dem Empirismus, aufgebaut. Hiermit hat Føllesdal indirekt ein wichtiges Argument für die Indeterminiertheitsthese angegeben: »Mir scheint, daß Quines Position sehr viel interessanter ist, wenn sein prophysikalistisches Vorurteil als Konsequenz eines epistemologisch noch fundamentaleren pro-empiristischen Vorurteils betrachtet wird« (Føllesdal, 1974: 296).

Føllesdals Argument besteht darin, daß die Relation »x ist einfacher als y« eine wenigstens partielle Ordnungsrelation ist, wenn die Variablen x und y rivalisierende physikalische Theorien als Werte annehmen (wobei nicht ausgeschlossen ist, daß die rivalisierenden Theorien von gleichem Einfachheitsgrad sind), daß die Relation jedoch mit Sicherheit keine Ordnungsrelation ist, wenn die Variablen x und y rivalisierende Übersetzungshandbücher als Werte annehmen. Der

Einfachheitsgrad von Übersetzungshandbüchern kann nicht wie der von im Prädikatenkalkül erster Ordnung formalisierten physikalischen Theorien mit Hilfe der von Goodman in *The Structure of Appearance* entwickelten Methoden gemessen werden. Der Grund liegt darin, daß die Einfachheit von Übersetzungshandbüchern von einem Willkürfaktor abhängt: davon nämlich, ob man Sprache A als Quellsprache und Sprache B als Zielsprache nimmt oder umgekehrt.

Quine hat ein zweites Argument angegeben, das wir sogleich näher betrachten wollen. Stellen wir uns zwei physikalische Theorien vor, die logisch miteinander unvereinbar sind, aber gleich gut mit allen auch nur möglichen Beobachtungen im Einklang sind. Stellen wir uns nunmehr vor, wir träfen auf einen fremdsprachigen Physiker, dessen Sprache radikal übersetzt werden muß. Die Beobachtungen determinieren unsere physikalische Theorie nicht, und unsere Übersetzung der eventuellen Beobachtungen des ausländischen Physikers determiniert auch nicht unsere Übersetzung seiner physikalischen Theorie. Es gibt damit eine zusätzliche Indeterminiertheit beim Übersetzen. »Wenn die physikalischen Theorien A und B beide mit allen möglichen Daten kompatibel sind, könnten wir uns A zueigen machen und würden doch die Freiheit behalten, den Fremden so zu übersetzen, daß er A oder B vertritt.« (Quine, 1970b: 180.) Quine (1970b: 181) meint weiterhin, daß in der Situation, die wir gerade beschrieben haben, die Frage, ob der Fremde *wirklich* eher A als B vertritt, eine Frage sei, deren Sinn er bezweifelt. Hiermit ergibt sich ein zweiter qualitativer Unterschied. Die Indeterminiertheit der Übersetzung ist in Quines Beispiel deutlich von der Unterdeterminiertheit unterschieden und überlagert die letztere. Zeigt das nun, daß die Indeterminiertheit sich auch *qualitativ* und nicht nur *quantitativ* von der Unterdeterminiertheit unterscheidet? Ja, insofern sich hier nämlich unter Bezug auf dieselbe Menge möglicher Beobachtungen die Indeterminiertheit der Übersetzung als *parasitär* gegenüber der Unterdeterminiertheit erweist. Die Interpretation, die wir hier vorschlagen, wird auch gestützt durch die Tatsache, daß Quine im gleichen Artikel (1970b) behauptet, der Grad der Indeterminiertheit der Übersetzung *hänge ab* vom Grad der Unterdeterminiertheit der übersetzten Theorie.

Dieses zweite Argument Quines ist sehr kurz formuliert und hat seine Leser nicht überzeugt. Wir wollen es hier etwas ausführlicher entwickeln, wobei wir von einem Einwand ausgehen wollen, den Boorse vorgebracht hat. Boorse (1975: 318) meint: »wenn die Wahl für uns real ist, ist sie es auch für ihn (d. h. den ausländischen

Physiker)«. Doch dieser Einwand beruht auf einer subtilen *ignoratio elenchi*. Wenn es eine reale Wahl zwischen den Theorien A und B jeweils sowohl für den fremdsprachigen als auch für den deutsch sprechenden Physiker gibt, folgt daraus keineswegs, daß es für den fremdsprachigen Physiker eine reale Wahl zwischen den Theorien A und B – *durch das Prisma einer Übersetzung gesehen* – gäbe, d. h. zwischen A + T_1 und B + T_2. Es könnte sein, daß der Unterschied zwischen den Übersetzungshandbüchern sich mit dem Unterschied zwischen den beiden Theorien verbindet, die dem fremdsprachigen Physiker zugeschrieben werden können, und zwar so, daß sie sich gegenseitig aufheben. Formal hätte man dann folgende Situation:

$$A + T_1 = B + T_2$$

Wählen zwischen den beiden »Summen« hieße hier zwischen einer Sache und ihr selbst zu *wählen*. D. h. eine solche Wahl hat *keinen Sinn*. Die Frage »p oder p?« ist absurd und nicht einfach unlösbar, wie es eine Frage wäre, deren Antwort sich unserer Erkenntnis entzieht. Der Unterschied zwischen der Indeterminiertheit und der Unterdeterminiertheit wird hier auch formal sichtbar.

Die Situation könnte nun jedoch auch die folgende sein:

$$A + T_1 = B \text{ und } B + T_1 = A$$
$$B + T_2 = A \text{ und } A + T_2 = B$$

Auch hier wäre es unmöglich, Indeterminiertheit von Unterdeterminiertheit zu trennen, es sei denn, man könnte sich »in den fremdsprachigen Physiker versetzen«; aber Empathie kann hier nicht als Erklärung gelten. Wenn man einmal eingesehen hat, daß diese Möglichkeiten immer am Horizont vorhanden sind und daß es logisch unmöglich ist, *direkt* den Gedanken eines anderen zu erfassen – das wäre keine sprachliche Kommunikation mehr – wird man ohne weiteres Quine zustimmen, daß die Frage, »glaubt der andere in Wirklichkeit A oder B?« sinnlos ist.

Kürzlich hat Quine die Tragweite seines zweiten Arguments für die These der Indeterminiertheit der Übersetzung eingeschränkt: »Ich möchte bei dieser Gelegenheit sagen, daß ich meine Vorliebe für dieses Argument zur Stützung der Indeterminiertheit der Übersetzung im Fall, daß eine der beiden rivalisierenden Theorien unsere eigene ist, verloren habe. Denn bei der Zusammenstellung eines Übersetzungshandbuchs würde ich, wo immer möglich, einer Übereinstimmung zwischen den Eingeborenen und mir hinsichtlich der

Wahrheit eines Satzes und seiner Übersetzung den Vorzug geben. Diese Strategie würde eher unsere Physik zugrundelegen als die rivalisierende Theorie« (Quine, 1979a: 66 f). Das dritte und neueste Argument, das Quine für die Indeterminiertheit der Übersetzung angeführt hat, schließt an das erste Argument an: es besteht in einer Rechtfertigung des Physikalismus, aus dem sich die Indeterminiertheit logisch ergibt.

In »Facts of the Matter« verteidigt Quine seine Indeterminiertheitsthese mithilfe einer bei Advokaten gängigen Argumentationsstrategie: er verschiebt die Beweislast. »Wenn Übersetzer ihre verhaltensmässigen Kriterien nicht durch neurologische Kriterien ergänzen, und schon gar nicht mithilfe von Telepathie, welche Entschuldigung kann es dann für die Annahme geben, daß eines der Handbücher mit irgendeiner Verteilung elementarer physikalischer Zustände besser übereinstimme als das andere? Mit anderen Worten: worin besteht die Entschuldigung für die Annahme, die Fragestellung sei *nicht* gegenstandslos?« (Quine, 1979: 167)

Man mag einwenden wollen, daß Quine hier wiederum von seinem physikalistischen Vorurteil ausgehe, das ja eben keineswegs generell akzeptiert ist. Man mag sagen, daß, obwohl die Übersetzungshandbücher im Hinblick auf die Verteilung elementarer physikalischer Zustände indeterminiert sind, eines der Handbücher dennoch besser als seine Rivalen mit dem Reich mentaler Entitäten in Einklang sein könnte: mit den Bedeutungen und Propositionen, von denen der Fremdsprachige ausgeht, dessen Sprache gerade übersetzt wird.

Quine weist diesen Einwand zurück; jedoch nicht aufgrund eines dogmatischen Physikalismus, nicht aufgrund einer von ihm priorisierten Ontologie, sondern aufgrund epistemologischer und methodologischer Prinzipien, die viel genereller akzeptiert sind als der Physikalismus: »Einige Leser haben angenommen, daß meine Einwände (gegen mentalistische Semantik) ontologischer Art seien; dem ist nicht so. Wenn ich allgemein in der Lage wäre, zu verstehen, was es heißt, zwei Ausdrücke sind synonym, dann wäre ich ohne weiteres einverstanden, ein abstraktes Objekt als die gemeinsame Bedeutung der beiden Ausdrücke anzuerkennen. Diese Methode ist bekannt. Ich würde die Bedeutung eines Ausdrucks als die Menge seiner Synonyme definieren. Das Problem liegt jedoch im zweistelligen Synonymieprädikat selbst; dieses Prädikat ist einfach viel zu unklar und viel zu undurchsichtig.« (Quine, 1979: 166 f)

Die Zurückweisung der mentalistischen oder der plantonistischen

Semantik (der »dritten Welt« Poppers, cf. Popper 1972: 153) ist also nicht die Konsequenz eines physikalistischen Dogmas. Sie beruht auf der empiristischen Epistemologie, wie ja auch Føllesdal gezeigt hat, und auf einem methodologischen Prinzip, das Quine heilig ist; er hat dieses Prinzip in dem Slogan zusammengefaßt: »Keine Entität ohne Identität«.

§ 6 Wo endet die Indeterminiertheit?

Man könnte meinen, daß jemand, der zweisprachig in zwei verschiedenen Sprachgemeinschaften aufgewachsen ist, oder zum Beispiel die Sprache seiner Mutter und die seines Vaters spricht, der Indeterminiertheit der Übersetzung entgehen könnte. Doch das ist nicht der Fall. Er *verinnerlicht* nur die beiden Seiten der semantischen Korrelation, macht sie jedoch nicht zu *einer einzigen*. Quine selbst hat den Einwand vorausgesehen: »Meine These bleibt bestehen; denn es geht mir dann darum, daß ein zweiter Bilingualer über eine semantische Korrelation verfügen könnte, die mit der des ersten inkompatibel ist, ohne daß er sich von dem ersten in seinen sprachlichen Dispositionen in einer der beiden Sprachen unterscheidet, ausgenommen die Dispositionen hinsichtlich des Übersetzens« (1960: 74; dtsch. 1980: 139).

Man könnte gleichfalls versucht sein zu glauben, daß das Kind, das seine Muttersprache lernt, der Indeterminiertheit der Übersetzung nicht unterliege, da es ja nicht eine Sprache in die andere *übersetzt,* sondern sich eben noch im Stadium der Aneignung seiner *ersten* Sprache befindet. Dort wo es keine *Übersetzung* gibt, würde man meinen, es könne keine *Indeterminiertheit der Übersetzung* vorliegen. Wenn diese Behauptung auch eine Binsenweisheit zu sein scheint, so ist sie doch falsch. Um seine semantische Kompetenz auf die stehenden Sätze auszuweiten, muß das Kind nämlich genau wie der Ethnologe *analytische Hypothesen* anwenden; und von dem Moment an ist es denselben Gefahren ausgesetzt wie jener, wenn er das Gebiet der Gelegenheitssätze verläßt.

Wenn das Kind von analytischen Hypothesen Gebrauch machen muß, um die Sprache, die es lernt, zu verstehen, und wenn unterschiedliche Hypothesen gleichgut mit den unterschiedlichen ihm zur Verfügung stehenden Daten fertig werden, dann können auch zwei Kinder von verschiedenen Hypothesen Gebrauch machen, ohne sich jemals dessen bewußt zu werden. Aber wenn dem so ist, ist man dann nicht gezwungen zuzugeben, daß das »Phänomen« der Indeterminiertheit der Übersetzung sogar die Kommunikation innerhalb ein- und derselben Sprache betrifft? Wird Quine nicht konsistenterweise anerkennen müssen, daß die Kommunikation innerhalb einer Sprache auch ein Grenzfall von Übersetzung ist?

Gewiß. In »Ontological Relativity« (1969: 46; dtsch. 1975: 67) räumt Quine ein, daß »die radikale Übersetzung eigentlich zu Hause beginnt«; und ein wenig später fügt er hinzu: »Unsere Regel der inneren Übersetzung ist die Regel der Homophonie, die jede Phonemfolge auf sich selbst abbildet. Dennoch sind wir jederzeit bereit, unsere Homophonieregel abzuschwächen, um sie mit dem zu versöhnen, was Neil Wilson das »Prinzip der Nachsicht« nennt. Wir konstruieren hier und da die Worte unseres Gesprächspartners heterophon, wenn damit seine Mitteilung weniger absurd erscheint. Quines Auffassung, daß intralinguistische Kommunikation von derselben Indeterminiertheit behaftet sei, wie interlinguistische Kommunikation wird uns vielleicht auch durch das folgende Zitat aus Ayer (1956: 208) nähergebracht: »Nach allem was ich sagen kann, kann, was in meinen Ohren wie eine Wiederholung desselben Wortes klingt, für einen anderen ganz anders klingen.«

Wenn die Kommunikation zwischen zwei Sprechern, die dieselbe Sprache sprechen, ein Grenzfall von Übersetzung ist, wo endet dann die Übersetzung? Hat man so nicht dem Begriff der Übersetzung seinen Inhalt geraubt und ihm seine Gegensätze weggenommen? Gewiß nicht. Wenn der Erwachsene in seiner Sprache zwei empirisch äquivalente Theorien A und B formuliert und sie vergleicht, dann zum Beispiel *übersetzt* er nicht.

Aber wie ist es mit dem Sprecher, der sich in seiner eigenen Sprache nach der Bedeutung (Extension und Intension, Sinn und Referenz) bestimmter Terme fragt? Quine hat auch diese Situation betrachtet. Die Analyse, die er von diesem subtilen Fall liefert, verdient unsere Aufmerksamkeit; sie weist auf einen neuen Aspekt: den Unterschied zwischen den *Hypothesen* der empirischen Wissenschaften und den *analytischen Hypothesen,* die in der Semantik angewendet werden.

Auf die Frage: »Referiert ›Kaninchen‹ wirklich auf Kaninchen?« (und nicht evtl. auf Kaninchen-Zustände oder auf Manifestationen von Kaninchentum), könnte man antworten, wie Quine (1969: 49; dtsch. 1975: 71) anmerkt: »Auf Kaninchen referieren, in welchem

Sinn von ›Kaninchen‹?« und würde so einen unendlichen Regreß einleiten. Wir nehmen hier Zuflucht zu einer Hintergrundsprache: die Situation »unterscheidet sich tatsächlich wenig von der für Fragen nach Ort und Geschwindigkeit. Wenn wir Ort und Geschwindigkeit unter Bezug auf ein Koordinatensystem angegeben haben, können wir immer nach dem Ort des Nullpunkts und der Richtung der Achsen des Koordinatensystems weiterfragen; und kein Ende für die Abfolge weiterer Koordinatensysteme, die jeweils zur Beantwortung folgender Fragen herangezogen werden, wäre anzugeben« (Quine, 1969: 49; dtsch. 1975: 72). Aus dieser Passage geht hervor, daß die Wahl eines Systems analytischer Hypothesen der Wahl eines *Koordinatensystems* ähnlich ist und nicht der Wahl einer *Hypothese*. Hier wird der Unterschied zwischen empirischen und analytischen Hypothesen, zwischen der Unterdeterminiertheit und der Indeterminiertheit definitiv deutlich. Man versteht jetzt, warum Quine Bolzanos »Sätze an sich« bzw. Poppers »dritte Welt« ablehnt. Nicht, weil sie für die Erkenntnis unerreichbar wären, sondern weil sie nicht existieren. Es gibt ebensowenig »Bedeutung an sich«, wie es eine *absolute Höhe* gibt oder eine absolute Unterscheidung zwischen Ruhe und Bewegung. Was Quine von uns verlangt, ist eine galileische Revolution in der Semantik.

§ 7 Quines Auffassung der Übersetzung im Vergleich mit linguistischen Auffassungen

Vor Quine haben sich im 20. Jahrhundert vor allem Linguisten mit den philosophischen Problemen der Übersetzung beschäftigt. Weithin bekannt ist die Hypothese von Sapir und Whorf über die Bestimmung des Weltbildes durch die Sprache, eine Bestimmung, die Whorf manchmal als unausweichlich darstellt: »Das Studium (der Sprache) zeigt, daß die Denkformen einer Person abhängig sind von unausweichlichen unbewußten Organisationsprinzipien. Diese Organisationsprinzipien sind die komplexen und der Wahrnehmung unzugänglichen Systematisierungen der eigenen Sprache; dies läßt sich leicht zeigen, wenn man die eigene Sprache vorurteilslos mit anderen Sprachen und insbesondere mit Sprachen vergleicht und kontrastiert, die einer anderen Sprachfamilie angehören« (1956: 252). Whorf vertritt in dieser Passage (nicht immer ist er so kategorisch wie hier) einen radikalen philosophischen Relativismus.

Die Ansichten Whorfs stoßen keineswegs nur auf Einverständnis. So meint Benveniste etwa, der menschliche Geist sei fähig, den kategorischen Fesseln der Sprache zu entgehen. Als Beispiel nennt er die Fähigkeit der Sprachen, Begriffe, die manchmal in weit entfernten Kulturen entstanden sind, zu übertragen: »Das chinesische Denken konnte sehr wohl Kategorien, so differenziert wie die des *tao,* des *ying* oder des *yang,* hervorbringen; es ist ebenso in der Lage, die Begrifflichkeit der materialistischen Dialektik oder der Quantenmechanik zu assimilieren, ohne daß die Struktur der chinesischen Sprache dabei ein Hindernis wäre.« Benveniste schließt dann mit der Behauptung, daß »kein Sprachtyp für sich die Aktivität des Geistes fördern oder behindern kann« (1966: 75).

Manche Autoren schließlich glauben, daß eine getreue Übersetzung in den meisten Fällen möglich sei. In *Les problèmes théoriques de la traduction* schreibt Mounin: »Die Theorie der Unübersetzbarkeit ist ganz und gar auf Ausnahmen aufgebaut. Sie besteht eigentlich in der auf alle Fälle ausgeweiteten Generalisierung von Ausnahmen. Eine Theorie der Unübersetzbarkeit wäre korrekt, wenn sie auf quantitativen Daten aufgebaut wäre, wenn für einen Text oder ein gegebenes Korpus die Zahl der Sätze (oder der Satzkonstituenten) angegeben würde, deren Übersetzung aufgrund ihrer Syntax die Situation, die sie ausdrücken, nicht völlig in eine gegebene andere Sprache transferieren kann.« (Mounin, 1963: 266 f)

Es ist erstaunlich, wie die Überlegungen Quines aus dem Kreis dieser drei hier durch Whorf, Benveniste und Mounin repräsentierten fundamentalen Einstellungen, die die einzig möglichen zu sein schienen, ausbrechen. Quine verneint sehr entschieden die Behauptung, daß Übersetzung immer schlecht sei, weil der Inhalt untrennbar von der Sprache sei, und ebenso lehnt er die Behauptung ab, daß Übersetzung immer gut sein könne. Er verwirft das Problem als sinnlos.

Wir neigen unsererseits in dieser Debatte, wenn wir das Problem der Übersetzung einmal ausklammern zu einer vierten Position, die auf dem Gedanken des *Fortschritts* aufbaut; wir würden die These vertreten, daß wir die gegebenen Grenzen unseres sprachlichen Rahmens laufend erweitern und so für einen größeren Rahmen optieren, ohne daß wir jedoch je ganz ohne Rahmen auskommen könnten. G. Bird hat diese Dynamik des Überschreitens von sprachlichen und begrifflichen Grenzen in *Philosophical Tasks* (1972: 144) ausgezeichnet beschrieben: »Man hat angenommen, daß unsere Sprache unserer sinnlichen Erkenntnis Beschränkungen auferlege; aber das bedeutet nicht, daß diese Beschränkungen unveränderbar sind. Wir sind gerade im Gegenteil von den Gedanken dieser Beschränkungen beeindruckt, weil wir historische Beispiele von Sprachen vorlegen können, die nicht imstande waren, gewisse Tatsachen auszudrücken, die uns heute bekannt sind. Aber solche Beispiele zeigen gerade, daß die Beschränkungen abgebaut werden können, und nicht, daß sie unüberwindlich sind.«

§ 1 Von der Indeterminiertheit der Übersetzung zur Relativität der Ontologie

Die These der Indeterminiertheit der Übersetzung hat weitreichende Folgen: nicht nur die Bedeutung ist indeterminiert, sondern auch die Referenz. Die Indeterminiertheit der Übersetzung zieht die Unhintergehbarkeit der Referenz nach sich: sie beeinflußt den gesamten begrifflichen Apparat, auf dem die Individuierung von Objekten beruht, d. h. die Entscheidung darüber, ob zwei Erscheinungen als zwei Erscheinungen desselben Objekts oder als Erscheinungen zweier verschiedener Objekte zu gelten haben. Aus der Unhintergehbarkeit der Referenz schließlich ergibt sich die Relativität der Ontologie. Wir können, schreibt Quine (1969: 51; dtsch. 1975: 74) zur Ontologie einer Theorie legitimerweise nur etwas sagen »relativ zu einer Hintergrundtheorie, die selbst eine als primitiv akzeptierte und unhintergehbare Ontologie hat.«

Aber rutscht Quine hier nun nicht auf jenen fatalen Abhang des protagoräischen Relativismus? Manche haben das geglaubt; insbesondere M. Thompson, der sich bemühte, Quine gegen einen solchen Vorwurf zu verteidigen. Thompson räumt ein, Quine engagiere sich zwar für die Relativität der Ontologie, vertrete jedoch keine Position, die von der Relativität der Ontologie zu einer Relativität der Wahrheit führe. »Die ontologische Relativität macht eine objektive Behandlung von Objekten nicht unmöglich; ebensowenig wie die Relativität des Bewegungsbegriffs eine objektive Behandlung physikalischer Phänomene unmöglich macht. Im einen wie im anderen Falle werden die Fragen der Wahrheit in letzter Instanz durch die Sinnesreizungen entschieden und nicht durch ontologische Konventionen oder durch die Wahl eines Referenzrahmens. Obwohl der Mensch der Maßstab der Ontologie ist, und genaugenommen auch der Maßstab der Referenzpunkte, ist er nicht der Maßstab der Wahrheit.« (Thompson, 1971: 339.) Der Kontrast, den Thompson zwischen der Relativität der Ontologie und der Nicht-Relativität der Wahrheit konstruiert, verlangt jedoch gewisse Einschränkungen und Berichtigungen. Es ist hier nützlich, einen Unterschied zu machen zwischen Gelegenheits-Beobachtungssätzen und stehenden Sätzen:
– die Gelegenheits-Beobachtungssätze, wie z. B. »Hier ist ein Kanin-

chen«, entziehen sich dem Holismus. Sie können in der Tat als einzelne Sätze verifiziert werden. Dennoch sind sie »nicht unabhängig von der Theorie, insofern sie einen guten Teil ihres Vokabulars mit den entfernteren theoretischen Aussagen teilen.« (Quine, 1965: 314.) A fortiori entgleiten die Gelegenheits-Beobachtungssätze der Unterdeterminiertheit; jedoch ihre Konstituenten, wie etwa im obigen Satz der Ausdruck »Kaninchen«, entgleiten nicht der Unhintergehbarkeit der Referenz, sie entgleiten nicht der Relativität der analytischen Hypothesen.

– die stehenden Sätze einer physikalischen Theorie sind es, die in erster Instanz der Unterdeterminiertheit der Theorie ausgesetzt sind.

Weiterhin erscheint es angebracht, einen Unterschied zwischen den Sätzen natürlicher Sprache und den Sätzen einer im Prädikatenkalkül formulierten wissenschaftlichen Theorie zu machen. Im Hinblick auf die ersteren gibt Quine Thompson im Nachhinein recht. Er schreibt (1979: 161), die Ontologie, die den Äußerungen eines Sprechers in natürlicher Sprache zugrundeliegt, könne »höchstens relativ zu einer vereinbarten Übersetzung [...] in unsere Standardnotation bestimmt werden.«

Diese Passage suggeriert nun, daß sich die explizite Ontologie der im Prädikatenkalkül formulierten Wissenschaft in einem gewissen Maße der Relativität der Ontologie entziehe. Wir können hier von einer Hintergrundontologie sprechen.

Betrachten wir eine explizite ontologische Aussage. Wir nehmen als Beispiel eine Aussage aus *Set Theory and its Logic,* die etwas über die ontologische Annahme einer Aussage der formalisierten Mengentheorie sagt:

»wir nehmen Klassen als Werte der Variablen in der folgenden Aussage an: ›yε\{x: (z) (xεz . $\check{S}''$z$\subseteq$z . $\supset$.0εz)\}‹«

Erkennt Quine dieser Aussage, wie Thompson angenommen hatte, den *Status einer relativen an den jeweiligen Philosophen gebundenen ontologischen Konvention* oder den *Status einer objektiven, nichtrelativen, wissenschaftlichen Wahrheit* zu? In dieser Form ist der Gegensatz ungenau wiedergegeben. Er stimmt so nicht mit den Aussagen Quines in »On Carnap's Views on Ontology« (1951, nachgedr. in Quine, 1966) überein. Er nahm dort eine Carnap entgegengesetzte Position ein und schrieb: »Ontologische Fragen ... sind schließlich von der gleichen Art wie wissenschaftliche Fragen.«

Die obige Aussage ›yε\{x: (z) (xεz.S''z $\subseteq$ z. $\supset$.0εz)\}‹, die die Existenz *(endlicher)* Klassen annimmt, ist keine Konvention sondern eine Prämisse, ohne die das Induktionsprinzip für natürliche Zahlen nicht bewiesen werden kann, eine Proposition, ohne deren Hilfe fundamentale Prinzipien, wie etwa das der Assoziativität der arithmetischen Summe nicht beweisen kann.

Wenn wir die Physik formalisieren, brauchen wir dazu jedoch mehr: eine Mengentheorie, in der *unendliche* Klassen angenommen werden können. Die Aussagen der Objektsprache, die (nach einem im nächsten Kapitel näher zu behandelnden Kriterium) die Träger dieser ontologischen Annahme sind und ebenso die Aussagen der Metasprache, die diese Annahmen explizieren und im vollen Wortsinn ontologische Aussagen sind, sind keine Konventionen sondern wissenschaftliche Aussagen im gleichen Sinne wie es die Aussagen der Mathematik oder der Physik sind.

Diese Entwicklungen des Quineschen Denkens zeigen, daß Thompson teilweise Recht hatte, jedenfalls was die in wissenschaftlichen Aussagen in der kanonischen Notation des Prädikatenkalküls und der formalisierten Mengentheorie impliziten ontologischen Annahmen betrifft.

In »Whether Physical Objects« (Quine, 1976a) verteidigt Quine die These, daß eine quasi-pythagoräische Onthologie der Mengen für die Wissenschaft ausreiche. Wir werden das im folgenden Kapitel im einzelnen sehen. In »Facts of the Matter« (Quine, 1979: 164) kommt Quine auf diese Angelegenheit zurück: »Die schöne neue Ontologie ist, kurz gesagt, eine rein abstrakte Ontologie der reinen mathematischen Mengenlehre«. Er zieht hieraus eine wichtige Lehre hinsichtlich der Bedeutung, die wissenschaftliche Theorie und Ontologie für einander haben: »Eine Lehre, die [...] gezogen werden muß, ist die, daß es nicht wesentlich um die Ontologie geht. Als physikalische Körper zuerst in meiner Geschichte auftraten, habe ich darauf hingewiesen, daß sogar physikalische Körper, theoretische Entitäten sind. Alle theoretischen Entitäten werden hier lediglich geduldet, und alle Entitäten sind theoretisch. Wir hatten keine Beobachtungs*terme* gebraucht, nur Beobachtungs*sätze*. Worauf es ankommt, ist die Wahrheit bzw. Falschheit von Sätzen, die Ontologie spielt nur eine Komparsenrolle.« (a. a. O. 165)

Am Anfang standen für Quine Ontologie und Wissenschaft auf gleichem Fuß miteinander. »Der Unterschied zwischen alledem und den Interessen des Ontologen betrifft lediglich die Breite der Kategorien. Sind die physikalischen Objekte im allgemeinen gegeben, dann ist es der Naturwissenschaftler, der in Sachen Einhörner und Opossums zu entscheiden hat. Sind die Klassen oder sonst ein umfassendes Gebiet von Gegenständen der Mathematik gegeben, so ist es Sache des Mathematikers, zu sagen, ob es gerade Primzahlen gibt oder Kubikzahlen, die die Summe von Paaren von Kubikzahlen sind. Andererseits ist es gerade die Untersuchung der unkritischen Hinnahme der physikalischen Objekte selbst bzw. der Klassen etc. [...] was der Ontologie obliegt« (Quine, 1960: 275; dtsch. 1980: 474).

Am Ende stellt sich die allgemeine Ontologie, die unser allgemeines System der Welt verlangt, als *extrem arm und uniform* heraus. Eine *einzige* Kategorie von Entitäten erweist sich als notwendig: die Klassen. Insofern jede *weitergehende Reduktion* undenkbar ist, verliert die Ontologie ihr Interesse.

Beim Durchdenken seiner eigenen Lehre, die anfangs der Carnapschen scharf entgegenstand, hat sich Quine deutlich wieder an Carnaps Position angenähert; von Neuem tut sich eine Kluft zwischen Wissenschaft und Ontologie auf: die Wissenschaft ist eine Angelegenheit der *Aussagen* (Sätze), die Ontologie beschäftigt sich mit der Referenz der *referierenden Ausdrücke,* d. h. der gebundenen Variablen. Die Sätze sind, um mit Frege zu sprechen, Träger von *Wahrheitswerten,* während die *kategorematischen Terme* die Träger der Referenz sind. Die Wahrheit ist weiterhin *absolut und erkennbar,* die Referenz ist *unhintergehbar* und die Ontologie *relativ.* Die Ontologie ist damit im Vergleich zur Wissenschaft entwertet. Aber diese Entwertung geht bei Quine nicht so weit wie bei Carnap. Die Ontologie ist zwar *relativ,* aber sie ist keine Angelegenheit der Konvention, wie wir im nächsten Kapitel sehen werden. Die Argumente Quines für seinen Hyperpythagoräismus sind von der gleichen Art wie die Argumente, die man für die Behauptung einer neuen Art Partikel in der subnuklearen Physik anführen könnte. Es sind keine pragmatischen Argumente, wie man sie zur Rechtfertigung der (im übrigen arbiträren) Wahl eines sprachlichen Rahmens anführen würde.

§ 2 Das ontologische Kriterium

Etymologisch betrachtet ist die Ontologie die Wissenschaft vom Sein im allgemeinen. Sie stellt einen Versuch dar, eine allgemeine Antwort auf die Frage »Was gibt es?« oder »Was ist?« zu geben. Nun wäre es ebenso naiv, eine so allgemeine Frage direkt beantworten zu wollen, wie es naiv wäre, wenn jemand allein die Wissenschaft aufbauen wollte, indem er die Welt mit unbefangenem Blick betrachtet und das ganze angesammelte Wissen vergangener Generationen ignoriert. In der Ontologie wie in der Wissenschaft ist man schlecht beraten, wenn man von einer *tabula rasa* ausgeht.Es ist besser von dem auszugehen, was die Tradition uns überliefert hat, und dann soviel zu streichen oder zu verbessern, wie nötig ist, um mit den Phänomenen fertig zu werden.

Leider scheint uns die Tradition in der Ontologie kein dem der Naturwissenschaften vergleichbares Erbe hinterlassen zu haben. Nichts scheint auf den ersten Blick steriler, geschwätziger und leerer als der Streit über die Universalien, der der Diskussion in der Ontologie während des gesamten Mittelalters den Stoff geliefert hat. Manche zeitgenössischen Logiker haben diese Sterilität nun nicht einer Unzulänglichkeit des Gegenstands, sondern eher einem Mangel der Methoden zugeschrieben. Church (1958: 1012) zum Beispiel schreibt: »Keine Diskussion einer ontologischen Frage, insbesondere die Debatte zwischen Nominalismus und Realismus, kann als vernünftig betrachtet werden, solange sie nicht von einem ontologischen Kriterium ausgeht.«

Quine kommt das Verdienst zu, als erster ein solches Kriterium formuliert zu haben; übrigens hat er das mehrmals und mithilfe verschiedener Begriffe getan, was natürlich die Aufgabe des Kommentators erschwert. Man kann jedoch die folgende Formulierung als repräsentativ festhalten, die er in »Logic and the Reification of Universals« gegeben hat: »Allgemein gilt, daß eine Theorie Entitäten einer bestimmten Art dann und nur dann annimmt, wenn einige davon zu den Werten der Variablen gerechnet werden müssen, um die Wahrheit der in der Theorie behaupteten Sätze zu sichern.« (1961: 103; dtsch. 1979: 100.)

Da es in der natürlichen Sprache keine Variablen gibt, wenigstens nicht in der Obrflächenstruktur, und da es sie auch in bestimmten formalen Sprachen nicht gibt, wie zum Beispiel in der kombinatorischen Logik, verlangt die Anwendung des Quineschen Kriteriums etwas Vorarbeit. Man muß zunächst die Theorie, deren ontologische Annahmen man untersucht, im quantifizierten Prädikatenkalkül formalisieren.

Das ontologische Kriterium ist nicht selbst eine ontologische Annahme, wie es zum Beispiel Berkeleys Prinzip *(esse est percipi)* war; man darf sich in dieser Hinsicht durch die elliptische Formulierung nicht verwirren lassen, die Quine manchmal seinem Kriterium gibt: »Sein heißt Wert einer Variablen zu sein«.

Es ist leicht einzusehen, worin ontologische Annahmen sich von einem ontologischen Kriterium unterscheiden: ontologische Annahmen sind formuliert als Aussagen der *Objektsprache,* die etwas über die Realität sagen; das ontologische Kriterium dagegen ist nur ein Indikator, der implizite ontologische Annahmen aufdeckt. Formal gesehen gehört das ontologische Kriterium zur *Metasprache.* Es beschreibt entweder eine *semantische* Beziehung, die bestimmte Ausdrücke (die gebundenen Variablen einer Aussage in einer Theorie) mit bestimmten Entitäten, im allgemeinen nicht-sprachlicher Art, verbindet, oder eine *pragmatische* Beziehung zwischen einem Sprecher, der die entsprechenden Ausdrücke benutzt, und den außerhalb der Sprache bestehenden Entitäten.

Quine selbst hat auf diesen Unterschied aufmerksam gemacht. In »On what there is« (1953: 16f; dtsch. 1979: 22) schreibt er: »Im Zusammenhang mit der Ontologie schauen wir nicht nach gebundenen Variablen um zu erfahren was es gibt, sondern um zu erfahren, was eine bestimmte Aussage oder Doktrin, sei es eine eigene oder die eines anderen, sagt, daß es gebe; und insoweit haben wir es ganz regulär mit einem Problem der Sprache zu tun. Doch die Frage, was es gibt, ist eine andere.«

§ 3 Warum sind gebundene Variablen die einzigen Träger ontologischer Annahmen?

Wenn Quine sagt, daß eine Theorie *nur* dann die Existenz bestimmter Entitäten voraussetze, wenn diese zu den Werten der gebundenen Variablen gezählt werden müssen, um die Wahrheit dieser Theorie zu sichern, verweigert er damit anderen Kategorien sprachlicher Zeichen jede ontologische Relevanz und jede referentielle Dimension. Quine nimmt hier eine gewagte Position ein. Das einfachste Mittel zu ihrer Rechtfertigung besteht darin, die anderen Kategorien von Zeichen, die eventuell als Träger ontologischer Annahmen in Frage kommen, Revue passieren zu lassen und in jedem einzelnen Fall zu zeigen, daß die jeweiligen Zeichen für die Rolle von referentiellen Ausdrücken nicht in Frage kommen.

Die erste Kategorie von Ausdrücken, denen Quine jede ontologische oder referentielle Relevanz abspricht, ist die Kategorie der

Singulärterme, d. h. der Kennzeichnungen und Eigennamen. Quine unterscheidet sich hier von Frege, der die Auffassung vertrat, daß

(1) Kepler ist in Armut gestorben.

(2) Der Sieger von Austerlitz war ein Korse.

nur dann wahr oder falsch sind, wenn der Eigenname »Kepler« bzw. die Kennzeichnung »Der Sieger von Austerlitz« etwas bezeichnen. Wie man sieht, schreibt Frege Singulärtermen wie »Kepler« und »Der Sieger von Austerlitz« eine existentielle Voraussetzung zu.

Quine bezweifelt diese Annahme Freges und nimmt Partei für Russell, der in seiner berühmten Theorie der Kennzeichnungen gezeigt hat, wie Kennzeichnungen durch Paraphrase *vollständig eliminiert* werden können; die paraphrasierte Aussage (2) lautet dann folgendermaßen:

(3) Es existiert genau ein Sieger von Austerlitz, und wenn x Sieger von Austerlitz ist, dann ist x ein Korse.

Aber Quine geht noch weiter als Russell. Er erweitert dessen Theorie auf alle Eigennamen; er schlägt vor, Eigennamen entweder als verkappte Kennzeichnungen zu behandeln und entsprechend nach der Russellschen Methode als Prädikate, die nur auf ein einzelnes Individuum zutreffen, zu eliminieren; »Sokrates« wird so zu »dem Individuum, das sokratiert«.

Welche anderen Ausdrücke könnten Träger von Existenzannahmen sein? Die logischen Konstanten wie die Konnektive »und« »oder« »wenn ... dann ...« sind ausgeschlossen. Seit dem *Tractatus Logico-Philosophicus* gesteht man allgemein zu, daß sie keine Referenz haben. Um ihre Bedeutung zu spezifizieren, benutzt man keine *Designations*regeln, sondern *Evaluierungs*regeln, die angeben, unter welchen Bedingungen deklarative Sätze, die die Konnektive enthalten, wahr sind. Zum Beispiel wird die Evaluierungsregel für das Konnektiv »und« wie folgt formuliert:

»der Satz ›p und q‹ ist dann und nur dann wahr, wenn sowohl ›p‹ wahr ist als auch ›q‹«.

Ferner muß Quine die Situation hinsichtlich ein- und mehrstelliger Prädikatskonstanten wie »ist ein Mensch« oder »ist größer als« klären, die man zum Beispiel in den Aussagen (4) und (5) findet

(4) Albert ist ein Mensch und Bernhard ist ein Mensch.

(5) 2 ist größer als 1.

Auch hier liegen für Quine keinerlei ontologische Annahmen vor. Man wird bemerken, daß diese These *keine ontologische These ist,* die sich auf die Existenz von Universalien (Eigenschaften, Beziehungen) bezieht, sondern eine *semantische These* hinsichtlich der Rolle der Prädikate. Quine sagt nicht, daß die Eigenschaften und Beziehungen nicht außerhalb der Individuen existieren, sondern daß die Prädikate keine *designierenden Ausdrücke* sind.

Quine erklärt den Bezeichnungsmodus der Prädikate, indem er sie den synkategorematischen Ausdrücken »und«, »oder« usw. angleicht. Man wird leicht zugestehen, daß, wie wir gerade gesagt haben, die Konnektive keine autonome Bedeutung oder *autonome Denotation* haben. Das Konnektiv »nicht« hat zum Beispiel keine *autonome* Bedeutung oder Denotation; seine Funktion ist eine indirekte: es trägt zur Bedeutung des Satzes bei, indem es in gewisser Weise die Wahrheitsbedingungen, d. h. die Bedeutung der Aussage, zu der es gehört, modifiziert. Quine nimmt an, daß es sich mit den Prädikaten genauso verhält. Sie *bezeichnen* nicht etwas, so wie gebundene Variablen es tun. Ihre Bedeutung besteht in ihrem *Beitrag* zur Bedeutung des Satzes, in dem sie auftreten.

Wenn man aber Prädikate wie synkategorematische Ausdrücke behandelt, läuft das dann nicht auf eine Verwechslung mit den logischen Synkategoremata, d. h. den Konnektiven hinaus?

Würde Quine zum Beispiel noch die *gemeinsame logische Form* der folgenden zwei Syllogismen in BARBARA aufzeigen können: »Alle Athener sind Griechen, alle Griechen sind Europäer, also sind alle Athener Europäer« und »alle Römer sind Italiener, alle Italiener sind Europäer, also sind alle Römer Europäer«? Gewiß. Quine wird sagen, daß diese zwei Syllogismen die Form haben: »Alle F sind G, alle G sind H, also sind alle F H«, aber anstatt F, G und H als Variablen zu behandeln, behandelt er sie als *schematische Buchstaben*. Die schematischen Buchstaben sind Platzhalter, die dieselbe Rolle spielen wie eine Lücke, die durch drei Auslassungspunkte bezeichnet ist. Sie dienen dazu, die gemeinsame logische Form mehrerer Sätze kenntlich zu machen. Über sie kann ebensowenig quantifiziert werden wie über die Auslassungspunkte. Die schematischen Buchstaben besitzen also nicht das semantische Privileg der Variablen.

Es kommt vor, daß über Prädikatsvariablen quantifiziert werden muß. In diesem Fall, aber nur in diesem Fall, sind sie Träger ontologischer Annahmen. Die quantifizierten Prädikatsvariablen in der jeweils zweiten Zeile der folgenden Schlußfolgerungen illustrieren diese Situation:

(6) Albert ist ein Mensch und Bernhard ist ein Mensch.
    also: ($\exists$ F) (Albert ist F und Bernhard ist F)

(7) 2 ist größer als 1.
    also: (∃ R) (2 R 1)
(8) 1 ist Element der Menge der natürlichen Zahlen.
    also: (∃ α) (1 ist Element von α)

Die Unterscheidung, die Quine zwischen dem *semantischen Status* der Variablen und dem der schematischen Buchstaben oder Platzhalter macht, ist keinesfalls das Ergebnis einer willkürlichen Entscheidung. Sie ist die linguistische Wiederspiegelung des Unterschieds zwischen einer Menge von Elementen, welche dazu dient, Einzelobjekte aufzunehmen, *ohne selbst als Objekt postuliert zu sein* und dieser gleichen Menge, wenn sie ihrerseits als Objekt oder Element einer Menge von Mengen gesehen wird.

Largeault hat diese Entsprechung in seiner *Enquête sur le nominalisme* (1971) sehr klar herausgestellt, eine Entsprechung, die vielleicht die grundlegendste Rechtfertigung des Quineschen ontologischen Kriteriums ist: »Es ist nicht die Verdichtung von Elementen zur kollektiven Einheit einer Menge, die nach dem Extensionalitätsprinzip platonistisch ist (denn diese Einheit könnte rein nominal bleiben wie das Universal von Ockham), sondern die Tatsache, daß diese Einheit ihrerseits als Element einer anderen Menge zugelassen wird: die Einheit der Menge hört in dem Augenblick auf bloß nominal zu sein, wo sie als Element verstanden wird. Es gibt eine Analogie zwischen diesem ontologischen Phänomen und dem linguistischen Phänomen, daß eine Variable, die ein Platzhalter und als solcher frei ist, von dem Moment an, in dem sie gebunden wird, zu einem designierenden Ausdruck wird. (1971: 383)

§ 4 Die Ontologie einer Theorie und die ontologischen Annahmen einer Theorie

Als Frege 1892 den Begriff der *Voraussetzung* (heute meist »Präupposition«) in die Logik eingeführt hat, hat er ihn dem Begriff der *Behauptung* gegenübergestellt. Die Aussage
(9) Kepler ist im Elend gestorben.
setzt die Existenz von Kepler *voraus,* aber *behauptet* sie nicht. Als Folge der Arbeiten von Strawson ist es heute geläufig, zwischen behaupteten, implizierten und präsupponierten Behauptungen zu unterscheiden. Die Präsupposition wird durch die folgende Eigenschaft charakterisiert: wenn eine Aussage A eine andere B präsuppo-

niert, wird B auch von der Verneinung von A präsupponiert. So hat die Aussage

(10) Kepler ist nicht im Elend gestorben

dieselbe Präsupposition wie die Aussage (9). Beide setzen die Wahrheit der Aussage (11) voraus:

(11) Jemand mit dem Namen »Kepler« hat existiert.

Da Quine manchmal dort von »präsupponierten Objekten« spricht oder von »Entitäten, die eine gegebene Theorie präsupponiert« (z. B. Quine, 1966: 129), wo es um ontologische Annahmen geht, stellt sich die Frage, ob »annehmen« für Quine dasselbe bedeutet wie »voraussetzen« bzw. »präsupponieren« für Frege und Strawson. Wenn das so wäre, müßte man daraus schließen, daß die *Negation* einer Aussage dieselben ontologischen Annahmen macht wie die Behauptung dieser Aussage. Mit anderen Worten, die Aussage »Etwas ist ätzend« die die Form hat

(12) $(\exists x)\ Ax$

würde dieselben ontologischen Annahmen machen wie die Aussage »Nichts ist ätzend« die die Form hat

(13) $\sim (\exists x)\ Ax$

und die logisch äquivalent ist mit

(14) $(x) \sim Ax$

Diese plausible Interpretation des Begriffs »Annahme«, ist von Hintikka erarbeitet worden: »Was Quine sagen zu wollen scheint, ist, daß ein Satz die Existenz *aller* Werte der in ihm vorkommenden gebundenen Variablen annimmt und nicht nur die Existenz der spezifischen Werte (wenn es solche gibt), die notwendig sind, damit der Satz wahr ist. Kurz, $(\exists x)\ Ax$ und $(x) \sim Ax$ machen dieselbe ontologische Annahme« (1968: 79)

Doch Quine hat diese Interpretation zurückgewiesen: »Meine letzte Bemerkung dient dazu, ein häufiges Mißverständnis, das meinen Gebrauch des Ausdrucks »ontologische Annahme« betrifft zu zerstreuen. Das Problem ist aufgetaucht, weil man diesen Begriff für meinen ontologischen Schlüsselbegriff hält und man daher die Ontologie einer Theorie mit der Klasse all der Dinge identifiziert, die die Theorie ontologisch annimmt. Das ist nicht meine Absicht. Die Ontologie ist der Wertebereich der Variablen«. (1968: 287)

In »Existenz und Quantifikation« hat Quine die Relevanz der Unterscheidung zwischen Ontologie und ontologischer Annahme mit Hilfe eines Beispiels konkretisiert, das wir näher betrachten wollen. »Unsere Frage war: welche Objekte verlangt eine Theorie? Unsere

Antwort lautet: diejenigen Objekte, die Werte der Variablen sein müssen, damit die Theorie wahr ist. Natürlich kann eine Theorie in diesem Sinne keine spezifischen Objekte verlangen und sie kann auch kein leeres Diskursuniversum tolerieren, denn eine Theorie kann ja gleichermaßen von zwei einander ausschließenden Universen erfüllt werden. Wenn die Theorie z. B. impliziert daß ($\exists$ x) (x ist ein Hund), kann sie ein leeres Universum nicht tolerieren; dennoch kann die Theorie von einem Universum erfüllt werden, das nur Collies aber keine Spaniels enthält und ebensogut von einem Universum das nur Spaniels aber keine Collies enthält [...] wir können fragen, welche Universen jeweils [die Theorie] erfüllen würden. Die [für die Theorie] spezifisch notwendigen Objekte wären dann die Objekte, die allen diesen Universen gemeinsam angehören.« (1969: 96; dtsch. 1975: 133)

Es scheint aus dieser Passage hervorzugehen, daß die Frage nach den ontologischen Annahmen einer Theorie sich nicht stellt, wenn die Theorie – technisch ausgedrückt – *ein Primärmodell* hat. Angenommen eine Theorie Σ. Ein Modell $\mathfrak{M}$ von Σ wird *Primärmodell* (prime model) von Σ genannt, wenn jedes Modell von Σ eine Teilstruktur hat, die mit $\mathfrak{M}$ isomorph ist (vgl. Bell & Slomson (1971 :184); wir verdanken diesen Hinweis J. Hintikka)

Die Unterscheidung, die Quine zwischen der *Ontologie* einer Theorie und den ontologischen Annahmen einer Theorie macht, scheint völlig gerechtfertigt. Sie erlaubt uns vor allem zu sagen, daß zwei Theorien die gleiche Ontologie haben, aber unterschiedliche ontologische Annahmen machen. Betrachten wir zum Beispiel die beiden folgenden Aussagen, die jeweils die Existenz bzw. Nichtexistenz eines individuellen Gottes behaupten.

(15) ($\exists$ x) (x ist ein Gott)

(16) ~ ($\exists$ x) (x ist ein Gott)

Diese beiden Aussagen haben als *Ontologie* ein Modell, das einen Individuenbereich enthält, weil sie eine gebundene Individuenvariable enthalten; aber die zweite Aussage enthält keinerlei ontologische Annahmen, da sie nach der akosmistischen Hypothese wahr wäre. Wenn nämlich nichts existieren würde, würde *a fortiori* Gott auch nicht existieren. Quine hat das selbst in »Was es gibt« gesagt: »Wir legen uns nicht auf eine Ontologie fest, die Pegasus [...] enthält, wenn wir sagen, Pegasus [...] gebe es nicht.« (1961: 8; dtsch. 1979: 15 f.) Heute würde er dieselbe Sache mit anderen Worten sagen: »Wir machen nicht die ontologische Annahme, daß ...«. Er hatte 1948, als »Was es gibt« zuerst erschien, noch nicht die der Unterscheidung angemessene Terminologie eingeführt.

Man könnte versucht sein, einzuwenden, daß man, um den gebundenen Variablen eine *Bedeutung* zu geben, ihnen einen nicht-leeren Wertebereich geben müsse, so daß dann selbst die existentiell negative Aussage (16) eine ontologische Annahme enthielte. Man könnte, mit anderen Worten, geneigt sein, zu sagen, daß die Ontologie und die ontologische Annahme trotz ihrer Unterschiedlichkeit durch die folgende Implikation verbunden seien: eine Ontologie führt immer zu ontologischen Annahmen. Wenn dem so ist, nimmt Aussage (16) – was immer auch Quine dazu sagen mag – die Existenz von Individuen an, genauso wie Aussage (15).

Auf diesen Einwand hin müssen wir (auf Anregung von L. Stevenson (1976: 513)) auf den Unterschied zwischen Theorie und Metatheorie aufmerksam machen. Die Theorie *en miniature* beschränkt sich auf Aussagen in der Objektsprache (wie z. B. »~ [∃x] [x ist ein Gott]«) und enthält keinerlei ontologische Annahmen. Will man jedoch die Bedeutung der gebundenen Variablen erklären, die hier auftreten, wird man sich mit der Semantik beschäftigen müssen, und das heißt, in die Metatheorie aufzusteigen. Die Metatheorie jedoch enthält unweigerlich metasprachliche Aussagen, wie z. B. (17)

(17) Der Wertebereich der Variablen x in der Aussage

»~ (∃x) (x ist ein Gott«) ist die Menge der Individuen.

Und diese Aussage enthält nicht nur eine ontologische Annahme, sondern eine ontologische Behauptung; wie es bei L. Stevenson heißt: »die Ontologie der Sprache wird zur ontologischen Annahme der Metatheorie« (1976: 513). Doch wenn die Metatheorie eine ontologische Annahme enthält, folgt daraus keineswegs, daß auch die Theorie ontologische Annahmen macht. Es ist keineswegs inkohärent, wenn man behauptet, wie wir es getan haben, daß (15) dieselbe Ontologie wie (16) hat, jedoch nicht Träger derselben ontologischen Annahmen ist (oder, *a fortiori,* Träger derselben ontologischen Behauptungen). Der wesentliche Grund ist, daß (16) überhaupt keine ontologischen Annahmen macht. Später werden wir sehen, daß nur diese Aufspaltung der ontologischen Annahmen auf Theorie und Metatheorie uns in die Lage versetzt, die tiefe und schwierige These der »relativistischen Ontologie« zu verstehen.

§5 Einwände gegen das ontologische Kriterium

Das ontologische Kriterium Quines steht dem Gegensatz zwischen Realismus und Nominalismus *neutral* gegenüber. Daß es zugleich von einem Anhänger des Platonismus wie Church und einem überzeugten Nominalisten wie Goodman übernommen wurde, ist hierfür Beweis genug. Doch die »gemäßigten Realisten«, die von Aristoteles und Augustinus beeinflußt sind, hier vertreten von Bochenski, wenden ein, daß das Kriterium ihnen nicht zu ihrem Recht verhelfe. Bochenski meint, das Kriterium sei nur gültig für Individuen oder für in Individuen »reifizierte« Eigenschaften, aber nicht für Eigenschaften, die als Akzidentien verstanden werden und denen eine andere Existenzweise zukommt als den Substanzen. Bochenski schlägt vor, diesem Mangel durch ein neues und selbständiges Kriterium für Eigenschaften abzuhelfen. Wenn für ein Individuum »sein« bedeutet »Wert einer Variable zu sein«, »bedeutet es für eine Eigenschaft, den Wert einer Variablen zu qualifizieren« (Bochenski, 1956: 49).

Leider ist Bochenskis Kur schlimmer als die Krankheit, indem sie uns nämlich zwingt, die den Realisten und Nominalisten gemeinsame These von der Einförmigkeit des Seins aufzugeben. Was ist das wirklich, diese »*Inhärenz* der Eigenschaften *in* der Substanz«? Wenn man die individuelle Substanz als eine Klasse von Eigenschaften definiert, wie Montague das in »The Proper Treatment of Quantification in Ordinary English« tut, ist die »Inhärenz« nichts anderes als die Relation »ist Element von« wie sie in der Axiomatik der Mengentheorie definiert wird. Man kann dem so verstandenen Begriff der Inhärenz nichts vorwerfen, aber man findet sich dann in einer platonistischen Theorie wieder, für die das ursprüngliche Kriterium Quines perfekt funktioniert. Wenn man andererseits diese Interpretation als zu »realistisch« ablehnt, um einen »gemäßigten Realisten« zufriedenzustellen, mit anderen Worten wenn man darauf besteht, daß keine Identität, sondern nur eine Analogie besteht zwischen dem Sein einer Substanz und dem Sein einer Eigenschaft in einer Substanz, dann bedient man sich einer scholastischen Unterscheidung, die solange rein verbal bleibt, wie man keine Axiomatik für die Relation der Inhärenz geliefert hat, die mit der Axiomatik vergleichbar wäre, die anderen Relationen, wie der Relation »ist Element von« (ε), der Relation des Enthaltenseins ($\subset$), der Identität ($=$) oder der Relation des Teils zum Ganzen (wie sie in »ist ein Teil von« ausgedrückt wird) ihren Sinn gibt.

Ebenso wie Bochenski ist Vuillemin der Ansicht, daß das ontologische Kriterium nicht ausreichend sei. Er meint, das Quinesche Kriterium liefere uns nicht die *notwendigen* sondern nur die hinreichenden Bedingungen eines ontologischen Kriteriums: es gebe, so Vuillemin, nicht-quantifizierte Ausdrücke, die ontologische Annahmen machten. Im Gegensatz zu Bochenski läßt sich Vuillemin indessen nicht vom gemäßigten Realismus sondern eher vom Platonismus des frühen Russel beeinflussen.

Betrachten wir die beiden folgenden Aussagen, in denen es um asymetrische Beziehungen geht:

(18) (∃ R) (R ist asymmetrisch)

(19) (∃ x) (∃ y) (x ist links von y)

Nach Quine ist nur die erste Aussage, die ein Relationsprädikat enthält (hier eine Prädikatsvariable in *Nominalposition)* auf die ontologische Annahme von Relationen verpflichtet. Die zweite, welche die Prädikatskonstante »links von« in *attributivischer Position* enthält, macht keine entsprechenden ontologischen Annahmen. Vuillemin bestreitet diesen Unterschied. Für ihn, wie für Russell, verpflichtet die Aussage (19) ebenso wie die Aussage (17) ontologisch zur Annahme von Relationen.

Vuillemin bringt folgendes Argument vor: »Nehmen wir die Relation ›x ist links von y‹. Nehmen wir an, daß die gesamte in unserer Aussage implizierte Ontologie durch die Individuen x und y absorbiert werde, wie wir es auch in dem Fall ›x und y sind rot‹ angenommen haben. Hierbei muß die Reihenfolge, in der die Individuen x und y in der Aussage auftreten, unwichtig sein, es sei denn, man wollte annehmen, daß die Reihenfolge zum Charakter der Individuen gehört. Man entgeht so nicht dem folgenden Dilemma: Entweder die Relationen sind den Individuen äußerlich und ordnen die von ihnen unabhängigen Individuen in jener Reihenfolge; dann führen sie etwas in das Universum ein, was nicht auf die Individuen reduziert werden kann. Oder die Relationen sind Teil der Individuen; aber dann wird man den asymmetrischen Charakter der Relation erklären müssen; entweder dadurch, daß man ihn zur Eigenschaft jedes der Individuen macht (das wäre eine monadistische Theorie), oder indem man ihn zu einer Eigenschaft aller Individuen macht (das wäre eine monistische Theorie). Aber in beiden Fällen verliert man den Sinn der Reihenfolge, der zur Bestimmung der Asymmetrie gerade notwendig ist.« (1975: 236.)

Es gibt jedoch einen Einwand gegen diese Argumentation, auf den

Vuillemin auch hinweist. Eine asymmmetrische Relation wird als eine Klasse geordneter Paare definiert; nun ist es dank einer raffinierten Analyse von Wiener und Kuratowski jedoch auch möglich, das *geordnete* Paar ⟨a,b⟩ auf eine ungeordnete Klasse von Klassen zurückzuführen. Man könnte also die Ansicht vertreten, daß die Aussage (19) ontologisch nicht die Existenz von Relationen voraussetze, sondern höchstens die Existenz von Klassen, aber das ist für Quine noch immer zu viel, denn das ist *mehr* als was das ontologische Kriterium für (19) verlangt. Quine hat daher versucht, das ontologische Gefälle, das selbst bei Kuratowski und Wiener zwischen Individuen und geordneten Paaren noch besteht, auszugleichen. Seine Strategie beruht auf einer raffinierten Veränderung der Definition geordneter Paare und einer Identifikation eines Individuums mit der Einermenge.

Quine scheint so über das Hindernis hinweggekommen zu sein, aber für Vuillemin handelt es sich um einen Pyrrhussieg: »Wenn man ohne weiteres Individuen an die Stelle von Klassen setzt, um das Gefälle zwischen Klassen und Individuen auszugleichen, dann quantifiziert man, wenn man über Individuen quantifiziert, tatsächlich über Universalien und kein sprachlicher Kunstgriff macht die Einerklasse Sokrates zu einem Individuum.« (1975: 237.) Vuillemin erinnert auf derselben Seite daran, daß »die Lehre des Aristoteles und der Scholastik im Zusammenhang mit der Theorie der ›intelligiblen Materie‹ und dem Problem der Individuation auf der Tatsache insistiert [habe], daß ein Universal selbst dann ein Universal bleibe, wenn es nach seiner Definition nur in einem einzigen Fall realisiert ist, der ihm gegenüber die Rolle des Besonderen spielt«, und er schließt daraus, daß Quine das angestrebte Ziel nicht erreicht, sondern sich im Gegenteil noch davon entfernt habe: »Der für die Vereinfachung gezahlte Preis ist also eine allgemeine ontologische Festlegung auf Klassen die der Theorie der einstelligen Prädikate fremd ist«. Die Abschaffung des Unterschieds zwischen Individuen und Klassen habe also nicht die Reduktion der Klasse auf den Rang eines Individuums zum Resultat gehabt, sondern die Anhebung des Individuums auf den Rang einer Klasse.

Die Anwendung der »Einebnungsstrategie« hat noch ein zweites Resultat: das was man das »Erdgeschoß« der Ontologie nennen könnte, der Bereich der Objekte vom Typ 0, besteht nicht mehr aus Individuen, sondern aus Klassen; und darüberhinaus »wird alles zugleich geordnetes Paar, Klasse und Relation. Die Terme ›geordnetes Paar‹, ›Klasse‹ und ›Relation‹ verschwimmen und verlieren jeden Wert als Bezeichnungen von Kategorien, da sie alles umfassen« (Quine, 1966a: 112). Vuillemin hält dieses zweite Resultat für untragbar und verurteilt Quines Einebnungsstrategie: »Diese Verwirrung [...] zerstört die Lehre aus Churchs Theorem, aufgrund dessen die Logik der ersten Ordnung ein Entscheidungsverfahren zuläßt, wenn sie monadisch ist, jedoch kein Entscheidungsverfahren erlaubt, wenn sie allgemein ist, was deutlich Klassen von Relationen unterscheidet.« (Vuillemin, 1975: 277.)

Der Einwand von Vuillemin scheint uns jedoch nicht entscheidend. Er ordnet implizit die *Ontologie* der *Epistemologie* unter. Und diese Subordination erscheint uns anfechtbar: Daraus, daß die Theoreme des Klassenkalküls dank mechanischer Entscheidungsverfahren sehr viel leichter beweisbar (und also *erkennbar)* sind als diejenigen der Relationen, folgt nicht, daß ein ontologischer Unterschied zwischen Klassen und Relationen besteht, denn das Sein hängt *als Sein* nicht allgemein vom Sein als erkanntem Sein ab. Es gelingt diesem Argument somit ebensowenig wie dem Argument Bochenskis zu beweisen, daß es ontologische Annahmen gibt, deren Vorhandensein durch Quines Kriterium nicht aufgedeckt werden könnte.

Ein zweiter bemerkenswerter Einwand der oft gegen Quines Kriterium vorgebracht wurde, besteht in dem Vorwurf, daß das Kriterium mit »referentieller Undurchlässigkeit« belastet sei. Die Schwierigkeit trete auf, meinen Scheffler und Chomsky, wenn man versucht, die ontologischen Annahmen einer Theorie zu *beschreiben, ohne* sich damit selbst auf diese Annahmen *festzulegen.* Nehmen wir an, eine Theorie behauptet:

(20) $(\exists x)$ $(x$ ist Phlogiston)

Die Behauptung, daß diese Theorie die Existenz von Phlogiston *behauptet* und sich *ontologisch* auf diesen Stoff festlegt, wird die Form haben:

(21) $(\exists x)$ $(x$ wird in Aussage (20) angenommen und x ist Phlogiston)

Also setzt Aussage (21), relativ zu den ontologischen Annahmen einer anderen Aussage, dieselbe Entität (Phlogiston) wie die Aussage (20) voraus.

Diese von Scheffler und Chomsky 1958 dargelegte Schwierigkeit war Quine jedoch nicht entgangen. Schon in »Was es gibt« (zuerst 1948) hatte er sich mit dem Problem beschäftigt, wie man sagen könne, daß ein gewisser Ixhausen die Existenz von Dingen annehme, die man selbst nicht annimmt: »Solange wie ich an meiner Ontologie festhalte und nicht an der Ixhausenschen kann ich nicht zulassen, daß meine gebundenen Variablen auf Entitäten referieren, die zur Ontologie Ixhausens, jedoch nicht zu meiner Ontologie gehören« (Quine 1961: 16; dtsch. 1979: 22). Aber es gibt ein Mittel, dieses Hindernis zu umgehen. Wir müssen uns in den Bereich der Semantik begeben: Quine (a. a. O.) schreibt: »Ich kann unsere Meinungsverschiedenheit konsistent dadurch beschreiben, daß ich die von Ixhausen behaupteten Sätze charakterisiere.« Genau in diese Richtung gehen auch Scheffler und Chomsky. Das folgende Schema erlaubt ihnen, eine unendliche Zahl von spezifischen ontologischen Kriterien zu konstruieren (vgl. Scheffler & Chomsky, 1958: 79):

(22) Die Theorie T nimmt ... an, genau dann wenn sie eine Aussage der Form »($\exists$ x) (x ist ...)« enthält.

Zum Beispiel:

(23) Die Theorie T nimmt Phlogiston an, genau dann wenn sie eine Aussage der Form »($\exists$ x) (x ist Phlogiston)« enthält.

Das Beispiel von Scheffler und Chomsky ist jedoch schlecht gewählt. Der Term »Phlogiston« ist ein Stoffname und für Quine wie für Strawson können nur Individuen Teil der *Ontologie* sein. Quine verbindet *Entität* mit *Individuation* – »keine Entität ohne Identität« schreibt er oft. Also gehören die Stoffnamen zu einem archaischen Stadium der Sprache, in dem es noch nicht möglich war, Identifikationsfragen der Form »Ist dieses x dasselbe wie dieses y?« zu stellen.

Abgesehen von diesem Einwand weist die semantische Variante des ontologischen Kriteriums jedoch auf ein drittes Problem, das durch das Quines Kriterium aufgeworfen wurde: Was heißt eine Theorie »*enthält* eine Aussage der Form ›($\exists$ x) (x ist ...)‹«? Man ist versucht zu antworten, daß »enthalten« im Sinn von »implizieren« verstanden werden müsse. Damit könnten dann Entitäten, deren Existenz eine Theorie *behauptet,* von solchen Entitäten unterschieden werden, deren Existenz die Theorie *annimmt.* Quine benützt übrigens selbst auch den Term »impliziert«: »Wir sind sehr wohl in der Lage zu sagen, daß es schwarze Schwäne *gibt,* daß es einen Berg von über 8800 Meter Höhe gibt und daß es Primzahlen über hundert gibt. Wenn wir das sagen, sagen wir auch *per Implikation,* daß es physikalische Objekte und abstrakte Entitäten gibt«. (Quine, 1966: 128; meine Hervorhebungen, P.G.)

In *Ontology and the Vicious Circle Principle* (1973) beleuchtet

Chihara die Schwierigkeiten, dem Term »Implikation« in diesem Kontext einen genauen Inhalt zu geben. Kann man etwa sagen, daß eine Theorie, die behauptet, daß

(24) (∃ x) (x ist ein schwarzer Schwan),

impliziere und *annehme,* daß

(25) (∃ x) (x ist ein physikalisches Objekt),

wenn man, wie Quine, die Unterscheidung zwischen dem Analytischen und Synthetischen zurückweist und die Implikation nur formal zuläßt?

Es ist gewiß leichter, durch Beispiele die Unterscheidung zwischen *Existenz behaupten* und *Existenz annehmen* zu illustrieren, als Prinzipien zu formulieren, die es erlauben, diese Unterscheidung mechanisch vorzunehmen. Quine hat (im Gespräch) das folgende Beispiel gegeben: der Satz

(26) Die Klasse der fliegenden Entitäten ist nicht in der Klasse der Vögel enthalten.

nimmt an, aber behauptet nicht die Wahrheit des Satzes

(27) (∃ x) (x fliegt und x ist kein Vogel).

In diesem Beispiel ist die Aussage (27) in der Aussage (26) impliziert, aber nicht im Sinn von Frege oder Strawson *vorausgesetzt* oder *präsupponiert.* Es scheint also, daß Quine den Ausdruck »nimmt ontologisch an« eher in dem Sinn von »behauptet *implizit* die Existenz von« verwendet als im technischen Sinne von »setzt voraus« bzw. »präsupponiert« bei Frege und Strawson.

Die durch die Implikation aufgeworfene Schwierigkeit scheint jedoch für L. Stevenson nicht unlösbar; er schreibt (1976: 510): »Die klarste Antwort ist die, daß jede Theorie ein endliches Vokabular hat und Implikationen der Theorie nur dann als solche anerkennt, wenn sie einzig aufgrund der logischen Form gültig sind.«

Nach dieser ausführlichen Diskussion von Quines Kriterium für ontologische Annahme oder ontologische Verpflichtung halten wir fest, daß für jede Aussage unterschieden werden muß zwischen

a) dem ausgesagten Inhalt,

b) den ontologischen Annahmen, und

c) der Ontologie

der Aussage.

Die Aussage »(∃ x) (x ist ein Hund)« hat als *ausgesagten Inhalt,* daß wenigstens ein Hund existiert, *nimmt ontologisch an,* daß Säugetiere existieren (wenn wir das Wort »Hund« mit den Konnotationen verstehen, die ihm die zum *common sense* gehörige biologische

Theorie gibt) und verweist schließlich auf eine *Ontologie* von Individuen. Wir halten weiter fest, daß es nicht ausreicht, wenn wir die ontologischen Annahmen einer Theorie bestimmen wollen, den Wertebereich der gebundenen Variablen festzulegen, sondern daß darüberhinaus das Grundvokabular der Theorie und vor allem eventuelle Relationen der wechselseitigen Ausschließung zwischen den Grundprädikaten der Theorie bekannt sein müssen. Weiterhin müssen die Axiome der Theorie bekannt sein.

Nachdem wir nun gesehen haben, daß das ontologische Kriterium sich gegenüber den vorgebrachten Einwänden behaupten kann, stellt sich die Frage, welche Rolle es in der Ontologie spielt; aber bevor wir versuchen, darauf zu antworten, müssen wir Quines Konzeption von diesem Gebiet der Philosophie präzisieren.

§ 6 Irrtümer der traditionellen Ontologie

Eine ehrwürdige Tradition weist dem Ontologen die Aufgabe zu, eine »Kategorientafel« auszuarbeiten, d. h. eine Klassifikation der allgemeinsten Merkmale der Realität. Da aber nun die Einzelwissenschaften, d. h. die »regionalen Ontologien« (um mit den Phänomenologen zu sprechen) seit langem in ihrer Berechtigung anerkannt sind und sich ständig weiterentwickeln, scheint die allgemeine Ontologie seit Jahrhunderten von einer unheilbaren Krankheit in ihrem Wachstum aufgehalten zu werden. Was ist die Ursache dieser Krankheit?

Benveniste hat sich in dem berühmten Artikel »Catégories de pensée et catégories de langue« (1966: 70) diese Frage im Hinblick auf Aristoteles gestellt: »Als Aristoteles diese Tafel der Kategorien ausarbeitete, hatte er die Absicht, alle möglichen Prädikate des Satzes zu erfassen, unter der Bedingung, daß jeder Term eine unabhängige Bedeutung haben sollte, unabhängig von seinem Auftreten in einer *sumplokê* (wir würden heute sagen: in einem Syntagma). Er nahm unbewußt die empirische Notwendigkeit eines unterschiedlichen Ausdrucks für jedes der Prädikate als Kriterium an. Es ist ihm so, ohne es eigentlich zu wollen, gelungen, die Unterscheidungen, die die Sprache selbst in ihren wichtigsten Formklassen macht, herauszuarbeiten, denn durch diese Unterscheidungen erhalten die Formen und Klassen ihre sprachliche Bedeutung. Er wollte die Attribute der Objekte definieren; aber er stellte nur sprachliche Entitäten fest: die Sprache erlaubt, dank ihrer eigenen Kategorien, jene wiederzuerkennen und zu spezifizieren.« Mit anderen Worten, um die einprägsame Formulierung wiederaufzunehmen, die Vuillemin (1967: 76) der These Benevistes gibt: »Als Aristoteles glaubte, Begriffe zu klassifizieren, hat er in Wirklichkeit sprachliche Kategorien klassifiziert; mit der Konsequenz, daß die Besonderheiten der griechischen Sprache das Schicksal der westlichen Philosophie bestimmt haben«. Obwohl die in »Catégories de pensée et catégories de langue« vorgelegte und durch die Analyse linguistischer Daten gut gestützte Argumentation noch an einigen wichtigen Punkten der Korrektur und Klarstellung bedarf (vgl. Derrida 1971), bleibt sie nichtsdestoweniger im wesentlichen für die Ontologie des Aristoteles zutreffend. Rougier (1973: 8) vertritt die Ansicht, daß sie genauso auf die neuere Metaphysik, wie etwa den Existentialismus von Husserl, zutreffe.

Es stellt sich indessen die Frage, welche Relevanz Benvenistes Kritik hat. Sie erstreckt sich über Aristoteles hinaus auch auf alle Versuche, zur Konstruktion einer Ontologie auf der Basis von Reflexion über die *natürliche* Sprache; aber könnte man nicht den Einwänden Benvenistes entgehen, indem man eine Ontologie ausgehend von einer *formalen* Sprache statt von der *natürlichen* Sprache aufbaut? Im Unterschied zu den natürlichen Sprachen, die jeweils einer bestimmten Kultur eigen sind, sind formale Sprachen (Prädikatenkalkül, Mengentheorie usw.) universell. Russell hält eine solche Konzeption der Ontologie für möglich. Gegen Ende von *An Inquiry into Meaning and Truth* (1966: 342) stellt er sich die Frage: »Gibt es auf der Welt etwas, das der Unterscheidung zwischen den *partes orationis* entspricht, wie sie sich in der logischen Sprache darstellt?« und beantwortet sie bejahend. Das Werk endet übrigens mit der sehr klaren Feststellung: »Für meinen Teil glaube ich gern daran, daß wir – teils dank des Studiums der Syntax – zu einer beachtlichen Summe von Kenntnissen, die die Struktur der Welt betreffen, kommen können.« (Russell 1966: 347.)

Eine der Erkenntnisse, die wir durch das Studium der Syntax haben erlangen können, ist nach Russells Meinung die, daß Universalien existieren, oder wenigstens ein Universal: die Gleichheit. Man könnte vielleicht die anderen Universalien auf dieses eine reduzieren, ebenso wie man von dem Prädikat »rot« absehen kann unter der Bedingung, daß man über das Prädikat »*x* ist genau gleich *y*« verfügt, aber man kann – ohne in einen unendlichen Regreß zu verfallen – weder vom Prädikat »gleich« absehen noch von der Relation der Gleichheit. Für Russell ist die Tatsache, daß bestimmte Aussagen von der Form »*x* ist genau gleich *b*« wahr sind, hinreichend, um zu der Feststellung zu kommen, daß die Relation der Gleichheit existiert und daß sie in der Wirklichkeit das mit dem Namen »a« bezeichnete Objekt mit dem durch den Namen »b« bezeichneten Objekt verbindet.

Die Russellsche Konzeption der Ontologie ist derjenigen von Aristoteles in der Hinsicht vorzuziehen, daß eine Ontologie, die aus der Logik abgeleitet ist, uns nicht dazu verleitet, zufällig entdeckte Besonderheiten der natürlichen Sprache für Strukturen der Wirklichkeit zu halten. Doch Russells Ansatz bleibt in mancherlei Hinsicht zu vage, um brauchbar zu sein. So gibt er zum Beispiel nicht an, wie festgestellt werden kann, ob ein *pars orationis* einer logischen Sprache zu ontologischen Annahmen verpflichtet. Ein präzises ontologisches Kriterium fehlt ihm.

Da ein solches Kriterium fehlt, ist Russels Argument hinsichtlich der Unentbehrlichkeit des Prädikats »gleich«, gestützt und auf die Existenz von wahren Aussagen, in denen Objektpaaren durch dieses Prädikat verbunden sind, nicht zwingend; Quine (1969a: 128 f) schreibt: »Ich denke, daß Russel den Platonisten zu sehr nachgegeben hat; die Tatsache, daß wir das zweistellige Prädikat »*x* ist genau gleich *y*« übrig behalten, ist kein Indiz dafür, daß eine ihm entsprechende abstrakte Entität, nämlich die Relation der Gleichheit, angenommen werden muß. Dies ist solange nicht erforderlich, wie die Relation nicht als Wert einer gebundenen Variablen auftritt.« Man kann also mit Russell sehr wohl darin übereinstimmen, daß die Gleichheit eine objektive Relation ist, die in der Wirklichkeit existiert. – Quine erkennt die objektive Realität der Gleichheit in »Natural Kinds« (in Quine 1969) explizit an – aber daraus folgt nicht, wie Russell zu Unrecht glaubt, daß die Gleichheit als Universal angesehen werden muß. Es gibt andere mögliche Analysen. Bei Goodman zum Beispiel wird das Prädikat »*x* ist genau gleich *y*« mit Hilfe von Konstanten analysiert, die *qualia* bezeichnen; und das *quale* gehört zur Kategorie der Individuen und nicht zu den Universalien.

Russells Unternehmung wurde in noch grundsätzlicherem Sinn unrealisierbar, von dem Augenblick an als die Einheit der Logik einer Vielzahl von Logiken weichen mußte. Als Wittgenstein 1921 seinen *Tractatus* schrieb, hatte die Logik der *Principia Mathematica* keine Rivalen. Unter dieser Voraussetzung läßt sich verstehen, daß Wittgenstein die Logik als Schlüssel zur Wirklichkeit sehen wollte und die These vertrat, nach der (wie Granger (1969: 41) lapidar formuliert) »die Sätze einer Sprache in ihrer Form, die Form *a priori* der Welt, ihr logisches ›Gerüst‹, wiederspiegeln.« Da nun inzwischen zur Logik der *Principia* eine Vielzahl »abweichender« Logiken hinzugekommen sind, hat Russells Auffassung viel von ihrer Plausibilität verloren. Sogar der Ausdruck »logische Sprache«, den Russell in der oben zitierten Passage gebraucht, ist unklar und mehrdeutig geworden: um *welche* logische Sprache handelt es sich? müssen wir heute fragen.

Sechstes Kapitel: Quines Ontologie (II)

§ 1 Auf dem Weg zu einer naturalisierten Ontologie: Quines ontologische Theorie

Wie zu erwarten, weigert sich Quine aufgrund seines allgemeinen Holismus, eine allgemeine Ontologie in einem autonomen, der Philosophie vorbehaltenen Bereich, zu errichten: »Der Charakter der Wirklichkeit ist im weitesten Sinne des Wortes eine Angelegenheit des Wissenschaftlers, die er mühsam ergründen muß; und die Fragen ›Was gibt es?‹, ›Was ist wirklich?‹ formulieren einen Teil dieser Aufgabe.« (Quine, 1960: 22 f; dtsch. 1980: 54)

Wenn man einräumt, daß die Ontologie die Naturwissenschaften erweitert, und daß sie sich von den einzelnen Naturwissenschaften nur durch ihre Allgemeinheit unterscheidet, muß man auch einräumen, daß sie eine Disziplin *a posteriori* ist. Und Quine weicht dieser Konsequenz nicht aus. Er sagt explizit, daß die Wahrheiten der Ontologie ebenso wie diejenigen der Einzelwissenschaften revidierbar sind. So in »The Scope and Language of Science« (in: Quine 1966); nachdem er eine »vorläufige Ontologie für die Wissenschaft« ausgearbeitet hat präzisiert er die dabei verwendete Methode wie folgt: »Wir haben den jetzigen Stand der ontologischen Beschreibung unseres wissenschaftlichen Rahmens erreicht, nicht indem wir a priori über die Natur der Wissenschaft als Wissenschaft reflektiert haben, sondern dadurch, daß wir uns den Merkmalen der modernen Wissenschaft zugewendet haben. Dazu gehören insbesondere der Begriff des physikalischen Objekts, der vierdimensionale Begriff von Raum und Zeit, die mengentheoretische Form der Mathematik, die Zweiwertigkeit der klassischen Logik, und sogar die Extensionalität. Das eine oder andere dieser Merkmale mag sich sehr wohl mit dem Fortschritt der Wissenschaft verändern.« (Quine 1966: 231.)

Quines Konzeption der Ontologie unterscheidet sich gründlich von der aristotelischen oder von Russells Konzeption, besonders durch die Behauptung einer *Kontinuität* zwischen Naturwissenschaften und Ontologie. Quine nähert sich Aristoteles und Russell was den Einfluß angeht, den er der *Reflexion über die Sprache* zugesteht: »Die Suche nach einer kanonischen Notation mit möglichst einfacher und klarer Gesamtstruktur kann nicht von der Suche nach fundamentalen Kategorien und der Klärung der allgemeinsten Merkmale der Wirklichkeit getrennt werden.« (Quine, 1960: 161; dtsch. 1980: 282.) Diese Konzeption ist ganz im Sinne einer philosophischen Lehre der Kategorien, solange sie jedenfalls in ihrer Relevanz nicht zu sehr eingeschränkt wird.

Wir sehen, daß Quine dem Philosophen die Ausarbeitung einer Sprache (oder genauer eines konzeptuellen Schemas, in dem Theorie und Sprache eng miteinander verflochten sind) zur Aufgabe macht, die der positiven Wissenschaft dient. Quine übernimmt hiermit eine *reformatorische* Konzeption der Metaphysik, die besonders durch Whiteheads *Concept of Nature* (1919) berühmt geworden ist. Wie S. Haack (»Descriptive and Revisionary Metaphysics«, unveröffentlicht) gezeigt hat, steht diese Konzeption strikt der von Strawson in *Individuals* (1959) vertretenen Konzeption der Metaphysik gegenüber. Für Strawson besteht die Aufgabe des Metaphysikers darin, die uralten in der natürlichen Sprache verborgenen Einsichten hervorzuholen, nachdem er zunächst den Staub entfernt hat, der sich im Laufe der Zeit angesammelt hat und der sie verdeckt. Für Quine (1974: 88) gilt genau das Gegenteil: »Unser Haus in ontologischer Hinsicht in Ordnung zu bringen, heißt nicht, eine implizite Ontologie explizit zu machen, indem man die Alltagssprache aussiebt und abklopft. Es ist eine Frage der Konstruktion und der Setzung.«

Die Nützlichkeit des ontologischen Kriteriums wird hier einsichtig. Der Ontologe versucht, eine kanonische, in ihren ontologischen Annahmen möglichst arme Notation zu konstruieren, die jedoch für die Darstellung der in den Einzelwissenschaften anerkannten wissenschaftlichen Wahrheiten ausreicht. Quine schreibt, es sei möglich, »eine derartige kanonische Notation aufzubauen und sich auch in der Darstellung der wissenschaftlichen Theorie an sie zu halten. Wir behaupten, daß alle Merkmale der Wirklichkeit, die diesen Namen verdienen, in einem strengen Idiom dieser Form ausgedrückt werden können, wenn sie überhaupt ausgedrückt werden können.« (1960: 228; dtsch. 1980: 394.)

Warum sollte man eher eine arme als eine luxurierende Ontologie wählen? Warum dieser »methodologische Nominalismus«? Weil ontologische Aussagen, wie zum Beispiel »es gibt Mengen«, im Gegensatz zu Gelegenheits-Beobachtungsaussagen nicht evident sind, und weil die Beweislast demjenigen zufällt, der diese Aussagen macht, und nicht dem, der sie bestreitet.

§ 2 Carnaps Unterscheidung zwischen internen und externen Fragen und ihre Überwindung durch Quine

Quine vertritt, wie wir gesehen haben, die Ansicht, daß Fragen der allgemeinen Ontologie wie »Gibt es Zahlen?« oder »Gibt es physikalische Objekte?« sich nur in ihrem Allgemeinheitsgrad von Fragen der Wissenschaft wie »Gibt es negative Zahlen?« oder »Gibt es Fixsterne?« unterscheiden. In »Empiricism, Semantics and Ontology« (in Carnap 1956) greift Carnap diese These direkt an: »Wir müssen eine fundamentale Unterscheidung machen zwischen zwei Arten von Fragen, die die Existenz oder die Realität von Entitäten betreffen. Wenn jemand in seiner Sprache von einer neuen Art Entitäten reden will, muß er ein System von neuen Redeweisen einführen, das Gegenstand neuer Regeln ist. Wir nennen dies die Herstellung eines sprachlichen *Rahmens* für die neuen Entitäten. Nun müssen wir zwei Arten von Existenzfragen unterscheiden: Erstens Fragen, die sich auf die Existenz bestimmter Entitäten einer neuen Art *innerhalb des Rahmens* beziehen; diese Fragen nennen wir *interne Fragen*. Zweitens Fragen, die sich auf die Existenz oder die Realität des *Systems von Entitäten als Ganzem* beziehen; diese Fragen nennen wir *externe Fragen*.« (1956: 206.)

Nachdem Carnap diese Unterscheidung eingeführt hat, stellt er sich eine Frage, die derjenigen sehr ähnlich ist, die Quine mit seinem ontologischen Kriterium zu lösen versucht hat: die Frage, welches die Charakteristika der Einführung neuer Entitäten seien, mit anderen Worten, woran wir erkennen können, daß neue Entitäten eingeführt sind. Carnap sieht zwei wesentliche Schritte, die die Einführung neuer Entitäten begleiten: »Erstens die Einführung eines Gattungsnamens, eines Prädikats höherer Stufe, für die neue Art Entitäten, mit dessen Hilfe von jeder beliebigen Entität gesagt werden kann, sie gehöre zu dieser Art (z. B. ›Rot *ist eine Eigenschaft*‹, ›Fünf *ist eine Zahl*‹). Zweitens die Einführung von Variablen des neuen Typs, wobei die neuen Entitäten die Werte dieser Variablen sind« (1956: 213).

Carnap (1956: 217) behauptet, daß »jemand, der einen sprachlichen Rahmen für eine bestimmte Entitätenart annimmt, auch gehalten ist, die entsprechenden Entitäten als mögliche *Designata* zuzulassen«; doch die Ähnlichkeit zwischen dieser Behauptung und Quines ontologischem Kriterium ist nur scheinbar. Carnap präzisiert nämlich seine Konzeption wie folgt: »Wir können von der ›Annahme neuer Entitäten‹ sprechen, wenn die entsprechende Redeweise geläufig ist; aber man muß beachten, daß wir darunter *nichts weiter als die Annahme eines neuen sprachlichen Rahmens* verstehen, d. h. *neue sprachliche Formen.«* (1956: 214; meine Hervorhebung, P.G.)

Diese Klarstellungen schienen Susan Haack jedoch nicht ausreichend. Wir wollen nur ihre Kritik ansehen, bevor wir über die Carnap-Quine Kontroverse zur Wissenschaftlichkeit der Ontologie urteilen. In »Some Preliminaries to Ontology« (1976) weist Haack auf eine Ambiguität in dem Carnapschen Ausdruck »sprachlicher Rahmen« hin. Man könne den sprachlichen Rahmen entweder als eine *Sprache* verstehen (d. h. als *Lexikon* plus *Grammatik),* die zum Beispiel das Wort »Zahl« enthält, oder man könne den sprachlichen Rahmen als eine *Theorie* betrachten, die Aussagen enthält wie »Es gibt Zahlen«. Haack nennt diese Interpretationen des Ausdrucks »sprachlicher Rahmen«: *Interpretation als Begriffssystem* beziehungsweise *Interpretation als Theorie.* Sie hält die Unterscheidung zwischen externen und internen Fragen für vertretbar, wenn Carnap sich klar für die Interpretation als Begriffssystem ausgesprochen hätte, meint aber, Carnap habe sich in »Empiricism, Semantics, and Ontology« (in: Carnap 1956) gerade für das Gegenteil ausgesprochen: er begreife hier offensichtlich den Ausdruck »sprachlicher Rahmen« so, als beziehe er sich auf Annahmen in der Theorie. Zur Unterstützung ihrer Auffassung macht Haack geltend, daß Carnaps »Diskussion des Ausdrucks ›Es gibt Zahlen‹ sich auf das arithmetische *Theorem* bezieht, das aussagt, daß fünf eine Zahl ist« (Haack 1976: 464).

Haack kritisiert, wie wir gesehen haben, die Ambiguität der Unterscheidung zwischen internen und externen Fragen, so wie sie Carnap in »Empiricism, Semantics and Ontology« behandelt hat; dann stellt sie diese Unterscheidung wieder her und wendet sie *gegen Quine.* Unser Vorgehen wird dem Vorgehen Haacks genau entgegengesetzt sein. Wir versuchen zuerst die Carnapsche Dichotomie vom Vorwurf der Ambiguität zu befreien, dann versuchen wir zu zeigen, daß die Unterscheidung aus anderen Gründen nicht zulässig ist, und daß Quine sie zu Recht verwirft.

Um die Aussagen »es gibt Zahlen« oder »es gibt Dinge« entweder als Antworten auf interne oder externe Fragen zu verstehen, genügt es im Gegensatz zu Haacks Auffassung nicht, herauszustreichen, daß Carnap den Ausdruck »sprachlicher Rahmen« im Sinne von »Theorie« versteht. Es steht Carnap frei, zu behaupten, daß »Es gibt Zahlen« oder »Es gibt Dinge« *Aussagen* seien, solange sie auf interne Fragen antworten und also innerhalb einer Theorie figurieren, daß *sie aber aufhörten, Aussagen zu sein,* wenn sie auf externe Fragen antworten. Carnap könnte tatsächlich sagen, daß »es gibt Zahlen«, verstanden als eine in Bezug auf die Arithmetik externe Behauptung (und nicht als eine interne Behauptung, die aus »Fünf ist eine Zahl« folgt), eine in inhaltlicher Redeweise formulierte Pseudoaussage ist, die man besser durch die metasprachliche Aussage »Der Begriff ›Zahl‹ ist unerläßlich« ersetzen könnte.

Man wird uns zweifellos vorwerfen, Carnaps Position zu verhärten und die Entwicklung seines Denkens zu verkennen. Zwischen der *Logischen Syntax der Sprache* (1934) und »Empiricism, Semantics and Ontology« ist etwas Entscheidendes geschehen: Carnap hat erkannt, daß die Syntax durch eine Semantik ergänzt werden muß. Und im Gegensatz zur Syntax, verlangt die Semantik eine Ontologie. Während man sich in der Syntax darauf beschränkt, rekursiv aufgebaute Zeichenmengen zu manipulieren, braucht man in der Semantik Entitäten als Variablenwerte; diese Entitäten sind Dinge, Klassen, Propositionen. Wenn dann der Wertebereich nicht abzählbar ist, wird unser Gegner nun sagen, ist schwer einzusehen, wie die Annahme dieser Entitätenmengen und die Annahme von Lexikon und Grammatik als analog behandelt werden können. Ist die Annahme einer Ontologie von reellen Zahlen von da an nicht eher eine Sache des Glaubens – des Glaubens, daß die reellen Zahlen existieren – als eine Sache des Handelns, nämlich von Variablen Gebrauch zu machen, für die die Namen von reellen Zahlen eingesetzt werden können?

Gegen diesen Einwand spricht, daß Carnap, wie die folgenden Zitate zeigen, als er »Empiricism, Semantics and Ontology« schrieb, nicht Ontologie auf Sprache zurückführen, sondern die *Annahme* einer Ontologie auf die *Annahme* einer Sprache zurückführen wollte. Die folgende Passage erlaubt keinerlei Zweifel: »Die Welt der Dinge zu akzeptieren, heißt nichts anderes als eine bestimmte Form der Sprache zu akzeptieren: und das ist nichts anderes als Regeln anzuerkennen für die Formulierung, Überprüfung, das Akzeptieren und das Verwerfen von *Aussagen*« (Carnap 1956: 208). Wie man sieht ist die Entscheidung, eher diesen als jenen sprachlichen Rahmen anzunehmen für Carnap eine praktische Entscheidung, die, wie H. Lauener (1978) bemerkt, »teilweise motiviert ist durch theoretische Überlegungen im Hinblick darauf, welche Wahl sich fruchtbarer oder einfacher erweisen wird«.

Diese Erklärung Carnaps dient uns als Hintergrund, um die Einstellung Quines zu charakterisieren. Für ihn geht es nicht an, die

Annahme einer Ontologie auf die Annahme einer Sprache zu *reduzieren*. Um A auf B reduzieren zu können, muß man zunächst einmal A und B unterscheiden können; aber im vorliegenden Fall können wir, sagt Quine, diese Unterscheidung nicht machen, weil wir »kein Kriterium haben für den Unterschied zwischen dem, was von der Annahme einer Sprache abhängt und dem was nicht davon abhängt« (mündliche Mitteilung Quines an den Autor). Dieser Mangel bringt uns die Quinesche Behauptung näher, daß es unmöglich sei, Sprache und Theorien radikal zu trennen.

Philosophen, die, was die Theorie betrifft, *Realisten* sind, und *Pragmatisten,* was die Sprache angeht, stellt Quine eine ausgeglichenere Konzeption entgegen: er erkennt die Rolle der pragmatistischen Kriterien in der Wahl der Theorien an, aber er gesteht gleichfalls – wie durch eine Art Kompensationsgesetz – den Notationen und Sprachen eine gewisse Objektivität zu, so daß der Realismus mit dem Pragmatismus Schritt hält. Man würde Quine allerdings nicht gerecht, wenn man ihm nur diese bloße Neuverteilung der Karten zuschriebe. Quine hat nicht nur den Gegensatz zwischen Realismus und Pragmatismus vermindert, er hat ihn ebenfalls durch eine Art *Aufhebung,* um einen Hegelschen Term wieder aufzunehmen, überwunden. Um uns davon zu überzeugen, müssen wir den Vergleich zwischen Carnap und Quine weiter verfolgen und vertiefen.

Denjenigen, die den Anspruch erheben, sich mit der Frage zu befassen, ob Zahlen, physikalische Objekte oder Propositionen wirklich existierten, antwortet Carnap (1956: 207) folgendermaßen: »Wirklich sein bedeutet im wissenschaftlichen Sinn des Begriffs, ein Element des Systems sein. Daher kann dieser Begriff nicht in vernünftiger Weise auf das System selbst angewandt werden.« Diejenigen, die wissen wollen, ob die reellen Zahlen absolut existieren (unabhängig von der *Sprache* der reellen Zahlen), und die sich fragen »ob ob Zahlen eine bestimmte metaphysische Eigenschaft haben, die man Realität nennt«, stellen nach Carnap eine Frage, die keinen kognitiven Sinn hat: »Ihre Frage ist eine Scheinfrage.« (Carnap, 1956: 209)

Warum eine Scheinfrage? Die Antwort ist hier klar. Wenn »real sein« bedeutet »ein Element sein, das durch eine Sprache *L* bezeichnet wird«, dann heißt sich fragen, ob das System selbst real ist, nach dem Wahrheitswert der folgenden auf *Selbstreferenz* beruhenden Aussage zu fragen: »*L* ist ein Element, das von *L* bezeichnet wird.« S. Haack weist jedoch darauf hin, daß jemand, der die Frage nach der Realität des Systems *L* stellt, durch nichts verpflichtet ist, sich auf das

System *L* zu beschränken: »Eine direkte Antwort auf Carnap würde beinhalten, daß, obwohl Sprachen, die auf sich selbst verweisen, zu Problemen führen, es nichtsdestoweniger möglich ist, daß *L* Designat einer *anderen* (Meta-)Sprache *M* ist.« (S. Haack, 1976: 460.)

Wir meinen unsererseits, daß der von Quine erreichte Fortschritt gerade auf dem Niveauunterschied zwischen Sprache und Metasprache beruht, den Carnap in diesem Kontext vernachlässigt hatte. Mit anderen Worten, die Entwertung der Ontologie und der externen Fragen bei Carnap kommt daher, daß er voraussetzt, daß Fragen der Form »Gibt es x?« in einem *absoluten* Sinn extern oder intern seien. Nun ist das jedoch keineswegs selbstverständlich. Man könnte zum Beispiel die Auffassung vertreten, daß die Frage »Gibt es eine nicht abzählbare Menge von reellen Zahlen?« *inBezug auf* die Arithmetik der reellen Zahlen *extern,* jedoch *intern in Bezug* auf die Mengentheorie sei. So legt man zum Beispiel einen nicht abzählbaren Bereich zugrunde, wenn man ein Modell für die Arithmetik der reellen Zahlen konstruiert, aber die Existenz einer nicht abzählbaren Menge kann ihrerseits Gegenstand eines Theorems einer der Arithmetik vorgängigen Theorie sein, nämlich der Mengentheorie. Das ist genau die Lösung Quines in »Ontological Relativity« (1969; dtsch. 1975).

Quine spricht wie Carnap von »Unsinn«, aber für Quine *ist der Unsinn nicht absolut.* Er sagt explizit in »Ontological Relativity« (1969: 54, dtsch. 1975: 78) daß »solange man innerhalb der Theorie bleibt, es sinnlos ist, zu sagen, welche unter den vielen möglichen Modellen unserer formalen Theorie das reale oder intendierte Modell ist«. Aber was sinnlos ist, solange man *innerhalb* der Theorie bleibt, bekommt Sinn, wenn man sich auf eine *Rahmentheorie* zurückzieht: »Die Ontologie ist doppelt relativ. Es hat nur dann Sinn, das Universum einer Theorie zu spezifizieren, wenn man sich auf irgendeine Rahmentheorie bezieht und nur in Bezug auf eine vorherige Wahl eines Wörterbuchs, das eine Theorie in die andere übersetzen hilft.« (1969: 54 f; 1975: 78)

Man wird andererseits bemerken, daß Quine sich nicht auf den Niveauunterschied zwischen Sprache und Metasprache beschränkt. Er verbindet diesen Unterschied geradewegs mit dem Niveauunterschied zwischen Theorie und Metatheorie, wobei beide mit einer Ontologie ausgestattet sind. Wie L. Stevenson richtig bemerkt, »braucht die ontologische Relativität keine Metasprache, um die Ontologie einer Theorie zu formulieren, aber sie braucht eine Metatheorie, um die Ontologie einer Sprache zu formulieren.« (1976: 513)

Quines Antwort auf Carnap bedeutet so einen entscheidenden Fortschritt: indem Quine das Carnapsche Dilemma der externen und internen Fragen *relativiert,* gelingt es ihm, den Gegensatz zwischen Realismus und Pragmatismus hinsichtlich der Ontologie zu überwinden. Wie wir schon vorher gesagt haben, haben wir hier ein bemerkenswertes Beispiel von *Aufhebung* vor uns, in dem die Widersprüche in einer höheren Synthese aufgehoben sind.

§ 3 Abschaffung der Unterscheidung zwischen Kategorie und Teilklasse

Wir haben gerade gesehen, daß für Carnap externe Fragen wie »Gibt es Zahlen?« oder »Gibt es Körper?« letztendlich sinnlose Fragen waren, ganz im Gegensatz zu den internen Fragen »Gibt es Primzahlen zwischen 10 und 20?« und »Gibt es Kaninchen, Einhörner etc.?« Bei dem Versuch, die Grundlagen dieses Gegensatzes zwischen internen und externen Fragen zu klären, kam Quine (1966: 130) zu dem Ergebnis, daß diesem Gegensatz eine noch fundamentalere Unterscheidung zugrunde liege: »die Dichotomie zwischen Fragen der Form ›Gibt es So-und-so-Objekte?‹ wobei die So-und-so-Objekte den Wertebereich eines bestimmten Typs gebundener Variablen[1] erschöpfen und andererseits Fragen der Form ›Gibt es So-und-so-Objekte?‹ wobei die So-und-so-Objekte nicht den Wertebereich eines bestimmten Typs gebundener Variablen erschöpfen.« Fragen der ersten Art nennt Quine *Kategorienfragen* und Fragen der zweiten Art *Teilklassenfragen.*

Weder die Dichotomie in externe und interne Fragen noch die Dichotomie in Kategorienfragen und Teilklassenfragen wird von Quine akzeptiert. Dennoch geht es hier um eine philosophische Unterscheidung, die in der natürlichen Sprache wohl gefestigt zu sein scheint und die uns mit einer ehrwürdigen Tradition überliefert worden ist.

Wie Zuber in *Structure présuppositionnelle du langage* (1972: 5) bemerkt, »gibt es in den natürlichen Sprachen keine ›absoluten‹ Variablen. Jede Variable kann in einem durch eine präsupponierte Eigenschaft bestimmten Universum ihre Werte annehmen: zum Beispiel durchlaufen die unbestimmten Pronomen *jeder, etwas, jemand,*

[1] Variablen für Klassen, für Zahlen oder für Individuen wären z. B. im hier intendierten Sinn Variablen verschiedener Typen.

irgendwer usw. immer ein präsupponiertes Universum aus Menschen bzw. physikalischen Objekten usw., ohne jedoch die Vereinigung dieser Mengen durchlaufen zu können«. Bereits Aristoteles hat dieses Phänomen beobachtet. Im *Organon* (Categoriae 12 a 31) zeigt er, daß bestimmte Prädikate und ihre Gegensätze sich nicht auf alle Objekte anwenden lassen: »blind« und »zahnlos« zum Beispiel sind nicht *schlechthin* auf Lebewesen anwendbar, die kein Augenlicht bzw. keine Zähne haben, sondern nur auf Lebewesen, die kein Augenlicht bzw. keine Zähne haben, obwohl sie *von Natur aus Augenlicht bzw. Zähne haben müßten.*

Dem Philosophen, der dieses Erbe von Aristoteles und dem *common sense* akzeptiert, ist es überlassen, nun ein Kriterium dafür zu formulieren, wann man es eher mit Kategorien und wann man es mit Arten, d. h. Teilklassen zu tun hat. Carnap hat dies mit Hilfe der Russellschen Typentheorie zu tun versucht; er schreibt in *Die Aufgabe der Wissenschaftslogik* (1934): »Die Wörter sind so in Typen aufgeteilt, daß zwei Wörter nur dann zum selben Typ gehören, wenn sie sich bezüglich der formellen Regeln gleich verhalten.«

Wie wir wissen, hat Russell, um dem Paradox der Mengentheorie zu entgehen, das Diskursuniversum in eine Folge von hierarchisch geordneten Mengen aufgeteilt, die er »Typen« nannte. »Hier werden unterschieden: die ›Individuen‹, d. h. Gegenstände, die nicht Eigenschaften sind (nullte Stufe); die Eigenschaften von Individuen (erste Stufe); die Eigenschaften von Eigenschaften von Individuen (zweite Stufe) usf. Nehmen wir z. B. die Körper als Individuen; ›viereckig‹, ›rot‹ sind dann Eigenschaften erster Stufe; ›räumliche Eigenschaft‹, ›Farbe‹ sind Eigenschaften zweiter Stufe.« (Carnap. 1930: 19 f)

Diese stufenförmige Struktur verleiht den Restriktionen, die zur Beseitigung der Paradoxe eingeführt wurden, eine objektive Rechtfertigung. »Die Typentheorie besagt nun: Eine Eigenschaft erster Stufe kann nur Individuen zukommen oder nicht zukommen, dagegen ist sie auf Eigenschaften erster oder höherer Stufe überhaupt nicht beziehbar.« (Carnap, a. a. O.). Mit anderen Worten: die Variablen rechts von dem Zeichen »ε« in Aussagen der Form »xεy« müssen als Wertebereich eine Menge haben, die zu einem Typ unmittelbar höher als der Typ der Variablen links von dem Zeichen »ε« gehört. Eine Formel, die dieser Aufforderung nicht genügt, d. h. eine Formel, die nicht *stratifiziert* ist, ist sinnlos. Carnap schreibt, Russells Theorie resümierend: »die Wortreihen ›a ist eine räumliche Eigenschaft‹, ›viereckig ist rot‹, ›Farbe ist eine räumliche Eigenschaft‹ [sind] weder wahr noch falsch, sondern sinnlos, bloße Scheinsätze.« (Carnap, a. a. O.)

Leider zieht die Typentheorie einige wenig natürliche Konsequenzen nach sich. Quine (1961: 91; dtsch. 1979: 91) hat hierauf hingewiesen: »Da die Theorie nur Klassen mit Elementen desselben Typs zuläßt, kommt an die Stelle der Allklasse **V** eine unendliche Reihe von Quasi-Allklassen, nämlich *eine* solche Klasse für jeden Typ.« Eine weitere Konsequenz besteht darin, daß der Ausdruck »plus« oder der Ausdruck »zwei« in den folgenden Aussagen mehrdeutig werden:

(1) Sokrates *plus* Platon ergibt *zwei* Individuen.
(2) Das Sternbild des Widders *plus* dasjenige des Großen Bären ergibt *zwei* Mengen.

Gewiß handelt es sich um eine *systematische Ambiguität,* wie die des Pronomens »ich«. Sie ist jedoch nicht weniger störend.

Quine hat mit der *Theorie der Stratifikation* eine Technik ausgearbeitet, die die Paradoxe vermeidet, ohne zu den inakzeptablen Konsequenzen zu führen, die wir gerade beschrieben haben. In dieser Theorie wird der Begriff der »stratifizierten Formel« in syntaktischen Begriffen so definiert, daß vom Begriff des Typs im ontologischen Sinne kein Gebrauch gemacht wird. Die zweite Neuerung besteht darin, die Stratifikation nicht als eine Bedingung zu behandeln, die eine Formel erfüllen muß, um *sinnvoll* zu sein, sondern als eine Bedingung, die erfüllt sein muß, damit das Abstraktionsprinzip, das für die Zuschreibung von Existenz erforderlich ist, angewendet werden kann (vgl. Quines 1961: 91, dtsch. 1979: 91). Ein offener Satz der Form »x∊x«, der nicht stratifiziert ist, wird also nicht mehr zu den sinnlosen Ausdrücken gerechnet, verliert jedoch eines seiner Vorrechte: er führt, wenn das Abstraktionsprinzip auf ihn angewendet wird, nicht zur Bildung einer Klasse.

Der Vorteil des neuen Systems besteht darin, daß von nun an es insgesamt *eine* Allklasse **V** gibt, die alles, auch **V** selbst, umfaßt. Die Nullklasse ist eindeutig, die Relationen und die Zahlen ebenfalls.

In der Semantik ist die Eindeutigkeit wieder hergestellt. In der Ontologie sind die *Typendifferenzen* nivelliert; hiermit wird jedoch Carnap des Stützpunktes beraubt, den er für die Unterscheidung zwischen Arttermen (Teilklassentermen) und den Kategorietermen (die »universal words«, um die Terminologie der *Logical Syntax of Language* wiederaufzunehmen) brauchte.

§4 Reduktion des Gegensatzes von *Sinn* und *Unsinn* auf den Gegensatz von *wahr* und *falsch*

Wir haben gesehen, daß Quine durch der Ontologie völlig fremde logische Betrachtungen dazu kam, die von der Typentheorie eingeführten Niveauunterschiede einzuebnen, an die sich bei Russell und Carnap die Unterscheidung von Sinn und Unsinn knüpft. Aber Quine geht noch weiter und greift auch die Unterscheidung von Sinn und Unsinn an.

Man gesteht gemeinhin zu – und Quine tut das ebenfalls – daß die Opposition Sinn/Unsinn *logisch* der Opposition wahr/falsch *vorausgeht*. Die Frage »Ist diese Aussage wahr oder falsch?« setzt in der Tat voraus, daß man zuvor die Frage »Ist diese Aussage sinnvoll?« bejahend beantwortet hat. Darüberhinaus wird allgemein eingeräumt, daß die Unterscheidung Sinn/Unsinn stabil sei. Hier bricht Quine jedoch mit der Tradition. Er verneint nicht nur eine klare und stabile Trennung zwischen analytischen und synthetischen Aussagen, er gesteht auch keine absolute Unterscheidung zu zwischen sinnvollen Aussagen und Scheinaussagen, d. h. Aussagen, die einen »Kategorienfehler« enthalten.

Quine vertritt eine Sprachkonzeption, die mit dem Sinn großzügig umgeht. Er sieht nur einen graduellen Unterschied zwischen einer Aussage, die einen Kategorienfehler enthält und einer Aussage, die analytisch falsch ist. Er klassifiziert zum Beispiel die sinnlose Aussage »Cäsar ist eine Primzahl« und ihre Negation als wahre bzw. falsche Aussagen, statt sie zu den sinnlosen Aussagen zu zählen.

Im Hinblick auf jene Philosophen, die versucht haben, sinnlose Aussagen ein für allemal mit Hilfe einer Kategorientheorie aus der Sprache zu vertreiben, schreibt Quine: »Da jedoch Philosophen, die derartige Kategorienzäune bauen wollen, nicht generell dazu entschlossen sind, alles mathematisch Falsche und ähnliche Absurditäten aus der Sprache zu verbannen, sehe ich wenig Erfolgversprechendes in den partiellen Ausschließungen, die vorgenommen werden; die Formen, um die es geht, wären immer noch gut unter Kontrolle, wenn sie anstatt ausgeschlossen zu werden ebenso wie Widersprüche als falsch zugelassen würden (und zwar als falsch aufgrund ihrer Bedeutung, wenn man so will).« (Quine, 1960: 229; dtsch. 1980: 395)

Man könnte sogar noch weiter gehen und behaupten, der *Vorrang* des Sinns gegenüber der Wahrheit sei *relativ*. Tatsächlich kann die Entdeckung einer Wahrheit auf die Begrenzungen des Sinns *zurück-*

wirken. Die Relativitätstheorie von Einstein hat zum Beispiel den *absoluten Begriff* der Gleichzeitigkeit der Sinnlosigkeit überantwortet. Es gibt genug andere Beispiele. Ryle hat einmal den Satz »Liverpool kommt von Manchester« als Illustration eines sinnlosen Satzes gegeben. Aber wenn man diesen eben zitierten Satz als sinnlos qualifiziert, wird man wohl aus demselben Grund den Satz »England kommt von Europa«, der von einem amerikanischen Geologen in seinem Land ausgesprochen wird, verwerfen müssen. Doch die Kontinentaldrifttheorie verleiht Aussagen dieser Art einen Sinn.

Man sieht also, daß die Grenzen des Unsinns nicht ein für allemal fixiert, sondern revidierbar sind. Die Trennung von Sinn und Unsinn ist keine *logische,* sondern eine *empirische* Angelegenheit. Man kann sich die Beziehung der »Kategorien« zu dem Informationsinhalt entsprechend dem Modell der Interaktion zwischen einem Fluß und seinem Flußbett vorstellen. Die Kategorien strukturieren die Erfahrung, wie das Flußbett dem Fluß seine Form gibt; umgekehrt unterliegen sie der Erfahrung ebenso wie das Flußbett durch die Strömung in seiner Form verändert wird.

Es ergeht also der Unterscheidung zwischen dem Sinnlosen und dem Falschen wie der Unterscheidung zwischen *Bedeutungsveränderungen* und *Veränderungen der Theorie* und schließlich wie der Unterscheidung zwischen dem *Analytischen* und dem *Synthetischen.* Daß die Unterscheidung zwischen dem Sinnlosen und dem Falschen ebenso prekär und relativ ist wie die Unterscheidung zwischen dem Analytischen und Synthetischen wundert nicht weiter, wenn man sich daran erinnert, daß Carnap das Konzept der Kategorienterms im Hinblick auf Analytizität definiert: »Ein Wort wird ein Universalwort genannt [d. h. ein Kategorienterm], wenn es eine Eigenschaft (oder eine Relation) ausdrückt, die analytisch allen Objekten einer Art zukommt . . .« (Carnap, 1937: 293)

§ 5 Ontologische Reduktion

In einer formalisierten wissenschaftlichen Theorie kann man nach Quine drei wesentliche Bestandteile unterscheiden: a) *die Logik,* d. h. – wie wir im nächsten Kapitel sehen werden – die gemeinsamen Konstanten aller Theorien und die Axiome, die diese Konstanten regieren; b) *die Ideologie,* d. h. die Prädikatskonstanten der Theorie; c) *die Ontologie* oder die Wertebereiche der gebundenen Variablen.

Was die *Logik* angeht, kann man sich mit dem Prädikatenkalkül erster Ordnung zufriedengeben, unter der Bedingung, daß man ihm die Axiome der Mengentheorie von Zermelo-Fraenkel hinzufügt, was voraussetzt, daß man der »Ideologie« die Konstante »ε« hinzufügt.

Die Ideologie, d. h. die zulässigen Prädikate, definitiv festzulegen ist unmöglich. Der Grund liegt nach Quine (1966: 232) in »einem mathematischen Theorem, das impliziert, daß der Vorrat an Prädikaten unendlich erweitert werden kann. Wir wissen nämlich, daß es für jede Theorie, wie reich sie auch sein mag, immer Klassen gibt, die nicht die Extension eines ihrer offenen Sätze sind«. Aus diesem Theorem folgt, daß die Klasse der Prädikate einer Theorie immer noch erweitert werden kann. Die Klasse der Prädikate ist offen. Es besteht keine Gefahr, zuviel Prädikate zu haben, außer daß man redundante Prädikate bekommt. So ist zum Beispiel, wenn zwei Prädikate extensionsgleich sind, eins der beiden *überflüssig* und sollte durch Definition ausgeschlossen werden. Ein solcher Ausschluß kann eine wichtige wissenschaftliche Errungenschaft sein. Das ist zum Beispiel der Fall bei der Definition der numerischen Quantifikation mittels des Prädikatenkalküls. So kann »ein« (im Sinne von »genau ein«) zum Beispiel folgendermaßen definiert werden:

(3) ($\exists$ *ein* x)Fx $=_{Df}$ ($\exists$ x)Fx.(y) (Fy $\supset$ y=x)

Doch wir haben gesehen, daß bestimmte Prädikate sich der Definition widersetzen: die Dispositionsprädikate.

Die Ontologie ist nicht ebenso erweiterbar und auch nicht so vage wie die Ideologie. Die Ontologie, d. h. der Wertebereich der gebundenen Variablen, muß klar abgegrenzt werden; dies unabhängig davon, daß die Ontologie revidierbar ist. Ja, die Quantoren einer Theorie haben keinen Sinn, solange der Bereich nicht bestimmt ist, in dem die durch sie gebundenen Variablen ihren Wert annehmen. Außerdem müssen die Objekte in dem Wertebereich, d. h. die Variablenwerte, genau bestimmt werden: »keine Entität ohne Identität« (Quine, 1969: 23; dtsch. 1975: 37). Mit anderen Worten: es muß angegeben werden, wie die potentiellen Variablenwerte identifiziert werden können.

Eine der wesentlichen Aufgaben des Ontologen besteht darin, die Ontologie zu *reduzieren,* d. h. unnütze Auswüchse zu kappen. Ontologische Reduktion ist das Gegenteil der ontologischen Festlegung. Quine hat in diesem Zusammenhang von »ontologischer Loslösung« gesprochen. Wenn es darum geht, die *Ideologie* von unnützen Prädikaten zu säubern, steht die traditionelle Methode der Definition zur Verfügung. Einen Begriff zu definieren, heißt: zeigen wie man ohne ihn auskommen kann. *Definire est eliminare.* Wenn es jedoch darum geht, die *Ontologie* zu reduzieren, gibt es keine allgemein akzeptierte Methode. Quine hat versucht, diese Lücke durch ein *Reduktionskriterium,* das Kriterium der »ontologischen Loslösung«, zu schließen, welches man als Komplement für sein Kriterium der ontologischen Festlegung bzw. ontologischen »Annahme« sehen kann. Dieses letzte Kriterium genügt nicht für beide Aufgaben, auch wenn es auf den ersten Blick so scheinen könnte. Es handelt sich nämlich nicht darum, *keine* ontologischen Annahmen zu machen, sondern darum, *weniger* Annahmen zu machen.

Quine hat das Problem der »ontologischen Reduktion« in »Ontological Reduction and the World of Numbers« (in Quine 1966) behandelt. Die Zahlentheorie ist in der Tat ein gutes Beispiel für ontologische Reduktion. Es ist Frege gelungen, die Begriffe der Arithmetik so zu definieren, daß kein Modell mehr erforderlich ist, das die Menge der *natürlichen Zahlen* umfaßt, um die Axiome der Arithmetik zu erfüllen. *Klassen* reichen aus: die wahren Aussagen der Arithmetik bleiben in dem neuen Modell wahr, und dieses Modell ist einfacher als das ursprüngliche: statt natürlicher Zahlen *und* Klassen enthält es *nur* Klassen.

Wie bestechend diese erste Definition der ontologischen Reduktion auch ist, sie ist dennoch nicht akzeptabel, weil sie direkt die *Trivalisierung* jeglicher Reduktion zur Folge hat. Aufgrund des Theorems von Löwenheim und Skolem läßt jede Theorie, die überhaupt ein Modell zuläßt, ein Modell natürlicher Zahlen zu. Das oben vorgeschlagene Modell führt solchermaßen zum Pythagorismus: die einzige Ontologie, von der man sicher weiß, daß man sie braucht, ist eine Ontologie der natürlichen Zahlen.

Um diese Konsequenz zu vermeiden, muß man die an Reduktionen zu stellenden Anforderungen erhöhen. Man wird sich nicht mehr mit einer Abbildung von Sätzen der Ausgangstheorie auf die Zieltheorie begnügen können, die bloß die Wahrheit der geschlossenen Sätze bewahrt. Man verlangt mehr: nicht nur geschlossene Sätze, sondern auch einfache Prädikate der Ausgangstheorie müssen auf die Prädikate der Zieltheorie abgebildet werden. Wenn man zum Beispiel mit Hilfe des Theorems von Löwenheim und Skolem eine Ontologie der Elementarteilchen auf eine Ontologie natürlicher Zahlen reduzieren will, verlangt man nicht nur, daß die wahren Aussagen des ersten Modells auf die wahren Aussagen des zweiten Modells abgebildet werden, sondern man verlangt weiterhin, daß die physikalischen

Prädikate Term für Term auf die arithmetischen Prädikate abgebildet werden, d. h. auf die auf der Basis von »+«, »×«, »=« definierten Prädikate.

Man vermeidet so, daß jede Theorie mittels des Theorems von Löwenheim und Skolem automatisch auf die Arithmetik der natürlichen Zahlen reduziert werden kann. »Wenn wir entsprechend dem Beweis des Theorems von Löwenheim und Skolem die einfachen Prädikate einer Theorie Θ so uminterpretieren, daß wir sie zu Prädikaten natürlicher Zahlen machen, machen wir sie damit nicht allgemein zu arithmetischen Prädikaten. Mit anderen Worten: die Ausgangsprädikate werden nicht zu Prädikaten transformiert, welche mit Hilfe der Terminologie von Summe, Produkt und Gleichheit mit den Mitteln der Logik ausdrückbar sind.« (Quine, 1966: 202.)

Wenn man verlangt, daß die *Struktur* der Prädikate gewahrt bleibe, schränkt man damit zwar den Begriff der Reduktion ein, aber diese Restriktion reicht noch nicht aus, definitiv die pythagoräische Reduktion aufgrund des Theorems von Löwenheim und Skolem auszuschalten. Um dies zu erreichen, stellt Quine noch eine weitere Forderung: Wir müssen eine Ersetzungsfunktion angeben können: »Das Kriterium für die Reduktion einer Theorie Θ auf eine Theorie Θ' kann jetzt folgendermaßen formuliert werden. Wir geben eine Funktion an, nicht notwendigerweise in der Notation von Θ oder Θ', die alle Objekte im Universum von Θ als Argumente zuläßt und Objekte im Universum von Θ' als Werte annimmt. Diese Funktion ist die *Ersetzungsfunktion (proxy function)*. Wir verbinden dann mit jedem n-stelligen einfachen Prädikat von Θ (für alle n) einen offenen Satz in Θ' mit n freien Variablen derart, daß das Prädikat genau dann von einem n-Tupel von Argumenten der Ersetzungsfunktion erfüllt wird, wenn der offene Satz von dem entsprechenden n-Tupel von Werten der Ersetzungsfunktion erfüllt wird.« (Quine, 1966: 205).

Diese von Quine vorgeschlagene Definition der Reduktion erfüllt, wie er meint, alle an sie gestellten Erwartungen. Sie erlaubt diejenigen ontologischen Reduktionen, die man intuitiv für akzeptabel hält; zum Beispiel die Fregesche Reduktion einer Ontologie der Zahlen auf eine Ontologie der Klassen oder die Reduktion einer Segmentontologie von Raum und Zeit auf eine Ontologie von Quadrupeln natürlicher Zahlen (eine Reduktion, die mithilfe der kartesischen Koordinaten ausgeführt wird). Andererseits verhindert die Quinesche Definition jeden Versuch, die Ontologie einer Theorie mithilfe des Löwenheim-Skolem Theorems auf eine Ontologie natürlicher Zahlen zurückzuführen. »Reduktion einer Theorie Θ auf natürliche Zahlen – d. h. echte Reduktion nach unserem neuen Kriterium und nicht bloße Modellbildung – bedeutet Bestimmung einer Ersetzungsfunktion, die tatsächlich allen Objekten von Θ Zahlen zuordnet und die Prädikate von Θ auf offene Sätze des numerischen Modells abbildet. Wenn dies unter Beibehaltung der Wahrheitswerte der geschlossenen Sätze möglich ist, kann von einer Reduktion auf natürliche Zahlen die Rede sein. Das Löwenheim-Skolem Argument bestimmt jedoch im allgemeinen Fall keine Ersetzungsfunktion. Es gibt nicht an, welche Zahlen die jeweiligen Objekte von Θ ersetzen und entspricht insofern nicht unserem Kriterium für ontologische Reduktion.« (Quine, 1966: 206.)

Die Ersetzungsfunktion wird im allgemeinen, aber nicht notwendigerweise, ein *Isomorphismus* sein. Daraus darf man jedoch nicht schließen, daß das Universum der Zieltheorie immer ebenso reich sein wird wie das der Ausgangstheorie. Es ist ja z. B. bekannt, daß die Menge der natürlichen Zahlen auf die Menge der natürlichen geraden Zahlen abgebildet werden kann und daß diese letzte Menge ärmer ist als die erste. Außerdem wird es Fälle geben, in denen die Forderung des *Isomorphismus* an die Ersetzungsfunktion zugunsten eines einfachen *Homomorphismus* aufgegeben werden kann. So kann man, um Quines Beispiel aus *Ontological Relativity* wieder aufzunehmen, die Ontologie einer ökonomischen Theorie, deren *Objekte* Steuerpflichtige sind und deren *Prädikate* keinen Unterschied zwischen Steuerpflichtigen desselben Einkommens machen, reduzieren, indem man das Universum der Steuerpflichtigen auf eine Ontologie der Einkommen reduziert.

Es gibt auch Fälle, in denen ein Zurückschrauben der Isomorphismusforderung auf eine Homomorphismusforderung nicht zugelassen ist. So kann zum Beispiel die Ontologie der reellen Zahlen nicht auf die Ontologie der natürlichen Zahlen reduziert werden; hier *muß* die Ersetzungsfunktion ein Isomorphismus sein, d. h. eine Korrelation Term für Term, weil »jedwede zwei Elemente einer solchen Theorie der reellen Zahlen innerhalb der Theorie unterschieden werden können.« (Quine, 1969: 56 f; dtsch. 1975: 81). Cantor hat gezeigt, daß es keinen Isomorphismus zwischen diesen beiden Mengen gibt.

Wir haben gesehen, daß die der Ersetzungsfunktion auferlegten Restriktionen mit den Prädikaten der Theorie variieren. Es gibt also eine Abhängigkeit zwischen *Ontologie* und *Ideologie*. Es handelt sich nicht um eine einseitige Abhängigkeit, sondern eher um eine Interdependenz. Quine stellt fest, daß man jede Ontologie auf eine Ontologie natürlicher Zahlen reduzieren könne, *ohne* das Löwenheim-Skolem Theorem zu gebrauchen, unter der Bedingung, daß jeder geschlossene Satz S von Θ in »*Tx*« übersetzt wird, wobei *x* die Gödel-Zahl von S bezeichnet und »T« das metasprachliche Prädikat »wahr in Θ« ist. (vgl. Quine, 1966: 202.) Man bemerkt, daß die Einführung dieses neuen Prädikats eine geringfügige Bereicherung der Ideologie darstellt. Wir haben es hier mit einer neuen Gefahr der Trivialisierung der Ontologie zu tun. Aber diese Bedrohung kann leicht abgewendet werden, wenn man eine Ersetzungsfunktion fordert und weiterhin verlangt, daß die Reduktion Prädikat für Prädikat ausgeführt wird.

§ 6 Ontologische Relativität

Jede Reduktion der Ontologie einer Theorie Θ auf die Ontologie einer zweiten Theorie Θ' setzt voraus, daß man sich *innerhalb* einer dritten Theorie, der Hintergrundtheorie Θ'' befindet, die wiederum »ihre eigene Ontologie hat«. Diese Abhängigkeit von einer Hintergrundtheorie bezeichnet Quine als »ontologische Relativität«. »Unsere Abhängigkeit von einer Hintergrundtheorie wird klar, wenn wir unser Universum U auf ein anderes Universum V reduzieren, und dabei von einer Ersetzungsfunktion Gebrauch machen. Denn wir können der Ersetzungsfunktion nur innerhalb einer Theorie mit einem umfassenderen Universum, welches gleichzeitig U und V einschließt, einen Sinn geben. Diese Funktion bildet U auf V ab und braucht aus diesem Grund ebenso die alten Objekte von U wie ihre neuen Bilder in V.« (Quine, 1969: 57; dtsch. 1975: 81)

Da die Hintergrundontologie, d. h. die Ontologie der Theorie Θ'', notwendigerweise reichhaltiger als die Zielontologie (von Θ') ist, weil sie mindestens so reich wie die Ausgangsontologie (von Θ) ist, könnte man sich fragen, ob es die Mühe überhaupt noch lohnt, die schwierigen Aufgaben der ontologischen Reduktion auf sich zu nehmen. Quine zerstreut derartige Zweifel am Programm der ontologischen Reduktion mit dem folgenden Argument: »Wenn wir zeigen wollen, daß das Universum U überflüssig groß ist, und daß nur ein Teil davon existiert oder zu existieren braucht, haben wir das Recht, das ganze U für die Dauer des Arguments anzunehmen. Wir zeigen so, daß wenn das ganze U notwendig wäre, nur ein Teil von U notwendig wäre und die ontologische Reduktion wird so durch eine *reductio ad absurdum* gestützt.« (Quine, 1969: 58; dtsch. 1975: 83.)

Die Situation ist mit anderen Worten dieselbe, wenn wir, um ~p durch *reductio ad absurdum* zu beweisen, p postulieren und dann zeigen, daß ~p aus p folgt[1]. In diesem Fall nimmt man p nur für die Dauer der Überlegung als Hilfsprämisse an. Man bedient sich ihrer wie eines Gerüsts, das man wieder abmontiert, wenn das Haus fertig ist. Nichts anderes liegt vor, wenn man provisorisch eine Hintergrundontologie annimmt. Diese Annahme schränkt die Relevanz der Reduktion von einer Ontologie auf die andere ebensowenig ein, wie die Tatsache, daß man Sprengstoff gebraucht um anderen Sprengstoff unschädlich zu machen, die tatsächlich stattfindende »Reduktion« des Sprengstoffs infrage stellt. Die ontologische Relativität anzuerkennen heißt nun keineswegs gegenüber einem skeptischen Relativismus Konzessionen zu machen. Es geht eher darum, anzuerkennen, daß ein *bestimmtes technisches Vorgehen* erforderlich ist, um ein konstruktives Resultat zu erhalten: In dieser Hinsicht kann man die Entdeckung der ontologischen Relativität als Fortsetzung zweier anderer Entdeckungen sehen, die wir Carnap und Tarski verdanken. Im *Tractatus ligico-philosophicus* behauptet Wittgenstein, daß es unmöglich sei, *in* der Sprache *über* die Sprache zu reden. Wenn man das versucht, formuliert man zwangsweise *sinnlose* Aussagen. Manche Dinge kann man *zeigen,* aber man kann sie nicht *sagen.*

Carnap gelang es in *Logical Syntax,* diese Schwierigkeit zu überwinden, indem er von Gödel erarbeitete Techniken ausnutzte: man kann sinnvoll über die Sprache sprechen, wenn man von einer Metasprache Gebrauch macht. Was Carnap für die Syntax entwickelt hatte, führte Tarski für die Semantik aus. Quine macht nun nichts anderes als einen weiteren Parameter hinzuzufügen: »Der Regreß in der Ontologie«, schreibt er, »erinnert uns an den heute vertrauten Regreß in der Semantik des Wahrheitsbegriffs und verwandter Begriffe, wie Erfüllung und Benennung. Wir wissen aus dem Werk Tarskis, wie die Semantik [...] einer Theorie eine in gewissem Sinne umfassendere Theorie erfordert. Diese Ähnlichkeit sollte uns vielleicht nicht überraschen, weil Ontologie ebenso wie Erfüllung Angelegenheiten der

---

[1] Ein schönes Beispiel einer solchen Argumentation findet sich in Russell (1966): »Der naive Realismus (der annimmt, daß die Dinge so sind, wie sie scheinen) führt uns zur Physik, aber die Physik zeigt, wenn sie stimmt, daß der naive Realismus falsch ist. Die Konsequenz ist, daß der naive Realismus falsch sein muß, wenn er wahr ist, also ist er falsch.«

Referenz sind. Ihre Flüchtigkeit jedenfalls, die Tatsache, daß sie, außer relativ zu einem umfassenderen Rahmen oft sinnlos sind, mag dazu Anlaß geben, Wahrheit und Ontologie in einem plötzlich ziemlich klaren und sogar toleranten Sinne zur transzendentalen Metaphysik zu rechnen.« (Quine, 1969: 67f; dtsch. 1975: 95.)

§ 7 Positive Metaphysik

Was gibt es? Wie wir gesehen haben, ist diese Frage zu weit gefaßt, um für eine *Einzelwissenschaft* relevant zu sein. Sie ist relevant in der *allgemeinen Ontologie,* aber ihre Allgemeinheit schließt keinesfalls die Möglichkeit einer eingehenden und wissenschaftlich fundierten Antwort aus.

Der *common sense* läßt nur eine Ontologie zu, die sich einzig und allein aus Dingen, d. h. aus *Körpern* zusammensetzt. Die Kategorie des Dings, d. h. des dauerhaften Einzelobjekts, ist etwas Erworbenes. Der Erwerb dieser Kategorie geht zusammen mit dem Erwerb der Maschinerie der Referenz: den Quantoren, dem Plural und dem Identitätszeichen vonstatten. Die Kategorie des Dings zu besitzen heißt, angeben zu können, ob zwei Erscheinungen Erscheinungen *desselben Dings* sind oder zweier unterschiedener Dinge.

Die Wissenschaft führt die ontologische Anstrengung des *common sense* weiter. Wie Quine in *The Roots of Reference* schreibt, führt sie die vereinheitlichende Kategorie des *physikalischen vierdimensionalen Objekts ein.* Dank dieser Kategorie können Ereignisse als Objekte behandelt werden. Selbst das Universal *Farbe* kann auf diese Kategorie reduziert werden. Die Farbe *Blau* kann mit dem vierdimensionalen diskontinuierlichen Objekt identifiziert werden, welches durch alle blauen Oberflächen konstituiert wird.

Die *Form* ist jedoch ein Universal, das dieser Reduktion widersteht. Wohingegen ein Aggregat von blauen Flecken auch ein diskontinu-ierlicher blauer Fleck ist, ist ein Aggregat von Vierecken nicht notwendigerweise auch ein Viereck. Man kann gewiß die geometri-schen Formen durch die Vermittlung der analytischen Geometrie auf Tripel reeller Zahlen reduzieren; aber das läuft darauf hinaus, ein Universal gegen ein anderes auszutauschen. Dennoch ist es ein Gewinn, denn wir müssen ja die Zahlen ohnehin in unsere Ontologie aufnehmen.

Auf die natürlichen Zahlen zu verzichten, hieße tatsächlich die

Arithmetik zu verstümmeln, da das Gesetz eingeschränkt würde, daß

(4) (x) $(\exists y)$ $(y = $ der Nachfolger von $x)$

Auf die reellen Zahlen zu verzichten, hieße andererseits, Diskontinuitäten in die Mengentheorie einzuführen, was sich der Forderung nach Einfachheit widersetzen würde.

Da Zahlen in Klassenbegriffen definiert werden können, haben wir bisher nur physikalische Objekte und Klassen in unserer Ontologie aufzunehmen brauchen.

Doch es gibt noch andere Anwärter auf den Status als Entität. Wie steht es mit »möglichen Individuen«, »Attributen« oder »Eigenschaften«? Quine hat ihnen lange das Recht auf Existenz verweigert. Er warf ihnen vor, im Gegensatz zu den Klassen (welche identisch sind, wenn sie in allen Elementen übereinstimmen) nicht individuierbar zu sein. Dieser Mangel mußte in seinen Augen jene »Entitäten« null und nichtig machen. »Keine Entität ohne Identität«, sagte er, sich auf Russell beziehend, der in *Principles of Mathematics* (1903) all dem, was gezählt werden kann, Sein zugeschrieben hatte.

In *»On the Individuation of Attributes«* (1975c: 13) hat Quine gezeigt, daß man Attribute sowohl von Klassen unterscheiden als auch quantifizieren kann. Dafür genügt es, sie als »Grundklassen« zu behandeln. Unter diesen Bedingungen ist die Quantifikation über Attribute möglich geworden und die folgende Aussage wird akzeptabel:

(5) »Napoleon hat *alle* Attribute eines großen Generals«.

Da jedoch die Attribute Grundklassen sind, können sie ihrerseits keine Elemente jener Klassen von Klassen sein, die Zahlen sind, und die Quantifikation in

(6) Napoleon hatte alle Attribute eines großen Generals *außer einem.*

ist nicht zugelassen. In der Interpretation des vorhergehenden Satzes (5) ist es nämlich möglich, die Attribute als Pluralitäten zu akzeptieren, während man sie gleichzeitig als *Einheiten* einer neuen Menge zurückweisen kann, so daß die Einheit nominal bleibt (wie das Universal von Ockham, an das Largeault (1971) wieder erinnert hat). Diese nicht reifizierende Interpretation ist im Fall des Satzes (6) jedoch unmöglich.

Siebtes Kapitel: Philosophie der Logik und der Mathematik

§ 1 Bilden die logischen Wahrheiten eine Klasse für sich?

Im ersten Kapitel haben wir an die Quinesche Kritik der Definition des *Analytizitätsbegriffs* erinnert. Philosophen nennen gewöhnlich solche Aussagen »analytisch«, die durch Substitution von Synonymen auf logisch wahre Aussagen zurückführbar sind. So zum Beispiel ist »alle Junggesellen sind unverheiratet« durch die Substitution von »unverheirateter Mann« für »Junggeselle« reduzierbar auf »alle unverheirateten Männer sind unverheiratet«, d. h. auf die logisch wahre Aussage »alle (F und G) sind F«. Quine wirft, wie wir uns erinnern, dieser Definition Zirkularität vor, in dem Sinn, daß zur Definition des hier verwendeten Synonymiebegriffs wiederum der Begriff der Analytizität erforderlich sei. Diese Kritik gegen die *Definition* des Synonymiebegriffs ebenso wie die Kritik gegen den *Synonymiebegriff* selbst (»der Begriff ist unklar; man kann die *Bedeutung* nicht von Kollateralinformationen über Tatsachen abtrennen«) erschüttert die Dichotomie des *Analytischen* und *Synthetischen* in ihren Grundfesten, läßt jedoch eine andere Dichotomie intakt: zwischen *logisch wahren* Aussagen und Aussagen, die zwar wahr aber nicht *logisch* wahr sind, wobei die letztere Klasse sich weiter in *Tatsachenwahrheiten* (oder synthetische Wahrheiten) und *analytische Wahrheiten* unterteilt. Die folgenden drei Aussagen exemplifizieren jene drei Arten der Wahrheit:

(1) Alle Junggesellen sind Junggesellen. (logische Wahrheit)
(2) Einige Junggesellen sind Ordensmänner. (Tatsachenwahrheit)
(3) Alle Junggesellen sind unverheiratet. (analytische Wahrheit)

Es ist also für Quine a priori möglich, eine der Dichotomien zurückzuweisen (analytische Aussagen – synthetische Aussagen) ohne die andere zu verwerfen (logische Wahrheiten – nicht-logische Wahrheiten). Aber ist diese Unterscheidung tatsächlich gerechtfertigt? Ist die Trennung zwischen diesen beiden Arten der Wahrheit nicht ebenso unklar wie jene zwischen analytischer und synthetischer Wahrheit? Viele haben das gemeint; aber Quine ist ihnen nicht gefolgt, und einer der originellen und konstruktiven Aspekte seines Werks besteht in der Tat darin, gezeigt zu haben, daß die beiden Dichotomien radikal verschieden behandelt werden müssen, während doch alles darauf hin zu deuten scheint, daß sie aus einem Stück sind.

Bevor wir die Probleme prüfen, die der Begriff der *logischen Wahrheit* bei Quine hervorruft, müssen wir diesen Begriff genau definieren. Wir müssen zu diesem Zweck zunächst zwei benachbarte Begriffe definieren: die Begriffe des *leeren* und des *wesentlichen Vorkommens*.

In seinem zuerst 1936 veröffentlichten Aufsatz »Truth by Convention« (1966: 73) hat Quine diese Definitionen formuliert. »Man sagt, daß ein Ausdruck in einer Aussage *leer vorkommt,* wenn die Substitution dieses Ausdrucks durch einen beliebigen anderen grammatisch zulässigen Ausdruck die Wahrheit oder Falschheit der Aussage unverändert läßt.« In der Disjunktion

(4) Sokrates ist ein Mensch oder Sokrates ist kein Mensch

treten zum Beispiel die Ausdrücke »Sokrates« und »Mensch« leer auf. Dem leeren Vorkommen steht das *wesentliche Vorkommen* gegenüber. Quine schreibt in *Mathematical Logic* (1951: 2): »Ein Wort kommt in einer Aussage wesentlich vor, wenn seine Ersetzung durch ein anderes eine wahre Aussage in eine falsche überführen kann.« Die Konjunktion »oder« in Satz (4) kommt z. B. wesentlich vor. Wenn man sie nämlich durch »und« substituiert, wird die Aussage falsch.

Wir können nun den Begriff der *logischen Wahrheit* folgendermaßen definieren: »Wenn in [einer Aussage] S lediglich die logischen Ausdrücke wesentlich vorkommen und sie daher wahr bleibt, wenn alles außer jenem Skelett logischer Ausdrücke auf jede grammatisch mögliche Weise verändert wird, dann hängt S hinsichtlich seiner Wahrheit lediglich von diesen logischen Konstituenten ab und ist somit logisch wahr« (Quine, 1966: 74). Oder, wie es ganz lapidar in *The Philosophy of Logic* (Quine, 1970a: 49) heißt: »Ein Satz ist logisch wahr, wenn alle Sätze, die dieselbe Struktur wie dieser Satz haben, wahr sind.«

Die Definition der *logischen Wahrheit* ist vor jener Kritik sicher, der die Definition der *analytischen Aussage* anheim fiel. Sie beruht nicht auf dem Begriff der Synonymie oder auf einem anderen Begriff der intensionalen Semantik. Sie macht nur von Begriffen der extensionalen Semantik und der Syntax Gebrauch, die über jede Kritik erhaben sind.

Ein erster Bestandteil der Definition des Begriffs der logischen Wahrheit ist der Begriff der Wahrheit. Wie wir wissen, ist es Tarski gelungen, – was die formalisierten Sprachen betrifft – den Begriff der Wahrheit einzig mit den Mitteln einer extensionalen Semantik zu definieren. Und was für die formalisierten Sprachen gilt,

gilt auch für die natürliche Sprache; jedenfalls dann, wenn man sie nach Quines Anweisungen in dem strengen Rahmen des Prädikatenkalküls erster Ordnung reglementiert. Popper fordert eine solch strikte Reglementierung nicht; er schreibt in Bezug auf Tarskis Theorie: »Sie ist auf jede kohärente Sprache, sogar auf eine natürliche Sprache anwendbar, wenn wir Tarskis Methode zur Umgehung ihrer Inkohärenzen konsequent übernehmen« (Popper, 1963: 223).

Die anderen Bestandteile der Definition der logischen Wahrheit erscheinen ebenso problemlos. So der Begriff des wesentlichen Vorkommens, der *rein syntaktisch* unter Bezug auf die Substitution eines Ausdrucks durch einen anderen definiert wird. Schließlich auch die Liste der logischen Partikeln, die durch *Aufzählung* angegeben wird: »Wir nehmen an, daß entweder durch Aufzählung oder anderweitig angegeben ist, welche Wörter logische Wörter genannt werden; typische Fälle sind: ›oder‹, ›nicht‹, ›wenn‹, ›dann‹, ›und‹, ›alle‹, ›jeder‹, ›nur‹, ›einige‹.« (Quine, 1966: 103.)

Man muß indessen wohl zugeben, daß die Extension des Begriffs der logischen Wahrheit, insofern dieser Begriff von dem der logischen Ausdrücke abhängt, der seinerseits *nur durch Aufzählung* definiert werden kann, extrem instabil ist. Der Gegensatz zwischen logischer Wahrheit und nicht-logischer Wahrheit ist damit zwar *klar* aber relativ *arbiträr*.

§ 2 Zu einer Definition des Begriffs der logischen Partikeln

Quine hat sich anfangs nichtdestoweniger mit einer rein enumerativen Definition des Begriffs der logischen Partikeln zufriedengegeben. Und er war damit nicht der einzige. In »On the Concept of Logical Consequence« (1956) schreibt Tarski zum Beispiel: »An der Basis unserer Konstruktion liegt die Klassifikation aller Ausdrücke der jeweiligen Sprache in logische und nicht-logische Ausdrücke. Diese Klassifikation ist sicherlich nicht völlig arbiträr. Wenn wir zum Beispiel das Implikationszeichen oder den Allquantor zu den nicht-logischen Ausdrücken zählen würden, würde unsere Definition des Folgerungsbegriffs zu Ergebnissen führen, die zu dem üblichen Sprachgebrauch in Widerspruch stehen. Andererseits gibt es meines Wissens keine objektive Basis für eine klare Grenzziehung zwischen beiden Klassen von Ausdrücken. Es scheint mir möglich, zu den logischen Ausdrücken auch einige Ausdrücke zu zählen, die die

Logiker als extra-logisch betrachten, ohne daß dies Konsequenzen hätte, die offen dem üblichen Sprachgebrauch wiedersprächen. Im Grenzfall könnte man alle Ausdrücke der Sprache als logische Ausdrücke behandeln.« (Tarski, 1956: 418 f.)

Quine versucht jedoch das Stadium der konkreten Aufzählung, mit dem sich Tarski zufriedengab, zu überwinden und schlägt die folgende Definition vor: »Der Gedanke drängt sich auf, logische Wahrheit in abstrakterer Weise zu definieren, und sich nicht speziell auf die Negation, die Konjunktion und die Quantifikation in unserer jeweiligen Objektsprache zu berufen, sondern auf grammatische Konstruktionen, welcher Art auch immer, die zu den jeweiligen Objektsprachen gehören. Eine logische Wahrheit ist demnach ein Satz, dessen grammatische Struktur so beschaffen ist, daß alle Sätze mit dieser Struktur wahr sind. Sätze haben dieselbe grammatische Struktur, wenn sie mittels lexikaler Substitution in einander überführt werden können.« (Quine, 1970a: 58.)

Diese neue Definition ersetzt den Verweis auf die *logische* Struktur durch einen Verweis auf die *grammatische* Struktur und substituiert den Tarskischen Gegensatz zwischen »logischem Ausdruck« und »nicht-logischem Ausdruck« durch den Gegensatz zwischen Grammatik und Lexikon. Was ist damit gewonnen oder verändert?

Gewonnen ist ein *unabhängiges Kriterium,* das erlaubt, die logische Struktur vom Rest zu unterscheiden. Die Unterscheidung zwischen Grammatik und Lexikon wird getrennt eingeführt, und zwar von dem Linguisten, der es sich zur Aufgabe macht, die Menge aller wohlgeformten Sätze einer bestimmten natürlichen Sprache mithilfe von Formationsregeln zu beschreiben. Da diese Menge unendlich ist, kann sie nur mithilfe rekursiver Regeln beschrieben werden, Regeln, die spezifizieren, wie durch bestimmte Operationen über Ausdrücke bestimmter grammatischer Kategorien komplexe wohlgeformte Ausdrücke konstruiert werden. Eine grammatische Struktur, wie zum Beispiel die Prädikation, liefert uns aus der Kombination der Individuenkonstante »a« mit dem Prädikat »läuft« den atomaren Satz »a läuft«.

Die Unterscheidung zwischen Lexikon und Grammatik transzendiert nun jedoch nicht die einzelnen natürlichen Sprachen. Sie variiert abhängig von der jeweiligen Sprache. Daraus kann man jedoch nicht schließen, daß Quine die Schwierigkeit nur *verschoben* habe. Man würde sicherlich das Recht haben, diesen Schluß zu ziehen, wenn die Unterscheidung zwischen grammatischer Konstruktion und Lexikon genauso arbiträr wäre wie der Gegensatz zwischen logischen und nicht-logischen Ausdrücken; aber das ist gerade nicht der Fall: es gibt eine Eigenschaft grammatischer Partikeln, die sie deutlich von lexikalischen Ausdrücken unterscheidet: die Tatsache, daß die grammatischen Partikeln *salva congruitate* (d. h. ohne Verlust der Grammatikalität) für Ausdrücke einer *endlichen* Klasse austauschbar sind. Im Gegensatz dazu sind die lexikalischen Ausdrücke *salva congruitate* für Ausdrücke einer *potentiell unendlichen* Klasse austauschbar.

Man kann zum Beispiel in der Aussage

(5) Sokrates läuft oder Sokrates singt.

»oder« durch »und«, »weil«, »wenn«, »genau dann wenn« substituieren, wobei zwar nicht unbedingt *die Wahrheit,* aber doch *wenigstens* die Grammatikalität erhalten bleibt. Die erlaubten Substitute sind alle grammatischen Konjunktionen, derern Zahl zwar von Sprache zu Sprache variiert, doch nichtsdestoweniger *endlich* und relativ *klein* bleibt. Im Gegensatz dazu kann der lexikalische Ausdruck »Sokrates« durch eine *unendlich erweiterbare* Anzahl von Variablen ersetzt werden (die Variablen »x«, »y«, »z« und alle ihre Varianten »x'«, »x''«, »x'''« etc.).

Man könnte meinen, es spreche nichts dagegen, auch das Wort »läuft« als Partikel zu behandeln und es in eine idiosynkratische grammatische Konstruktion aufzunehmen, wie man es auch mit »~« tut. Entsprechend kann »~« als ein Wort des Lexikons behandelt werden, und eine Konstruktion kann postuliert werden, die aus dem Wort »~« und dem atomaren Satz »a läuft« den molekularen Satz »~ (a läuft)« aufbaut, d. h. »a läuft nicht«. Man merkt jedoch schnell, daß eine solche Modifikation der Klassifikation abwegig ist. Sie führt zum Beispiel dazu, eine unendliche Menge von Konstruktionen zu postulieren: die Laufkonstruktion, die Rennkonstruktion, die Fliegkonstruktion etc., und damit werden die *grammatischen Konstruktionen* ihrer Rolle beraubt, die potentiell unendliche sprachliche Kompetenz der Sprecher dadurch zu *erklären,* daß gezeigt wird, wie ein Sprecher mithilfe einer *endlichen* Zahl von Wörtern und grammatischen Konstruktionen eine *unendliche* Menge von wohlgeformten Sätzen hervorbringen kann.

§ 3 Logische Form und grammatische Struktur

Man darf sich übrigens nicht wundern, daß die Grammatik, wie wir gesehen haben, in der Logik eine Rolle spielt. Die Grammatik ist immer in Erwägung gezogen worden, wenn es darum ging, zu definieren, was als *korrekte Substitution* innerhalb einer Aussage gelten kann. Eine Substitution muß nicht nur *uniform* sein – d. h. daß alle Substitute, die die verschiedenen Vorkommen eines Ausdrucks ersetzen, dieselben sein müssen – sondern sie darf auch die *Grammatikalität* nicht antasten. Somit wäre die Substitution von »brach« durch »splitterte« in der Aussage (6), zwar uniform, dennoch logisch unzulässig weil *grammatisch inkongruent*

(6) Letztes Jahr lag ein Feld brach, dieses Jahr liegen drei brach.
Die Definition der logischen Wahrheit, die sich auf den Begriff der grammatischen Struktur im Sinne der Grammatiker stützt, hat eine bemerkenswerte Konsequenz: sie erweitert die Klasse der logischen Wahrheiten. Zum Beispiel wäre die Aussage (7)

(7) Jeder, der schnell läuft, läuft.
von einem Logiker nicht als eine logische Wahrheit anerkannt worden, da er als lexikalische Kategorien nur die Eigennamen, die Individuenvariablen und die ein- und mehrstelligen Prädikate zuläßt. Für einen Logiker, dessen Mittel sich auf den Prädikatenkalkül erster Ordnung beschränken, hat (7) nämlich die Form (8):

(8) $(x) (Fx \supset Gx)$.
Und diese Form ist nicht die einer logischen Wahrheit. Die Reglementierung der Aussage (7) im Prädikatenkalkül, wie sie in (8) realisiert ist, nimmt der Aussage den Status der logischen Wahrheit. Warum diese unzulässige Verarmung? Weil der logische Symbolismus, auf den man sich zurückgezogen hat, nicht in der Lage ist, *gleichzeitig* das *Gemeinsame* und das *Unterschiedliche* in »läuft schnell« und »läuft« darzustellen.

Die Struktur, die der Logiker einer Aussage der natürlichen Sprache zuschreibt, kann zu grob sein, um eine logische Wahrheit an den Tag zu legen. Das war in (8) der Fall, wo die Funktion des Adverbs verkannt wurde. Sie kann auch unnötig fein sein. Das ist der Fall in der Aussage (9), wenn man sie mithilfe des Prädikatenkalküls wie in (10) darstellt, obwohl der Symbolismus des Aussagenkalküls genügt hätte, wie (11) zeigt:

(9) Wenn alle gesund und munter sind, sind alle gesund und munter.

(10) (x) (Fx ⊃ Fx)

(11) p ⊃ p

Wie kann man nun aber wissen, wann die logische Struktur zwar *ausreichend* aber nicht übergenau rekonstruiert ist? Gibt es ein objektives Kriterium? Gewiß. Wir können uns von der Quineschen Maxime leiten lassen, nicht mehr als das *nötige Minimum* der logischen Struktur darzustellen – aber, so fügen wir mit S. Haack (1978) hinzu, genug »um den Charakter einer Aussage als logische Wahrheit zu enthüllen, *wenn* die Aussage eine logische Wahrheit ist.« (Haack)

Wir müssen hier anmerken, da wir ein objektives Kriterium aufstellen, daß Quine es vermeidet, für jeden Satz genau eine eindeutig bestimmte logische Form zu fordern. Er entgeht somit den Einwänden, denen Philosophen ausgesetzt sind, die sich arbiträr auf eine Form festlegen, wo mehrere möglich sind. Quine schafft sich so den Gedanken einer *Ursprache* vom Halse, der dem frühen Wittgenstein und Russell gemeinsam ist. Quines Definition der logischen Wahrheit setzt ebenfalls, wie wir sogleich sehen, das Problem der möglichen Reichweite der Logik in ein neues Licht.

Es gibt im wesentlichen zwei Methoden, den Bereich der Logik auf neue Bereiche der natürlichen Sprache auszudehnen. Man kann *unendlich viele neue lexikalische Kategorien* unterscheiden, womit »logische Aussageformen« freigelegt werden können, die feiner als vorher sind, und man kann dann offiziell einer viel größeren Zahl von Aussagen den Status logischer Wahrheit zuerkennen. Dies tut Quine, wenn er Adverben und Adjektive unterscheidet, um die logische Wahrheit von (7) zu klären.

Aber es gibt noch eine andere Methode, die Grenzen der Logik zu erweitern, die viel geläufiger ist; sie besteht darin, die Liste der logischen Partikeln zu erweitern. So kann man zum Beispiel zu der grammatischen Konstruktion, die in der Einsetzung der Junktoren (»und«, »oder«, »wenn ... dann«) besteht, die epistemischen Konstruktionen »glauben, daß«, »wissen, daß« hinzuzufügen und somit der Tatsache Rechnung tragen, daß (12)

(12) Wenn er weiß, daß Gras grün ist, ist es wahr, daß das Gras grün ist.

eine logische Wahrheit ist, insofern die Aussage »Gras ist grün« dort leer vorkommt. Føllesdal (1967: 1) verlangt ausdrücklich das Recht, die Logik auf diese Weise zu erweitern: »Gibt es eine Wissenslogik? Viele Philosophen antworten darauf negativ. Dennoch ist es leicht, ein Gebiet der Wissenslogik abzugrenzen. Wenn wir die alte Definition der logischen Wahrheit von Bolzano benutzen, können wir sagen, daß die Wissenslogik das Studium all der Ausdrücke ist, in denen die *wesentlich vorkommenden* Terme (um den Sprachgebrauch von Quine zu benutzen) ausschließlich logische Terme der klassischen Logik (Aussagenlogik, Theorie der Quantifikation und der Identität) sind und Ausdrücke wie ›weiß, daß‹, und ähnliche Ausdrücke.«

Quine jedoch verbietet sich diese zweite Art der Erweiterung, die Føllesdal anvisiert; er beurteilt sie als unerwünscht: »›glaubt, daß‹ und ›wünscht, daß‹ erscheinen zu farbig, um als rein logische Partikeln gelten zu können.« (Quine, 1970a: 79). Quines Gedanke ist der, daß die Logik universell sein müsse, und zwar etwa im Sinne Ryles, der schreibt: »Die Terme, von denen das Schließen (in der formalen Logik) abhängt, sind u. a. dadurch charakterisiert, daß sie in Bezug auf den behandelten Gegenstand indifferenten sind, d. h. sie sind *topic-neutral*« (Ryle, 1954: 115). Wenn man die Aussage (12) zur logischen Wahrheit erhebt, verliert man diese Neutralität, diese Universalität, die Ryle hervorhebt. Von daher ist für Quine die »epistemische Logik« irreführend benannt: sie ähnele mehr der Axiomatik einer spezifischen Theorie, wie etwa der Arithmetik, als der Prädikatenlogik oder der Aussagenlogik und unterscheide sich von der Logik der Adverben, die Quine sehr wohl bereit ist, neben der Prädikatenlogik aufzunehmen.

§ 4 Mehrfachvorkommen und Synonymie

Quine insistiert auf einer Definition der logischen Wahrheit, die frei ist von jeder Verwendung der umstrittenen Begriffe der intensionalen Semantik. Strawson hat diese Absicht zurückgewiesen. Er hat mehrfach die Ansicht vertreten, daß »die Charakterisierung der logischen Wahrheit von Quine nur dann ihre Aufgabe erfüllen kann, wenn sie implizit von Begriffen Gebrauch macht, die zu jener Gruppe gehören, die er diskreditieren will, d. h. Begriffen wie Proposition, Begriff, Synonymie«. (Strawson, 1957: 23; 1967: 214–219)

Um uns davon zu überzeugen, daß Quines Definition der logischen Wahrheit sich *implizit* auf den Begriff der Synonymie beruft und daß sie also weder besser noch schlechter dasteht als der Begriff der Analytizität, dessen Definition sich *explizit* auf die Synonymie beruft, fordert uns Strawson auf, über das folgende Problem nachzudenken: Quine definiert die logische Wahrheit unter Bezugnahme auf Aussagen, die ihren Wahrheitswert unter allen auf Wörter und Wortfolgen angewendeten *uniformen* Substitutionen beibehalten; Ausnahme sind die logischen Partikeln. Wenn man nun blindlings für Sätze der natürlichen Sprache diesen Test durchführt, wird man gezwungen, Sätze auf den Rang von logischen Wahrheiten zu heben, die nicht nur nicht logisch wahr sind, sondern die überhaupt nicht wahr sind. Betrachten wir die folgende Aussage

(13) Alle *Pinguine* sind *Pinguine*

Nicht alle uniformen Ersetzungen, die für das Wort »Pinguin« ausgeführt werden, garantieren die Wahrheit von (13). Man stelle sich vor, daß »Pinguin« uniform durch »Schloß« ersetzt wird; wir erhalten dann:

(14) Alle *Schlösser* sind *Schlösser*

Jedoch ist im Gegensatz zu (13) der Satz (14) mehrdeutig. Das Wort »Schloß« ist mehrdeutig; es kann zwei unterschiedliche Arten von Dingen bezeichnen: einen Palast oder eine Schließvorrichtung: Es ist folglich sehr gut möglich, das erste Vorkommen in der ersten und das zweite in der zweiten Bedeutung aufzufassen. Aber in diesem Fall ist (14) genausowenig eine logische Wahrheit wie die Aussage (15)

(15) Alle Paläste sind Schließvorrichtungen.

Um dieser Interpretation auszuweichen, muß man also Quines Anweisung vervollständigen um zu erreichen, daß die Ersetzungen nicht nur *gleichförmig,* sondern auch *eindeutig* sind. Man muß, mit anderen Worten, nicht nur eine *syntaktische* Forderung erfüllen, sondern auch eine *semantische,* und noch dazu eine Forderung, die sich aus der *intensionalen* Semantik ergibt. Wenn nämlich Synonymie als *Bedeutungs*identität zwischen zwei unterschiedlichen Ausdrücken definiert wird, wird Einförmigkeit als Identität der Bedeutung zwischen zwei Vorkommen desselben Ausdrucks definiert. Um diesem Einwand auszuweichen, müßte man eine rein *extensionale* Definition der Einförmigkeit vorlegen. Aber das scheint unmöglich. Wie soll man nämlich Einförmigkeit der Bedeutung mithilfe des schwächeren Begriffs der Extension definieren? Quine hat dieses Dilemma glänzend gelöst, und damit einmal mehr gezeigt, daß der qualitative Rationalismus, der behauptet, daß man das »Höhere« nur durch das »Niedere« erklären kann, eine falsche Lehre ist.

Quines Lösung (vgl. Quine, 1968: 296) verlangt jedoch, daß man die natürliche Sprache auf den Bereich reduziert, der durch den Prädikatenkalkül erster Ordnung reglementiert werden kann. Wenn man diese Einschränkung akzeptiert, wird man der folgenden Argumentation zustimmen können. Es ist bekannt, daß der reine Prädikatenkalkül im technischen Sinne dieses Begriffs semantisch *vollständig* ist; d. h. daß alle Sätze, die im System wahr sind, auch im System herleitbar, d. h. gültig sind. Wenn wir nun diesem Kalkül Prädikatskonstanten der natürlichen Sprache hinzufügen, wie – um unser obiges Beispiel wieder aufzunehmen – »x ist ein Schloß«, und wenn wir uns weiterhin die Freiheit gönnen, die Prädikate mehrdeutig zu interpretieren, dann werden gewisse *gültige* Sätze dieser Sprache *falsch*. So zum Beispiel im folgenden Fall:

(16) Für alle x, wenn x ein Schloß ist, dann ist x ein Schloß.

Mit anderen Worten: in einer (nicht einförmigen oder) *mehrdeutigen* Sprache, d. h. einer Sprache, in der bestimmte Prädikate in unterschiedlichem Sinn verstanden werden können, gibt es Sätze, die zugleich falsch sind als auch gültig. Durch Kontraposition folgt, daß, wenn alle gültigen Sätze wahr sind, die Sprache *einförmig* ist. Man erhält so ein *rein extensionales* Kriterium der Einförmigkeit; zweifellos nicht für die natürliche Sprache im allgemeinen, aber doch wenigstens für einen wichtigen Teil, den Teil, der vom Prädikatenkalkül erster Ordnung erfaßt werden kann. Wir haben hier ein weiteres Argument für eine gewisse Reglementierung der natürlichen Sprache. Diese Meinung wird nicht allgemein geteilt. Marion Deckert (1973: 55) glaubt, daß Quine nur teilweise auf Strawsons Einwand geantwortet habe: »Nach meiner Meinung wird durch den Vorschlag Quines nur das halbe Problem gelöst. Denn man würde gerne noch wissen, wie das gewöhnliche mehrdeutige Englisch in eine strikt reglementierte eindeutige Sprache paraphrasiert werden kann.« Dieser Einwand scheint uns jedoch im Hinblick auf Quines Zielsetzung nicht relevant. Dieser hatte nämlich niemals vorgegeben, daß beim Paraphrasieren einer Aussage der natürlichen Sprache in die kanonische Notation des angewandten Prädikatenkalküls *die Bedeutung* der Sätze der natürlichen Sprache, die sie *vor* der Paraphrasierung haben, bewahrt bliebe. Er bezweifelt die Methoden der von G. E. Moore gegründeten analytischen Schule gerade deshalb, weil sie auf den Begriffen der Analytizität und der Synonymie beruhen.

Der Philosoph darf sich nicht das Recht nehmen lassen, die natürliche Sprache wenn nötig auf Vordermann zu bringen. Es ist keineswegs abwegig, durch Beschluß Bedeutungsdifferenzen für irrelevant zu erklären, wenn dies nötig ist, um die Entsprechung zwischen Wahrheit und Gültigkeit im Kalkül interpretierter Prädikate wiederherzustellen. Die Semantik der Syntax unterzuordnen, der natürlichen Sprache ein striktes Reglement aufzuzwingen, bedeutet keineswegs, willkürlich die Tatsachen zu verändern, um die Theorie zu retten: die Sprache ist nicht nur ein kultureller Gegenstand, sondern auch ein *Instrument,* und *insofern* ist es gerechtfertigt, sie zu verbessern.

Chomsky hat in *Syntactic Structures* (1957: 14) sehr richtig geschrieben: »Wir verlangen, [...] daß bestimmte Phonemfolgen eindeutig Sätze sind und andere Folgen eindeutig Nicht-Sätze. In vielen dazwischenliegenden Fällen müssen wir bereit sein, die Grammatik entscheiden zu lassen [...]«. Wenn die Grammatik die Intuitionen über die Grammatikalität von Sätzen richtigstellen kann, warum kann das die Logik dann nicht genauso mit den Bedeutungen von Sätzen tun?

§ 5 Das Verhältnis zwischen logischer Wahrheit und Sprache

Wenn man die von Quine vorgeschlagene Definition der logischen Wahrheit übernimmt, wird man sofort zustimmen, daß der Satz

(17) Brutus tötete Cäsar oder Brutus tötete Cäsar nicht.

unabhängig von Brutus, Cäsar und dem von Brutus an Cäsar verübten Mord wahr ist. Die Wörter »Brutus«, »tötete« und »Cäsar« kommen in Satz (17) leer vor und könnten ohne weiteres ersetzt werden durch »der Schnee«, »ist« und »weiß«. Das zeigt jedoch noch nicht, daß (17) *unabhängig von der Wirklichkeit* wahr ist. Der Satz enthält nämlich Wörter, die wesentlich vorkommen: »oder« und »nicht«, und es gibt in der Quineschen Definition der logischen Wahrheit nichts, das die Annahme verbietet, daß Satz (17) (und alle Sätze von gleicher Struktur) eine sehr *allgemeine* Struktur der Wirklichkeit beschreiben. Nichtsdestoweniger hat diese *realistische* Konzeption der logischen Wahrheit kaum Anhänger gefunden. Wittgenstein hat durch seinen *Tractatus* sehr zu der Auffassung beigetragen, daß die logischen Konstanten nicht bezeichnen und daß die logischen Wahrheiten Tautologien sind, die nichts über die Wirklichkeit aussagen.

Die meisten zeitgenössischen Philosophen sind Wittgenstein hierin gefolgt und betrachten logische Wahrheiten in einem *anderen Sinne* des Wortes als »wahr« als andere Wahrheiten; wir haben es hier mit einer epistemologischen Überlegung zu tun hinsichtlich der Art und Weise, in der man logische Wahrheiten beweist. In diser Hinsicht scheinen sich logische Wahrheiten tatsächlich *toto coelo* von den anderen Wahrheiten zu unterscheiden. Wie kann man eine logische

Wahrheit beweisen? Man bezieht sich hier auf Kalküle, d. h. auf Operationen, in welchen nur die *syntaktischen* Eigenschaften in Betracht gezogen werden. Mit Hilfe dieser Operationen kommt man einer kleinen Anzahl von einfachen Sätzen immer näher: den Axiomen. Und diese Axiome scheinen eine Eigenschaft zu besitzen, die sie deutlich von den einfachen Sätzen in den anderen Wissenschaften unterscheidet. Sie scheinen in der Tat auf einer Evidenz *sui generis* zu beruhen, die in der Tatsache liegt, daß sie *ex vi terminorum* wahr sind, d. h. kraft ihrer Wörter. Das Axiom »wenn *p* und *q*, dann *p*« wird oft als Beispiel für Sätze zitiert, welche »automatisch wahr werden, sobald man einmal die Bedeutung der Wörter festgesetzt hat«, d. h. ihr Wahrheitswert hängt ausschließlich von den logischen Konstanten ab, die sie enthalten.

Man kann diese verführerische Sicht auf zwei Arten kritisieren: einerseits sind es nur bestimmte logische Wahrheiten, die *ex vi terminorum* wahr sind und nicht alle. Aussagen wie »*p* oder nicht *p*« oder »wenn *p* und (*q* oder *r*), dann (*p* und *q*) oder (*p* und *r*)«, wären zum Beispiel solche Ausnahmen. Andererseits kann man die Schärfe des Gegensatzes zwischen »Wahrheit, die von der Bedeutung abhängt« und »Wahrheit, die von der *Bedeutung und* den *Tatsachen* abhängt« relativieren, indem man den Gedanken der »Abhängigkeit« banalisiert. Wenn man unter »hängt ab von« versteht »hängt logisch ab von«, d. h. »wird impliziert durch«, bemerkt Quine, dann ist es falsch zu sagen, daß eine logische Wahrheit lediglich durch Aussagen impliziert sei, die den Gebrauch der in ihr enthaltenen logischen Konstanten beschreiben. Aufgrund eines bekannten Theorems, des Paradoxes der materiellen Implikation, werden die logischen Wahrheiten von jedem beliebigen Satz logisch impliziert. »Trivialerweise« schreibt Quine (1970a: 96), »sind die logischen Wahrheiten wahr kraft irgendeines Umstandes, den man beliebig benennen kann: Sprache, Welt, oder was auch immer.«

Ein Vertreter der sprachlichen Doktrin könnte antworten, daß er mit seiner Behauptung der *Abhängigkeit* der Wahrheit von »*p* oder nicht *p*« von der Bedeutung von »oder« und »nicht« nicht habe sagen wollen, daß die Aussage »*p* oder nicht *p*« durch die Aussagen impliziert sei, welche den *Gebrauch* von »nicht« bzw. »oder« *beschreiben*. Was hat er aber genau sagen wollen? Hat er sagen wollen, daß sich logische von anderen Wahrheiten dadurch unterscheiden, daß durch die Festsetzung der *Bedeutung* der logischen Konstanten man *zugleich* den Wahrheitswert von Sätzen festsetze, in denen sie und nur sie wesentlich vorkommen? Es gäbe dann keine *Abhängigkeit* des einen vom anderen, sondern die Festlegung der Bedeutung und die Festlegung des Wahrheitswertes würden *ununterscheidbar*.

Aufgrund welcher Überlegungen würde ein Vertreter der sprachlichen Doktrin sagen, daß man mit der Festlegung der Bedeutung von »oder« und »nicht« *zugleich* den Wahrheitswert des Prinzips des ausgeschlossenen Dritten, »p oder nicht p«, festsetze? Die Antwort ist klar. Die Bedeutung von »p oder nicht p« wird uns durch die Wahrheitstabelle gegeben, die diesem Ausdruck für jeden der Werte, den die Variable p annehmen kann, einen Wert zuschreibt. Und die Wahrheitstabellen, die die *Bedeutung* von »oder« und von »nicht« definieren, sind so aufgebaut, daß »p oder nicht p« den Wahrheitswert »wahr« erhält, *was auch immer* der Wert von p sei. Man kommt nun natürlicherweise zu dem Schluß, daß »p oder nicht p« *unabhängig* von dem Wert von p wahr ist und also ausschließlich von der Bedeutung von »oder« bzw. »nicht« abhängt.

Diese Schlußfolgerung ist jedoch nicht korrekt. Daraus, daß »p oder nicht p« für jeden beliebigen Wert von p wahr ist, darf man nicht schließen, daß »p oder nicht p« *unabhängig* vom Wert von p wahr sei; ebensowenig folgt aus der Tatsache, daß ein Motor mit jedem beliebigen Brennstoff funktioniert, daß er *unabhängig* von Brennstoff funktioniert. Wenn das Schema »p oder nicht p« zu einer wahren Aussage führen soll, muß für den Buchstaben »p« ein Satz eingesetzt werden, der einen Wahrheitswert hat. Es spielt keine Rolle, welcher Wahrheitswert dies ist. Wichtig ist nur, daß der Satz einen Wahrheitswert hat. Wir sehen nämlich, daß Sätze, denen *kein* Wahrheitswert zukommt, wie zum Beispiel Imperativsätze, nicht als Werte für p infrage kommen. In einem solchen Fall können die Wahrheitstabellen, welche die Bedeutung von »oder« und »nicht« liefern, einem konkreten Satz der Form »p oder nicht p« keinen Wahrheitswert zuschreiben.

Unsere Überlegung kann folgendermaßen zusammengefaßt werden: die logische Wahrheit von »p oder nicht p« ruht auf zwei Grundlagen: erstens der *Bedeutung* von »nicht« und »oder« und zweitens der *Aussagevariablen p*. Und die Definition des Begriffs der Aussage macht Gebrauch von dem Wort »wahr«. (Eine *Aussage* wird definiert als ein Satz, der *wahr* oder *falsch* sein kann).

Der Begriff der logischen Wahrheit setzt also den Begriff der Wahrheit im allgemeinen voraus. Wahrheit wird definiert »aufgrund von Erfüllung durch Folgen von Individuen«. Damit ist die *Wahrheit im allgemeinen,* und ebenfalls die *logische Wahrheit,* endlich verwurzelt in der *Referenz,* und insbesondere in einem Bereich von Individuen.

Es gibt logische Wahrheiten, die deutlich eine ontologische Relevanz haben; das ist der Fall für die Aussage

(18) $(x) (x = x)$

die ebenso eine ontologische Wahrheit ist wie eine logische Wahrheit. Diese logische Aussage spricht ohne Unterschied von *allen* Individuen. Wenn alle logischen Wahrheiten gebundene Individuenvariablen enthielten, wäre man geneigt, die These von Gonseth zu unterschreiben, nach der die Logik die »Physik des beliebigen Objekts« ist, aber was soll man mit Wahrheiten machen wie »*p* oder nicht *p*«, in der keine gebundene Variable vorkommt, und die infolgedessen entsprechend Quines ontologischem Kriterium keine ontologische Relevanz zu haben scheinen? Man könnte sagen, daß diese logischen Wahrheiten sich *indirekt* auf einen Objektbereich beziehen, insofern nämlich die atomaren Aussagen, die für den schematischen Buchstaben »*p*« eingesetzt werden können, die Form »$R (a_1 \dots a_n)$« haben und in einer reglementierten Sprache die Eigennamen eliminiert sind, so daß die Aussage (19) die Form (20) erhält:

(19) Sokrates ist Philosoph.
(20) $(\exists x)$ (x sokratiert. x ist Philosoph).

Entgegen dem ersten Anschein hat also die Aussage »*p* oder nicht *p*« mit demselben Recht eine ontologische Relevanz wie »$(x) (x = x)$«.

§ 6 Logische Wahrheit und Modelltheorie

Wie Quine in *Methods of Logic* (1950: 190) bemerkt, kann man die Klasse der logischen Wahrheiten angeben, indem man sagt, daß sie mit der Klasse der aufgrund der Beweismethoden des Prädikatenkalküls und der Logik der Identität beweisbaren Aussagen zusammenfällt. Und der Begriff der »Beweisbarkeit« ist rein *syntaktisch:* um zu wissen, ob eine Aussage aufgrund einer anderen beweisbar ist, genügt es, die Schlußregeln, d. h. Umformungsregeln, zu Rate zu ziehen. Macht nun diese Definition nicht jene Definition der logischen Wahrheit überflüssig, in der der *semantische* Begriff der Wahrheit vorkam? Sicherlich nicht. Der Begriff der Beweisbarkeit erlaubt nur unter der Bedingung eine Bestimmung der Klasse der Wahrheiten der

Logik erster Ordnung, daß man *vorher* das Metatheorem der Vollständigkeit bewiesen hat, das besagt, daß alle *gültigen* Formeln der Logik erster Ordnung beweisbar sind.

Um dieses Metatheorem nach der heute geläufigsten (der Henkinschen) Methode zu beweisen konstruiert man ein *Modell,* d. h. man korreliert einen Objektbereich mit einer Menge von Formeln des jeweiligen Kalküls. Wer mit Henkins Theorem und Lindenbaums Lemma vertraut ist, weiß, daß die zur Diskussion stehenden Objekte nichts anderes sind als geschlossene wohlgeformte Formeln (*closed well formed formulas, »cwffs«,* des betreffenden Kalküls, die diesmal als Referenten betrachtet werden, d. h. als *Bezeichnetes* und nicht als Zeichen.

Diese Selbstreferenz ist unproblematisch. Kein Paradox ist zu befürchten, denn die Objektsprache der Logik erster Ordnung enthält selbst keine semantischen Terme wie »selbstreferierend«, »bezeichnet«, »wahr«. Sie hat übrigens, wie Agazzi (1976) betont, »weitreichende Analogien mit den Verfahren, welche man manchmal in der abstrakten Mathematik anwendet, wenn man als Repräsentation einer abstrakten Gruppe zum Beispiel die Permutationen zuläßt, die über einem Bereich ausgeführt werden können, der als Elemente die Elemente jener Gruppe hat, die sozusagen als ihre eigenen Repräsentationen fungieren.«

Agazzi bestreitet jedoch die *ontologische Autonomie* des von Henkin für den Vollständigkeitbeweis der Logik erster Ordnung konstruierten Modells. Er wendet ein, daß dieser Bereich keine in *unabhängiger* Weise gegebene und organisierte Struktur der jeweiligen Sprache sei, sondern ein rein konstruiertes Objekt, wie man es für diesen Anlaß braucht. Dieser Einwand scheint uns nicht überzeugend. Selbst wenn das Modell durch sprachliche Ausdrücke des Kalküls konstituiert wird, Ausdrücke, die in diesem Fall in ihrer Funktion als bezeichnete Objekte und nicht in ihrer Funktion als Zeichen gebraucht werden (zum Beispiel wird die Konstante c_i auf sich selbst angewendet), folgt daraus nicht, daß das Modell keine *ontologische Autonomie* und *äußere Realität* hat. Sicherlich geht es chronologisch nicht der Sprache voraus, deren Modell es ist, aber genausowenig folgt es chronologisch auf die Sprache; das hätte jedoch der Fall sein müssen, wollte man von Abhängigkeit sprechen.

Henkins Modell ist sehr wohl *außerhalb* der Sprache und *unterschieden* von der Sprache, auch wenn es einen *Teil* von ihr ausmacht. Diese erstaunliche Situation ist durch die *doppelte* Rolle, welche die geschlossenen Sätze spielen, möglich geworden: Die Rolle als Zeichen und als Bezeichnetes. Der Einwand Agazzis bringt also unsere Behauptung nicht in Gefahr, daß der geläufige Begriff der Gültigkeit ein ontologisch belasteter *semantischer* Begriff ist. Bei Quine taucht jedoch eine besondere Schwierigkeit auf, die wir jetzt untersuchen wollen.

Quine unterscheidet sich in seiner Auffassung nicht von anderen Logikern, wenn es um die Beziehungen zwischen logischer Wahrheit und Gültigkeit der Schemata geht. Zwar nennt auch er jeden geschlossenen Satz »logisch wahr«, den man durch Einsetzung in einem gültigen Schema enthält. Er unterscheidet sich jedoch mit seiner Definition der Gültigkeit der Schemata. Quine sagt, daß ein Schema gültig sei, wenn jedwede *Substitution* für die schematischen Buchstaben eine wahre Aussage liefert. Die geläufige Definition sagt allerdings, daß ein Schema gültig ist, wenn jede *Zuschreibung von Wahrheitswerten* und *von Klassen von Individuen, Paaren* etc. für die schematischen Buchstaben eine wahre Aussage liefert.

Die von Quine vorgeschlagene Definition der Gültigkeit ist also *sprachlicher* – sie spricht von der Substitution von Ausdrücken – und *weniger ontologisch* – sie spricht weder von Klassen, noch von Wahrheitswerten – wie die gängige Definition. Man hat Quine vorgeworfen, daß seine Definition der Gültigkeit zu tolerant sei. In einem Artikel, der 1968 erschienen ist, »Logical Truth Revisited«, haben Hinmann, Kim und Stich ein Beispiel eines Schemas gegeben, welches nach Quines Definition gültig ist, nicht aber nach der traditionellen Definition. Es handelt sich um das folgende Schema:

(21) $(\exists x)(\exists y)(Px. Py. x \neq y) v (x)Px v (x){\sim}Px.$

»Nehmen wir an«, schreiben sie (1968: 498), »daß die Sprache L_y [. . .] genau ein atomares nicht-logisches Prädikat enthält, das einstellige Prädikat ›P‹. Nehmen wir außerdem an, daß wenigstens zwei Dinge existieren, die P sind, und wenigstens zwei Dinge, die nicht-P sind. (Damit das etwas konkreter wird, nehmen wir P in der Bedeutung von ›ist rot‹).« In diesem Schema kommt »P« leer vor, denn »jeder Ausdruck, der für ›P‹ eingesetzt werden kann, ohne gegen die Grammatik zu verstoßen, muß als Extension eine der vier folgenden Klassen haben: die Klasse der Dinge, die P sind, die Klasse der Dinge, die nicht-P sind, die Nullklasse oder die Allklasse«. (a. a. O.). Die Substitution eines Prädikats für »P« das eine der vier Extensionen hat, läßt die Wahrheit von (21) unangetastet. Wenn nämlich »P« als Extension rote Objekte hat, ist das erste Glied der Disjunktion wahr, denn aufgrund der vorher angenommenen Hypothese enthält das Universum wenigstens zwei rote Objekte. Wenn »P« als Extension nicht-rote Objekte hat, ist das erste Glied auch wahr, weil es wenigstens zwei nicht-rote Objekte gibt. Wenn »P« die Allklasse bezeichnet, ist das zweite Glied der Disjunktion wahr, und wenn »P« die Nullklasse bezeichnet, ist das dritte Glied wahr. Da ein disjunktives Schema verifiziert ist, wenn eins seiner Glieder verifiziert ist, ist (21) in allen Fällen verifiziert. Mit anderen Worten: das Schema ist für Quine gültig. Aber im gewöhnlichen Sinne ist es nicht gültig, da es nicht von allen Modellen erfüllt wird.

Wir wollen auf diesen Einwand unter Hinzuziehung einer Passage aus *Philosophy of Logic* (Quine, 1970a) antworten. Quine stellt die Behauptung auf, daß die beiden Definitionen der Gültigkeit äquivalent seien, allerdings nur, so schreibt er (1970a: 53) »für eine hinlänglich reiche Sprache, die die elementare Arithmetik enthält«. Wenn diese Bedingung erfüllt ist, kann man ausgehend von Löwenheims Theorem leicht beweisen, daß wenn ein Schema für alle Substitutionen von arithmatischen Aussagen wahr wird, es ebenso durch alle Modelle erfüllt wird.

Wir denken, daß diese Bedingung ausreicht, um Quine gegen das Gegenbeispiel von Hinman, Kim und Stich zu schützen. Das Fehlen der Äquivalenz zwischen beiden Definitionen der Gültigkeit, die jenes Gegenbeispiel ans Licht bringt, kann nämlich von nun an der *ungewöhnlichen Schwäche* der Sprache L_1, die von den Autoren betrachtet wird, zugeschrieben werden. In einer zur Darstellung der elementaren Arithmetik hinlänglich reichen Sprache bleibt die Äquivalenz erhalten, denn es gibt dort Prädikate P, von denen man *nicht mehr* sagen kann, daß die vier möglichen Extensionen (die Klasse der Objekte P, ihre Komplementklasse, die Nullklasse und die Allklasse) das Schema verifizieren. Um dies zu zeigen, reicht es aus, für den schematischen Buchstaben »P« das Prädikat »x ist neutral in Bezug auf die Addition« zu substituieren.

§ 7 Quine und die abweichenden Logiken

Die Erklärungen Quines zum Thema der abweichenden Logiken sind sehr verschiedener Art. An bestimmten Stellen behauptet er (Quine 1966: 105) daß »die Alternativen für die klassische Logik praktisch nicht zu unterscheiden sind von einer einfachen Veränderung im Gebrauch der logischen Terme«, und daß »das Dilemma der Vertreter der abweichenden Logiken darin besteht, daß sie bei ihrem Versuch, die überkommene Lehre zu negieren, eigentlich nur das Thema wechseln«. (1970 a: 81). Und an anderer Stelle sagt er, die Logik sei revidierbar wie die Physik.

Diese zwei Standpunkte sind nur schwer vereinbar. Wenn nämlich Veränderung im Gebrauch der logischen Terme bedeutet, von einer *anderen Sache* zu sprechen, dann gibt es keinen Berührungspunkt mehr zwischen der klassischen und der abweichenden Logik, also gibt es zwischen beiden auch keinen *Konflikt,* und man kann nicht mehr von einer Revidierbarkeit der Logik sprechen, die derjenigen der Physik vergleichbar wäre. Man müßte eher von einem Wechsel der Gewohnheiten sprechen. – Das ist nicht das erste Mal, daß Quine entscheidend seine eigene Lehre aufweicht und trivialisiert. Dasselbe hat er mit dem Holismus und der Unterdeterminiertheit getan.

Da man zwischen diesen beiden Standpunkten wählen muß, wählen wir den zweiten, und zwar aus zwei Gründen. Erstens ist der erste Standpunkt nicht haltbar. Es ist nämlich nicht so, daß die Veränderung der Bedeutung der logischen Konstanten *ipso facto* bedeutet, den behandelten Gegenstand zu wechseln. Haack hat in *Deviant Logics* (1974: 13) gezeigt, daß man manchmal zu Recht sagen kann, zwei unterschiedliche Logiken redeten von der gleichen Sache und seien eher *Rivalen* als einfach nur unterschieden. Das ist zum Beispiel der Fall bei der klassischen Logik und der Quantenlogik. Beide haben fast alle ihre Axiome gemeinsam, woraus man schließen darf, daß es eine teilweise Überlagerung der Bedeutung ihrer jeweiligen Konnektive gibt, insofern die Konnektive ihre Bedeutung durch die Axiome erhalten.

Es gibt einen zweiten Grund, warum wir uns nicht für den ersten jener beiden Standpunkte Quines gegenüber den abweichenden Logiken entscheiden: er liegt nicht auf der Linie des Quineschen Denkens. Insofern dieser Standpunkt die *Untrennbarkeit* von Bedeutung und Theorie behauptet, plädiert er zugunsten einer sprachlichen Konzeption der logischen Wahrheit der sich Quine ständig widersetzt hat.

Wir meinen also, daß die authentischste Haltung Quines diejenige ist, die Alternativen für die klassische Logik nach dem Modell der Alternativen zur klassischen Mechanik zu verstehen. Dieser Haltung gibt Quine in *Two Dogmas* und in *Philosophy of Logic* ohne Umschweife Ausdruck: »Prinzipiell«, schreibt er (1970 a: 100), »steht die Logik einer Revision nicht weniger offen gegenüber als die

Quantenmechanik oder die Relativitätstheorie. Das Ziel ist in jedem Fall ein System der Welt«, und er fügt hinzu, daß, wenn die Revision der Logik etwas Außergewöhnliches ist, dies nicht der Fall sei kraft eines *überlegenen Rechts* der Logik gegenüber anderen Wissenschaften, sondern weil Wissenschaftler ein methodologisches Prinzip anwenden, welches sowohl von Wahrheiten der Logik als auch von Tatsachenwahrheiten unabhängig ist: die Regel der *geringsten Veränderung,* ein Prinzip, das sich *oft,* aber nicht *notwendigerweise,* zugunsten der Erhaltung der Logik auf Kosten der Physik auswirkt, wenn es Unvereinbarkeit zwischen den Behauptungen dieser beiden Disziplinen gibt.

Diese Behauptung Quines ist sofort schockierend. Tatsächlich wird die Logik traditionellerweise als eine *normative* Wissenschaft gesehen, deren Prinzipien *über* den anderen Wahrheiten stehen und *über Revision erhaben* sind, weil jede Revision die Prinzipien der Logik *voraussetzt.* Die Vertreter dieser traditionellen Auffassung machen darauf aufmerksam, daß dasjenige, was zur Revision von Theorien führt, die Entdeckung von Widersprüchen zwischen Theorie und Erfahrung sei. Und um von »Widersprüchen zwischen Theorie und Erfahrung« sprechen zu können, muß man das Prinzip der Widerspruchsfreiheit für gesichert halten. Wie kann man unter diesen Bedingungen die Logik in Frage stellen, d. h. die oberste Rechtsprechung? Geach hat diesen Einwand in eindringlicher Weise formuliert: »Die Logik muß festgeschrieben bleiben, was auch immer sich in der Entwicklung der physikalischen Theorien ereignet. Denn nur so kann sie als der Geißfuß dienen, mit dem unzulängliche Theorien eingerissen werden. Lavoisier hat darauf aufmerksam gemacht, daß die Anhänger des Phlogistons diesem unterschiedliche und inkompatible Eigenschaften zugeschrieben haben, um die Unterschiede in den experimentellen Resultaten zu erklären. Welches Glück, daß es zu jener Zeit keine Logiker gab, die geneigt waren, die Logik zu verändern, um den Interessen der Theorie des Phlogistons zu dienen.« (Geach, 1965: 323.)

In diesen Einwänden liegt zwar ein wichtiger wahrer Kern, der ganz gewiß anerkannt werden kann, ohne auf die These der Revidierbarkeit zu verzichten. Man kann demjenigen, der das letzte der erwähnten Argumente, das aristotelische Gegenargument, vorbringt, einräumen, daß in einer Argumentation immer eine gewisse Logik vorausgesetzt wird, die aus eben diesem Grunde vor Anfechtung gefeit ist. Aber es handelt sich dabei nur um eine *zeitweilige Immunität* wie diejenige, die man Parlamentariern während der Ausübung ihres Mandats zugesteht. *Es handelt sich nicht um eine wesentliche und unwiderrufbare Immunität.* Sie kann aufgehoben werden. Man braucht die Logik sogar, um die Logik zu kritisieren, aber das weist der Logik nicht irgendeine *Priorität* zu. Wie S. Haack in *Deviant Logics* unterstreicht, verhält es sich mit der Logik wie mit jenem Schiff, welches auf offenem Meer repariert wird, von dem Neurath spricht, ein Schiff, das man repariert und mit dem man sich zugleich über Wasser halten muß.

Jederzeit muß ein logischer Apparat als Vorbedingung für jegliche Äußerung der Inkompabilität oder Widersprüchlichkeit innerhalb der Theorie existieren. Aber daraus ergibt sich nicht, daß jeweils nur ein *einziger* und immer derselbe logische Apparat existiert; ebensowenig, wie sich aus der Tatsache, daß alle Menschen einen Vater haben, schließen läßt, daß ein Vater aller Menschen existiert. Es liegt also keinerlei Widerspruch darin, in der Logik *Pluralist* zu sein.

Dieser Standpunkt hat seine Anhänger. So schrieb Février (1951 : 88): »Es gibt keine einzige Logik, die unabhängig von jedem Inhalt ist, aber man findet in jedem Gegenstandsbereich eine adäquate Logik«, und Apostel, der in *Matière et Forme* (1974) bemerkt, daß die Vergangenheit unwiderruflich während die Zukunft offen sei, schlägt aus diesem Grund vor, auf Vergangenheit und Zukunft eine unterschiedliche Logik anzuwenden: »Wenn die Vergangenheit sich von der Zukunft vollkommen unterscheidet«, schreibt er (1974 : 52), »und wenn sie sich in der Gegenwart vereinen, müssen die Existenzquantoren, die sich im Antezedens und im Konsequens der Kausalsätze finden, vollständig verschieden sein und die Relation muß selbst einen ontologisch heterogenen Status haben [...] Da wir dennoch in einer einzigen Sprache *L* Referenzen auf unterschiedliche Zeitpunkte ausdrücken können müssen, [...] muß man diese unterschiedlichen Zeitpunkte zusammenfassen und dabei ihren ihnen eigenen Status bewahren. Eine der Methoden [...] um das zu tun, wäre die Beschreibung der Vergangenheit durch eine zweiwertige und die der Zukunft durch eine dreiwertige Logik.«

Es bleibt noch ein dritter Einwand, der gegen die Revidierbarkeit der Logik formuliert worden ist, der Quine vorwirft, die Logik ihres *normativen* Charakters zu berauben. Husserl hat in seinen *Logischen Untersuchungen* (1913) mit dem größten Nachdruck die logischen Gesetze, die er als »normativ« bezeichnet, den Aussagen der Naturgesetze, die einfach nur beschreiben, entgegengesetzt. Die letzteren drücken nur wahrscheinliche Hypothesen aus, die ersteren hingegen nicht: »Der Satz vom Widerspruch«, schreibt Husserl (1913: 62), »besagt nicht, es sei zu *vermuten,* daß von zwei kontradiktorischen Urteilen eines wahr und eines falsch sei.« Wenn es um Naturgesetze geht, wie um das allgemeine Gravitationsgesetz, »wissen [wir], daß schon die Suche nach dem einzig wahren Gesetz bei der nie und nimmer zu beseitigenden Ungenauigkeit der Beobachtungen töricht wäre. Dies ist die Sachlage in den exakten Tatsachenwissenschaften. Keineswegs aber in der Logik.« (Husserl, 1913: 63)

Nachdem er den bloß *wahrscheinlichen* Charakter der gesetzmäßigen Aussagen in den Naturwissenschaften dem *notwendigen Charakter* der gesetzmäßigen Aussagen der Logik entgegengestellt hat, greift Husserl den *Psychologismus* von Lange an, welcher in den logischen Gesetzen die Naturgesetze des Denkens sah. Husserl wehrt sich gegen diejenigen, welche gerne die *Norm,* die im Satz vom Widerspruch besteht, ableiten oder begründen möchten, und dabei von der mehr oder weniger gut verwurzelten *Gewohnheit,* Widersprüche zu vermeiden, ausgehen wollen: »wir halten es geradezu für widersinnig, das eine mit dem anderen zu identifizieren, oder aus dem einen das andere herzuleiten, oder auch beide zu dem vermeintlich zweiseitigen Gesetz vom Widerspruch zusammenzuschweißen.« (Husserl, 1913: 97.)

Der zweite Kritikpunkt Husserls, die Kritik am Psychologismus, ist ausgezeichnet begründet. Der Übergang von der *Tatsache* zum *Recht* ist in der Logik genauso ungerechtfertigt wie in der Moral, wie Hume deutlich gezeigt hat; aber der erste Kritikpunkt ist für uns nicht akzeptabel. Wir glauben, daß sich sehr wohl die Auffassung vertreten läßt, die logischen und mathematischen Wahrheiten seien letztendlich *empirisch* wie die physikalischen Wahrheiten. Das »normative« Element wird durch diese These nicht in Gefahr gebracht, denn *selbst die Idee der Wahrheit* hat ihrem Wesen nach einen gewissen *normativen* Charakter, den zum Beispiel die Idee der *Existenz* nicht besitzt: Das Falsche als solches ist ein Übel, die Nicht-Existenz ist kein Übel. Spinoza spricht übrigens ausdrücklich in seiner *Abhandlung über die Verbesserung des Verstandes* von der »Norm der gegebenen wahren Idee« (1977: p 19, § 43).

Die Diskreditierung der empirischen Konzeption der Logik und der Mathematik hängt vornehmlich damit zusammen, daß man sie mit einer ihrer besonders naiven Interpretationen verwechselt hat, die aus logischen oder arithmetischen Wahrheiten bloße Beobachtungswahrheiten machte oder Wahrheiten, die auf *Induktion* beruhen. Stuart

Mill glaubte zum Beispiel, daß die arithmetische Addition die physikalische Tatsache des Zusammenfügens beschreibe und zog sich den Spott von Frege zu, der in den *Grundlagen der Arithmetik* (1884, § 7) schrieb: »Wie gut doch, daß nicht Alles in der Welt niet- und nagelfest ist; dann [wäre] 2 + 1 nicht 3!« Quine aber verfällt diesen Naivitäten nicht. Er weist in der Mathematik jeden Empirismus à la Stuart Mill *ausdrücklich* zurück: »Das '+' von ›7 + 5‹ hat nichts zu tun«, schreibt er (1970 a: 100) »mit irgendeiner Zusammenfügung von Objekten im Raum.«

Der Gedanke Quines besteht darin, daß die logischen oder mathematischen Wahrheiten nicht empirisch sind, weil sie empirischen *Ursprung,* sondern weil sie empirische *Konsequenzen* haben. Die Logik ähnelt also der theoretischen Physik, deren Erhaltungsprinzipien, obwohl a priori, nichtsdestoweniger empirische Konsequenzen implizieren. Wie jene Prinzipien ist auch die Logik dem *Rückschlag* der Falsifikation durch ihre Konsequenzen unterworfen.

Die Quantenphysik bietet ein gutes Beispiel für einen *Konflikt* (und also eine *Beziehung)* zwischen Logik und Physik. Man weiß, daß die Quantenphysik der Schauplatz der »Kausalitätsanomalien« ist, die darin bestehen, daß die Theorie des Lichts – unabhängig davon, ob sie als Teilchen- oder Wellentheorie formuliert ist, die Ableitung bestimmter Aussagen über mikrophysikalische Ereignisse erlaubt, welche nicht den überkommenen Gesetzen der beobachtbaren physikalischen Phänomene gehorchen. Nun meint Putnam, daß die Prinzipien der Distributivität der propositionalen Logik für die Ableitung dieser Anomalien *unerläßlich* seien. Wenn sie wirklich unerläßlich sind – was S. Haack bezweifelt – kann man sie für diese physikalischen Anomalien verantwortlich machen und sagen, daß sie diese insofern *implizieren* als die Kontinuität zwischen Beobachtbarem und Nichtbeobachtbarem wiederhergestellt werden kann, wenn man die Prinzipien der Distributivität aufgibt.

Quine behandelt die Logik und die Mathematik wie er die Ontologie behandelt hat; er stellt sie auf die gleiche Grundlage wie die Naturwissenschaften: »Wie Popper bin ich Realist in der Logik«, schreibt er (Quine, 1970 c: 31), »aber ich stelle die Logik und die Physik auf *dasselbe* Niveau«, d. h. weder höher, wie Husserl, noch tiefer, wie die Formalisten[1], die in der Nachfolge von Boole meinen,

---

[1] R. Haack hat dies sehr überzeugend in dem Aufsatz »Quine's Theory of Logic« (1978) gezeigt.

daß die Logik keine *beschreibende Wissenschaft* sei, sondern nur ein *Kalkül,* der der beschreibenden Wissenschaft zur Verfügung steht. Man hat also keinen Grund, erstaunt zu sein, daß Quine in der Philosophie der Mathematik gleichermaßen den *intuitionistischen* Weg, der den *Idealismus* repräsentiert, ablehnt, wie den *formalistischen* Weg, der den Positivismus repräsentiert, und daß er sich stattdessen in die auf Frege zurückgehende *realistische* Tradition des *Logizismus* einreiht. Für Quine ist die Logik mit dem gleichen Recht eine *beschreibende* Wissenschaft wie die Physik.

§ 8 Quine und der Logizismus

Frege versuchte, (gegen Kant) den analytischen Charakter der Arithmetik zu beweisen, indem er sie auf die Logik *zurückführte.* Das Unternehmen umfaßt zwei verschiedene Aufgaben, eine *begriffliche* (bei der es sich darum handelt die arithmetischen Begriffe [0, 1,+, Zahl] mithilfe von ausschließlich der Logik und der Mengentheorie entnommenen Begriffen zu definieren) und eine *inhaltliche* (die darin besteht, die Axiome Peanos ausgehend von den logischen Wahrheiten zu beweisen).

In einer berühmten Kontroverse hat Poincaré die Unternehmung von Frege und den Autoren der *Principia* kritisiert. Er hält es für unmöglich, die natürliche Zahl auf eine Klasse von Klassen zurückzuführen und eine Ordinalzahl mithilfe asymmetrischer Relationen zu konstruieren. Piaget nimmt die Einwände von Poincaré in *Logique et connaissance scientifique* (1967: 72) wieder auf: »Poincaré hatte sicherlich Recht, wenn er der Auffassung war, daß die Zahl eine sehr viel reichere Struktur hat als die Klasse für sich allein, oder als die asymmetrischen Relationen für sich allein, und daß das rekursive Schließen gleichfalls sehr viel ›stärker‹ sei als eine Deduktion, die sich nicht auf die unendliche Folge der ganzen Zahlen stützt.«

Die Fregesche Definition der »natürlichen Zahl« kann *nur* dann ihre Rolle in dem logischen Beweis des mathematischen Induktionsprinzips spielen, wenn man die Existenz von *unendlichen Klassen* annimmt. Dieser Tribut an das Unendliche stellt sofort ein Argument für die These von »der Unmöglichkeit, das Höhere auf das Niedrige zurückzuführen« dar. Diese These ist jedoch stark umstritten. Man erinnere sich nur an die geschickte Definition des Begriffs des geordneten Paares in Begriffen von ungeordneten Mengen, die von

Wiener und Kuratowski vorgeschlagen wurde; eine Definition, die es gestattet, *Ordnung* auf der Basis von *Unordnung* zu erzeugen, was wohl eine Art ist, das »Höhere« ausgehend vom »Niedrigeren« zu definieren.

Der Einwand von Piaget und von Poincaré scheint also entscheidend. Doch Quine ist es gelungen, ihn durch einen Beweis der mathematischen Induktion zurückzuweisen, der das Unendliche ausspart. Diese Zurückweisung lag notabene schon vier Jahre eher vor als Piagets Einwand. Man findet sie in *Set Theory and its Logic,* (1963). Der Trick liegt darin, die Fregesche Definition der natürlichen Zahl etwas zu verändern: man ersetzt das Prädikat »Nachfolger von« durch »Vorgänger von«.

Während eine Klasse, die 0 und alle Nachfolger ihrer Elemente enthält, unendlich sein müßte, bräuchte die Klasse, welche x Elemente und alle Voränger ihrer Elemente enthält nur x + 1 Elemente zu haben. Da jede natürliche Zahl x in N eintreten kann, wird man z Klassen bekommen, jeweils (wie die einzelnen natürlichen Zahlen, die in die Klasse N eintreten) von zunehmender Größe. Das Unendliche kommt dabei jedoch nicht vor, da keine dieser natürlichen Zahlen unendlich ist.

Trotz seines wichtigen Beitrags zum Programm des Logizismus behauptet Quine, daß »die Kantsche Tendenz, die Logik als analytisch und die Arithmetik als synthetisch zu betrachten, durch Freges Werk nicht überwunden ist (wie Frege angenommen hatte), wenn man unter Logik die elementare Logik versteht.« (1966: 104). Diese Erklärung hat nicht zum Ziel, die Wichtigkeit der Reduktion der Arithmetik auf die *Mengentheorie* zu bagatellisieren, sondern zu unterstreichen, daß Frege hiermit nicht die Arithmetik auf die *Logik* zurückgeführt hat.

Quine meint also, es sei wichtig, eine Unterscheidung zwischen Logik und Mengentheorie zu treffen. Drei Merkmale unterscheiden seiner Auffassung nach die erste von der zweiten: sie ist *vollständig,* ihre Axiome sind *evident,* und sie bezieht sich auf alle Objekte, Mengen eingeschlossen (d. h. sie ist *»topic neutral«* im Sinne von Ryle).

Achtes Kapitel: Modallogik und Essentialismus

§ 1 Die logischen Besonderheiten modaler Kontexte

Die Interpretation der Modallogik wirft philosophisch wichtige Probleme auf. Auf mehrere dieser Probleme, die den Ausgangspunkt von heute in schneller Folge zunehmenden Untersuchungen bilden, hat Quine als erster hingewiesen.

Die moderne Modallogik geht auf Lewis' Werk *A Survey of Symbolic Logic* (1918) zurück. Sie wird dort in der Form eines axiomatisch formalisierten Systems dargestellt, das mit dem Kalkül nicht-modaler Propositionen, welcher in den *Principia Mathematica* von Whitehead und Russell ausgearbeitet wurde, vergleichbar ist. Die Kalküle von Lewis sind jedoch insofern reicher, als sie neue Symbole enthalten: die Modaloperatoren (»möglich«, »notwendig«) und die sie beherrschenden Regeln. Bei Lewis gibt es auch Ansätze zu einem modalen Prädikatenkalkül, aber dieser sieht nur Formeln vor, in welchen die Modaloperatoren den Quantoren *vorausgehen*.

1943 erscheint der Artikel »Notes on Existence and Necessity«, in welchem Quine Probleme aufzeigt, die sich dem Logiker, der eine Logik aufzubauen versucht, welche die Einfügung der Modaloperatoren *zwischen* den Quantoren und der propositionalen Funktion erlaubt, in den Weg stellen: eine solche Formel wäre *semantisch* nicht interpretierbar, mit anderen Worten: sie wäre sinnlos.

Seit 1945 versucht Ruth Barcan Marcus dieser Herausforderung Quines zu begegnen; sie ergänzte das Werk von Lewis, indem sie einen umfassenden modalen Prädikatenkalkül vorstellte, in welchem man gleichzeitig nicht nur mit Junktoren und Modaloperatoren arbeiten kann, sondern auch mit Quantoren, sowohl vor als auch hinter den Modaloperatoren.

Sowohl der Modalkalkül von Barcan wie die Systeme von Lewis sind bedeutende Beiträge zur logischen *Syntax*. Was die *Semantik* der Modallogik betrifft, so liegt die erste systematische und detaillierte Ausarbeitung in Carnaps *Meaning and Necessity* (zuerst 1947) vor: Frege – mit dem berühmten Aufsatz *Über Sinn und Bedeutung* (1892) und Quine, mit dem oben zitierten Aufsatz, haben den Weg dafür bereitet.

Auf dem Gebiet der Syntax übernimmt die Modallogik mehrere Axiome der nicht-modalen Logik und beschränkt sich auf die Hinzufügung einiger eigener Axiome und einer geeigneten Folgerungsregel. So werden zum Beispiel in dem System T, das der belgische Logiker Robert Feys 1937 vorgestellt hat, die vier nicht redundanten Axiome des Propositionenkalküls der *Principia* als solche übernommen, und es werden zwei neue Axiome hinzugefügt, die den Gebrauch des Modaloperators »notwendigerweise« (dargestellt durch »L«) regeln. Das sind das Notwendigkeitsaxiom

(1) $Lp \supset p$

das gelesen wird: »Wenn notwendigerweise p, dann p« und das Axiom:

(2) $L (p \supset q) \supset (L\,p \supset L\,q)$.

Die Syntax der Modallogik erscheint also wie eine *Verlängerung* der nicht modalen Logik, deren Resultate sie unverändert enthält. Die Semantik der Modallogik ist im Gegensatz dazu durch einen *Bruch* mit der nicht-modalen Semantik gekennzeichnet. Sie erfordert einen besonderen technischen Apparat, der schwerwiegende philosophische Entscheidungen verlangt.

Wir sagten, daß Quine das Verdienst zukommt, auf die hier auftretenden Probleme hingewiesen zu haben. Um deren Natur zu verstehen, ist es nützlich, die Semantik der *nicht-modalen* Logik der Semantik der Modallogik gegenüberzustellen. Ehe wir jedoch zum Kern der Sache kommen, wollen wir uns kurz die drei Grundgesetze oder Prinzipien in Erinnerung rufen, welche die Semantik der nicht-modalen Logik beherrschen, und wir werden versuchen, bestimmte Lehren aus den Schwächen dieser Prinzipien zu ziehen, die offenbar werden, wenn man versucht, sie auf modales Schließen anzuwenden, d. h. auf Folgerungen in denen modale Ausdrücke wesentlich vorkommen.

Das erste in Frage kommende Prinzip ist das der *Substituierbarkeit*, das folgendermaßen ausgedrückt wird: gegeben sei eine wahre Identitätsaussage, dann kann jeder ihrer Terme in einer beliebigen wahren Aussage *salva veritate* durch den anderen substituiert werden. Wenn »a« und »b« die Terme einer Identitätsaussage sind, und wenn C eine beliebige wahre Aussage ist, in der einer dieser Terme vorkommt, dann kann das Prinzip der Substituierbarkeit in der folgenden Form ausgedrückt werden:

(3) $a = b \supset C\,(a) = C\,(b)$

Das zweite Prinzip, das *Prinzip der Extensionalität* sagt, daß zwei extensionsgleiche Prädikate, d. h. Prädikate die für dieselben Objekte wahr sind (wie zum Beispiel »Gründer von Plymouth« und »Passagier der Mayflower«), *salva veritate* für einander austauschbar sind. Formal schreibt man:

(4) $(x) (Fx = Gx) \supset [C (F) = C (G)]$

Das dritte Prinzip schließlich, das *Prinzip der Wahrheitsfunktionalität,* besagt, daß wenn *p* und *q* zwei Aussagen mit demselben Wahrheitswert sind, sie *salva veritate* füreinander austauschbar sind. Man schreibt

(5) $(p = q) \supset [C'(p) = C (q)]$

Diese drei Prinzipien spielen eine Rolle bei der Definition eines Begriffs, der eine äußerst bedeutende Rolle in der Interpretation spielt, welche Quine der Modallogik gibt, das ist der Begriff der *referentiell undurchlässigen Konstruktion.* Ein Vorkommen eines Singulärterms in einer Aussage heißt *rein referentiell,* wenn »in dieser Konstruktion oder in diesem Kontext der Term nur dazu dient, auf seinen Gegenstand zu verweisen.« (Quine, 1966: 158). Zum Beispiel verweist in dem Satz »Cicero hat Catilina angeklagt« der Term »Cicero« auf seinen Gegenstand: den berühmten Advokaten. Der Term kommt also referentiell vor. Das ist nicht der Fall in »*Cicero* hat sechs Buchstaben«, wo der Term auf sich selbst verweist. Eine *Konstruktion* wird nun referentiell undurchlässig genannt, wenn sie ein Vorkommen, das ursprünglich referentiell ist, in ein nicht-referentielles Vorkommen verwandelt. Aber woran soll man sehen, ob eine Konstruktion diese Wirkung hat? Hier greifen nun die drei Prinzipien ein, die wir zitiert haben.

»Eine undurchlässige Konstruktion«, schreibt Quine (1960: 151; dtsch. 1980: 265), »ist eine Konstruktion, in der man einen Singulärterm nicht generell durch einen designationsgleichen Term (einen Term, der auf dasselbe Objekt verweist) ersetzen kann, ohne den Wahrheitswert des Satzes zu beeinträchtigen, in dem die Konstruktion vorkommt. Darüberhinaus kann man in einer undurchlässigen Konstruktion einen Allgemeinterm nicht generell durch einen extensionsgleichen Term (einen Term, der auf dieselben Objekte zutrifft) ersetzen, oder einen Teilsatz durch einen Satz mit gleichem Wahrheitswert, ohne den Wahrheitswert des Gesamtsatzes zu beeinträchtigen.«

Eine Konstruktion, die undurchlässig ist, weil sie das Prinzip der Substituierbarkeit verletzt, verletzt im allgemeinen[1] gleichzeitig die

---

[1] Es gibt hierzu Ausnahmen. Ein zitierter Satz (p) kann durch einen Satz gleichen Wahrheitswerts substituiert werden in einem Kontext wie »›p‹ ist wahr genau dann wenn p«. Entsprechend kann man von »›Schnee ist weiß‹ genau dann wenn gilt: Schnee ist weiß« auf »›Ruß ist schwarz‹ genau dann wenn gilt: Schnee ist weiß« schließen.

beiden anderen Prinzipien; aber man wäre vielleicht versucht zu glauben, daß ein Versagen des Extensionalitätsprinzips oder des Prinzips der Wahrheitsfunktionalität möglich ist, *ohne* daß überdies eine referentielle Undurchlässigkeit vorliegt. Es ist zum Beispiel in dem kausalen Kontext »Catilina wurde angezeigt, weil Cicero wachsam war« klar, daß das Prinzip der Wahrheitsfunktionalität versagt. Die Ersetzung des Teilsatzes »Cicero war wachsam« durch einen Satz, der denselben Wahrheitswert hat, sagen wir: »Cicero lebte in der Antike« verändert den Wahrheitswert des Gesamtsatzes. Dagegen läßt die Ersetzung von »Cicero« durch den designationsgleichen Term »Tullius« den Wahrheitswert des Satzes intakt.

Aufgrund dieses Beispiels könnte man meinen, daß zwar referentielle Undurchlässigkeit die Extensionalität und die Wahrheitsfunktionalität zerstöre, doch das Umgekehrte nicht der Fall sei, und daß man vielleicht Fälle finden könne, in denen ein Versagen des Extensionalitätsprinzips vorkommt ohne daß das semantische Phänomen der referentiellen Undurchlässigkeit auftritt. Quine ist jedoch gegenteiliger Meinung: »Eine echte Abweichung vom extensionalistischen Programm durch die Zulassung nicht wahrheitsfunktionaler Vorkommen von Aussagen innerhalb von Aussagen, *ohne* daß dabei referentielle Undurchlässigkeit aufträte, ist schwieriger als man auf den ersten Blick meinen könnte.« (1966: 161). Wir werden sehen warum.

§ 2 Die Reduktion von Nicht-Extensionalität auf referentielle Undurchlässigkeit

Wenn es gelingt, zu beweisen, daß, entgegen unserer Erwartung, *Nicht-Extensionalität nicht ohne referentielle Undurchlässigkeit auftreten kann*, haben wir damit eine sehr überzeugende rationale Rechtfertigung für das extensionalistische Programm. Dies deshalb, weil damit klargestellt wäre, daß keine ausführbare Alternative besteht. Um das zu erreichen, bedient sich Quine einer subtilen Beweisführung, von der wir hier nur die wichtigsten Teile darstellen (eine ausführlichere Darstellung findet sich in Gochet, 1972: 181–2; englische Ausgabe 1980: 138–140)

Zu Beginn übernimmt man ein anspruchsvolleres Substitionskriterium als das der Wahrheitsfunktionalität. Dieses verstärkte Kriterium wird folgendermaßen formuliert:

Zwei Propositionen sind füreinander in einem modalen Kontext

austauschbar, wenn sie *logisch* äquivalent sind.
Offensichtlich reicht dieses Prinzip aus, um Folgerungen wie diese
zuzulassen:

(6) Notwendigerweise (9 ⟩ 7)

(7) (9 ⟩ 7) genau dann wenn (2 ⟨ 6)

(8) also: Notwendigerweise (2 ⟨ 6)

und um Schlüsse der folgenden Art zu blockieren, wobei (10) keine
logische Äquivalenz, sondern nur eine materielle Äquivalenz ist:

(9) Notwendigerweise (9 ⟩ 7)

(10) (9 ⟩ 7) genau dann wenn (Sokrates hat das Schierlingsgift
getrunken)

(11) also: Notwendigerweise (Sokrates hat das Schierlingsgift getrunken)

Aber wenn man auch das *Prinzip der Substituierbarkeit von Identischem* zuläßt, wird es möglich trotzdem den ungewünschten Schluß
(11) zu erhalten. Es genügt dafür, statt der Proposition (7) die
folgende logische Äquivalenz zu nehmen:

(12) (9 ⟩ 7) genau dann wenn [(die Klasse aller Objekte x, derart
daß 9 ⟩ 7 und $x = x$) = die Allklasse]

Nun »sind Klassen identisch«, wie Quine (1966: 162) bemerkt, »wenn
ihre Elemente dieselben sind – wobei es keine Rolle spielt, ob die
Identität ihrer Elemente eine Angelegenheit des logischen Beweises
oder des historischen Zufalls ist«. Aufgrunddessen bezeichnet der
Ausdruck »die Klasse aller Objekte x derart, daß 9 ⟩ 7 und $x = x$«
dieselbe Klasse wie der Ausdruck »die Klasse aller Objekte x derart,
daß Sokrates hat das Schierlingsgift getrunken und $x = x$«. Diese
beiden zusammengesetzten Nomina sind also *salva veritate* auswech-
selbar aufgrund des Prinzips der Substituierbarkeit.

Dieses Prinzip spielt nun die Rolle eines trojanischen Pferdes.
Wenn wir die kontingenten Identitäten und die notwendigen Identitäten auf gleichen Fuß stellen, kommt es zum Schluß dazu, daß wir die
Effekte der Einschränkung, die wir durch die Ersetzung des Prinzips
der Wahrheitsfunktionalität durch ein stärkeres Prinzip zustande
gebracht haben, *von innen heraus* wieder zerstören.

In den gängigen Klassifikationen unterscheidet man nun wenigstens
die drei folgenden Konstruktionstypen

1) *Extensionale Kontexte,* die unter die Zuständigkeit der drei
Prinzipien fallen, die wir zitiert haben;

2) *Intensionale Kontexte,* die die Anwendung dieser Prinzipien
zulassen, wenn gewisse Modifikationen der Prinzipien, welche

auf deren Verstärkung hinzielen, vorgenommen werden. So
schien es von Anfang an, daß man den Schluß

Notwendigerweise ————————p————————
also: notwendigerweise ————————q————————

würde akzeptieren können, insofern p *logisch äquivalent mit q
ist;*

3) *Undurchlässige Kontexte,* die sich ganz und gar der Anwendung
der drei Prinzipien entziehen, wie z. B. Zitate als die reinsten
Fälle referentieller Undurchlässigkeit. In dem Satz: »Er hat das
Wort ›rund‹ ausgesprochen«, erscheint das Woort »rund« zwischen Ausführungszeichen. In diesem Fall *ist das Wort selbst Teil
des Namens* des Wortes ohne Anführungszeichen. Es macht mit
demselben Recht einen Teil des Namens aus, wie »rund« einen
Teil des Namens des Wortes »Grund« ausmacht. Niemand
würde nun daran denken, innerhalb von »Grund« eine Ersetzung von »rund« durch »eckenlos« zu erlauben, und das trotz der
Tatsache, daß »rund« und »eckenlos« extensionsgleich sind. Wir
müssen uns ebenso verbieten, »rund« durch »eckenlos« zu
ersetzen, wenn »rund« zwischen Anführungszeichen, d. h. als
Zitat vorkommt.

Die Beweisführung Quines, die wir weiter oben zusammengefaßt
haben, versucht zu zeigen, daß es keine drei Konstruktionsarten gibt,
und daß die zweite Kategorie, welche man in den gewöhnlichen
Klassifikationen antrifft, ein blindes Fenster ist. Die modalen Kontexte werden also entweder in die Kategorie der extensionalen (oder
transparenten) Kontexte oder in die Kategorie der undurchlässigen
Kontexte eingereiht werden müssen. Die erste Lösung übernehmen
bedeutet ganz einfach auf modale Unterschiede zu verzichten und den
Modaloperator »notwendigerweise« jeden Inhalts zu entleeren.

Die andere Lösung, die Quine vorzieht, besteht darin, die modalen
Kontexte als undurchlässige Kontexte zu behandeln, d. h. sie den
Zitatkontexten anzugleichen. Aber diese Behandlung greift beträcht-
lich in die Modallogik ein.

§ 3 Die Reduktion von Nicht-Extensionalität auf referentielle
    Undurchlässigkeit und die Konsequenzen
    für die quantifizierte Modallogik

Betrachten wir die Modalaussage
    (13) Notwendigerweise (9 〉 7).
In der üblichen Interpretation, wie man sie bei Modallogikern wie
Lewis und Barcan-Marcus findet, ist der Modaloperator »notwendigerweise« ein propositionaler Operator, der sich auf einen Satz
erstreckt und syntaktisch vergleichbar ist mit dem Negationsoperator:
    (14) Nicht (9 〉 7).
Wenn man die modalen Konstruktionen den Zitatkontexten angleicht, muß man nunmehr den Ausdruck, auf den sich der Modaloperator erstreckt, in Anführungszeichen setzen, genauso wie man Ausdrücke in Anführungszeichen setzt, die man zitiert. Aber genauso wie
ein Satz in Anführungszeichen seinen grammatischen Status als Satz
verliert und zum Nominalausdruck wird, verliert der Modaloperator,
der auf einen Satz in Anführungszeichen angewendet wird, seinen
Status als propositionaler Operator und wird zum *Prädikat*. In der Tat
hat der propositionale Operator denselben grammatischen Status wie
eine unterordnende Konjunktion. Er kann nicht auf einen Nominalausdruck sondern nur auf einen Satz angewendet werden. Was jedoch
grammatisch zu einem Nominalausdruck paßt, ist ein Prädikat.
    Die Aussage (13) wird also folgendermaßen geschrieben werden
müssen
    (15) »9 〉 7« ist eine notwendige Wahrheit.
Wenn man die modalen Aussagen auf diese Weise behandelt, vermeidet man zwar Verwechslungen mit nicht-modalen Aussagen, doch
dies um den Preis einer einschneidenden Abweichung. Die Aussage
(13) war eine in der Objektsprache formulierte Modalaussage. Die
Aussage (15) ist aber eine Modalaussage in der Metasprache. Sie ist
synonym mit der Aussage
    (16) »9 〉 7« ist eine analytische Wahrheit.
Dieser Übergang von der Objektsprache zur Metasprache ist zuerst
von Carnap (1937: 303) vorgeschlagen worden; er empfiehlt, Sätze wie
»Dieser Umstand (Tatsache, Prozeß, Bedingung) ist logisch notwendig« zu übersetzen als »Dieser Satz ist analytisch wahr«. Hinsichtlich
dieser Übersetzung, die er »Übergang von der inhaltlichen zur
formalen Redeweise« nennt, beobachtet Carnap, daß Sätze, die zuerst
undurchsichtig erscheinen, klar werden, wenn sie in die formale

Redeweise übersetzt werden. Carnap ist jedoch nicht bei dieser Position stehengeblieben. Er hat später diesen Übergang zugunsten einer in der Objektsprache formulierten Modallogik aufgegeben, deren Semantik er in *Meaning and Necessity* entwickelt hat.

Quine schlägt im Gegensatz dazu vor, sich an die metalinguistische Interpretation des Modaloperators zu halten, wie es zuerst von Carnap vorgeschlagen worden war. Er bestreitet den Wert der neuen Modalsemantik Carnaps. Wir werden sehen warum.

Betrachten wir die Aussage

(17) Notwendigerweise $(\exists\ x)\ (x\ \rangle\ 7)$.

Diese Aussage kann ebenso wie (13) in die formale Redeweise übersetzt werden. Wir erhalten:

(18) »$(\exists\ x)\ (x\ \rangle\ 7)$« ist eine analytische Aussage. Aber diese Art der Übersetzung ist nicht anwendbar, wenn der Modaloperator zwischen dem Quantor und dem Rest des Satzes steht, d. h. in dem Fall einer Aussage vom Typ (19):

(19) $(\exists\ x)$ (Notwendigerweise $[x\ \rangle\ 7]$)

Wenn man nämlich versuchen würde, sie anzuwenden, würde man (20) erhalten:

(20) $(\exists\ x)$ (»$[x\ \rangle\ 7]$« ist ein analytisches Prädikat)

Aber aufgrund der Undurchlässigkeit der Konstruktion in Anführungszeichen ist der Ausdruck (20) ebenso unsinnig wie

(21) $(\exists\ x)$ (Peter macht Faxen)

wo das »x« sich der Quantifizierung genauso widersetzt, wie das Segment »rund« in dem Wort »Grund« sich der Substitution widersetzte.

Um die Quantifikation vom Typ (19) vor Sinnlosigkeit zu bewahren, muß man auf die metalinguistische Lesart der Modalaussagen verzichten. Aus diesem Grund gibt Carnap in *Meaning and Necessity* (zuerst 1947) die Analyse der Modalaussagen auf, die er in *Logical Syntax* vorgeschlagen hatte. Doch sieht er sich nun, da er die referentielle Transparenz wiederhergestellt hat, einem von Quine in *Notes on Existence and Necessity* (1943) und später in *Reference and Modality* (in Quine 1961) formulierten Einwand gegenüber. Es ist wichtig, diesen Einwand einer näheren Prüfung zu unterziehen, denn er ist der Eckstein der Quineschen Kritik der quantifizierten Modallogik.

Betrachten wir den folgenden Schluß:

(22) Notwendigerweise $(9\ \rangle\ 7)$

also:

(23) Es gibt ein Objekt x derart daß (notwendigerweise x $\rangle$ 7.)

170

Dieser Schluß ist allem Augenschein nach eine banale Anwendung der Regel der existentiellen Verallgemeinerung; aber die Schwierigkeiten beginnen, wenn man die Schlußfolgerung näher untersucht: »Welches ist nämlich diese Zahl, die notwendigerweise größer als 7 ist« fragt Qunie. Nach (22), woraus (23) gefolgert wurde, ist das die Zahl 9, *d. h. die Zahl der Planeten;* aber eine solche Antwort läuft auf einen Konflikt mit der Tatsache hinaus, daß die Aussage ›Notwendigerweise ist die Zahl der Planeten 〉 7‹ eine falsche Aussage ist.« *Notwendigerweise* größer als 7 zu sein, im Gegensatz *ganz einfach* größer als 7 zu sein, fährt Quine fort, »ist keine Eigenschaft von Zahlen, sondern ein Merkmal, das davon abhängt, auf welche Art und Weise wir auf die Zahl referieren. (Vgl. Quine, 1961: 148; dtsch. 1979: 141).

Wenn wir mit Quine einräumen, daß »ist notwendigerweise größer als 7« ein Prädikat ist, das auf die Zahl 9 zutrifft, wenn die 9 zum Beispiel durch die Bedingung »x folgt direkt auf 8« angegeben ist, und welches nicht auf 9 zutrifft, wenn die Zahl 9 durch die Bedingung »*x* ist die Zahl der Planeten« angegeben ist, müssen wir anerkennen, daß die Aussage (23) »Es gibt ein (*unbestimmtes*) Objekt *x*, das notwendigerweise größer ist als 7« unsinnig ist. Diese Aussage ist ebenso absurd, wie die Behauptung, es gebe eine Figur A mit *unscharfem* Umriß, die *genau* deckungsgleich sei mit einer Figur B, die einen *scharfen* Umriß hat.

§ 4 Carnaps und Churchs Versuche zur Rettung der Verständlichkeit der quantifizierten Modallogik

Grundlage von Quines Einwand ist die Tatsache, daß die Werte von *x*, d. h. die Zahlen, durch Bedingungen gekennzeichnet werden, die nicht analytisch äquivalent sind, wie z. B. »x folgt direkt auf 8« und »*x* ist die Zahl der Planeten«. Die Diagnose des Übels gibt das Heilmittel bereits an: Es genügt, durch logisch nicht äquivalente Bedingungen angegebene Objekte abzulehnen und als Werte für Variablen in modalen Kontexten nur verfeinerte Entitäten zu akzeptieren, die als Sinn oder Intension bekannt sind und die als Besonderheit haben, daß *jedes beliebige Paar von Bedingungen,* das eindeutig ein solches Objekt bezeichnet, ein Paar analytisch äquivalenter Bedingungen ist.

Das ist die Lösung von Church und Carnap. Carnap geht sogar soweit, den Bereich seiner Variablen auf intensionale Objekte einzuschränken; eine Lösung, welche epistemologisch für Quine wenig befriedigend ist, da die Identifikationskriterien und Individuationsprinzipien, für diese mysteriösen Objekte unsicher sind – im Gegensatz zu denen für extensionalen Objekte, wie zum Beispiel der Klassen.[1] Aber es kommt noch schlimmer. Wir werden aufgrund einer eingehenden Prüfung sehen, daß die vorgeschlagene Lösung das Problem überhaupt nicht löst.

Nehmen wir an, daß sich der Wertebereich der gebundenen Variablen, was die Interpretation von Formeln der Modallogik angeht, auf Entitäten beschränkt, für die gilt, daß jedwede zwei Bedingungen die eine solche Entität eindeutig bezeichnen, analytisch äquivalent sind. Nehmen wir zum Beispiel als Objekte Zahlbegriffe. Der Begriff der Zahl 9 wäre – im Gegensatz zur Zahl 9 – die Entität, welche durch logisch äquivalente Bedingungen definiert ist, darunter »x folgt direkt auf 8«, »x geht 10 direkt voraus« usw; wobei Bedingungen, die *zufälligerweise* äquivalent sind wie »x ist die Einwohnerzahl des Dorfes A« ausgeschlossen sind. Es scheint, daß nun die vorher genannten Schwierigkeiten verschwinden: die beiden folgenden Aussagen sind sinnvoll und wahr:

(24) Notwendigerweise (der Nachfolger von 8 〉 7)

also:

(25) (∃ x) (notwendigerweise x 〉 7).

Die Aussage (25) wird nicht sinnlos, weil man den Prämissen, von denen sie abgeleitet wird, die Einschränkung auferlegt, daß in ihnen nur *analytisch äquivalente* Beschreibungen für »der Nachfolger von 8« aufgrund des Substitutionsprinzips eingesetzt werden dürfen. Kontingente Identität ist keine ausreichende Bedingung für Substitution. Es besteht also keine Gefahr, daß der Status der Prämisse als *notwendige Wahrheit aufgeweicht* wird und sich ein kontingenter und damit falscher Satz ergibt, indem man in der Prämisse die Beschreibung »der Nachfolger von 8« durch »die Zahl der Planeten« ersetzt. Man läuft also nicht Gefahr, auf diese Weise eine Prämisse zu erzeugen, die schwächer ist als die Konklusion oder die Konklusion in eine *sinnlose hybride* Proposition zu verwandeln, die weder notwendig noch kontingent, weder wahr noch falsch ist, sondern alles zugleich.

---

[1] Zwei Klassen sind identisch, wenn sie alle Elemente gemeinsam haben. Zwei Begriffe jedoch sind identisch, wenn die Terme, die diese Begriffe ausdrücken, synonym sind. Wie problematisch der Synonymiebegriff ist, haben wir im ersten Kapitel gesehen.

§ 5 Die Unzulänglichkeit der Vorschläge von Church und Carnap

Leider ist dies nur eine Illusion. Wie Quine in seiner Antwort auf Ruth Marcus schreibt (1966: 182), kann schließlich »jedes beliebige x, selbst eine Intension, auf kontingenterweise übereinstimmende Arten angegeben werden, wenn es überhaupt angegeben werden kann. Angenommen, x sei durch die Bedingung ›$Øx$‹ eindeutig bestimmt. Dann ist es ebenfalls eindeutig bestimmt durch die Konjunktion ›p. $Øx$‹, wobei p irgendeine womöglich völlig irrelevante wahre Aussage ist. Nehmen wir p als eine arbiträre wahre Aussage, die nicht durch ›$Øx$‹ impliziert wird, dann stimmen die beiden Bestimmungen von x als ›$Øx$‹ und ›p. $Øx$‹ kontingenterweise überein«. Demnach bezeichnen etwa für das Beispiel, mit dem wir uns beschäftigen, »das x, für das gilt: x ist der Nachfolger von 8« und »das x für das gilt: x ist der Nachfolger von 8 und Abélard liebte Héloise« dieselbe Intension und das Paradox stellt sich in der folgenden Form wieder her:
Betrachten wir die Folgerung:

(26) Notwendigerweise (der Nachfolger von 8 ⟩ 7)
also:
(27) $(\exists x)$ (notwendigerweise x > 7)

und nehmen wir an, es sei erlaubt, die Kennzeichnung »der Nachfolger von 8« durch die Kennzeichnung »das Objekt, derart daß es Nachfolger von 8 ist und daß Abélard Héloise liebte« zu ersetzen, da diese beiden Kennzeichnungen *dieselbe Intension* bezeichnen. Wir hätten von neuem den notwendigen Charakter der Prämisse aufgeweicht, weil die Substitution der zweiten Kennzeichnung durch die erste den Satz (28) impliziert, welcher kontingent und damit falsch ist:

(28) Notwendigerweise ist das Objekt, derart daß es Nachfolger von 8 ist und daß Abélard Héloise liebte, größer als 7.

Gleichzeitig hätten wir die Konsequenz im gleichen Sinn wie zuvor, in einen sinnlosen Satz verwandelt. Das Problem ist also durch den Rückgriff auf die Intensionen nicht *gelöst* nur *verschoben*. Man könnte versucht sein, einzuwenden, daß doch die Identität

(29) Der Nachfolger von 8 = Der Nachfolger von 8 und A. liebte H.

durch die Vorsichtsmaßnahme, nur Werte von x zuzulassen, deren eindeutige Kennzeichnungen analytisch äquivalent sind, ausgeschlossen sei. Aber dieser Einwand ist kraftlos, denn die Vorsichtsmaßnahme bleibt ja wirkungslos. Es handelt sich um eine Beschränkung, die man sich in dem Augenblick auferlegt, in dem man ein Objekt konzipiert oder konstruiert; aber wenn es erst einmal konstruiert ist, fällt das Objekt unter das Prinzip der Substituierbarkeit von koreferentiellen Termen – wie jedes Objekt, das referentiell behandelt wird. Das Substitutionsprinzip behandelt sowohl die zufälligerweise koreferentiellen als auch die notwendigerweise koreferentiellen Begriffe als austauschbar.

§ 6 Quantifizierte Modallogik und Essentialismus

Es gibt jedoch einen Ausweg aus diesen Schwierigkeiten, und Quine erkennt ihn entgegenkommenderweise an; aber er ist der Ansicht, daß dieser Ausweg wenn auch logisch, so doch metaphysisch nicht akzeptabel ist. Wir werden sehen, daß es um die Übernahme einer Form des *aristotelischen Essentialismus* geht.

Kommen wir auf die Formel »($\exists$x) (notwendigerweise x > 7)« zurück, oder auf eine Formel gleicher Art, die für unseren Zweck etwas bequemer ist, und zwar »($\exists$x) (x ist notwendigerweise ein vernünftiges Tier)«.

Wenn wir Notwendigkeit auf Analytizität zurückführen, wenn wir, mit anderen Worten, mit Pragmatisten wie Lewis und logischen Positivisten wie Carnap die Notwendigkeit als Eigenschaft von bestimmten Verbindungen zwischen *sprachlichen* Ausdrücken und nicht als Eigenschaft einer Verbindung zwischen der *Substanz und ihren Akzidenzien* behandeln, können wir zwar (30) einen Sinn geben:

(30) Es gibt ein Lebewesen, das, *insofern es durch die Beschreibung* »x ist ein Mensch« angegeben ist, notwendigerweise ein vernünftiges Tier ist.

Dagegen können wir (31) keinen Sinn zuschreiben:

(31) Es gibt ein Lebewesen, das, wie man es auch beschreibt, notwendigerweise ein vernünftiges Tier ist.

Wenn wir hingegen die *ontologische und realistische* Konzeption der Notwendigkeit, die von Aristoteles verteidigt wurde, übernehmen, und Notwendigkeit als Eigenschaft von bestimmten Verbindungen betrachten, die zwischen der Substanz und ihren Bestimmungen existiert, können wir entsprechend der Aussage (31) oder der folgenden Aussage einen Sinn zuschreiben:

(32) Es gibt ein Lebewesen, das als solches (»*qua itself*« sagt Quine) ein vernünftiges Tier ist.

und die Modalaussagen, in denen der Quantor eine Variable bindet, die in einem modalen Kontext wie (33) vorkommt,

(33) ($\exists$x) (Notwendigerweise Øx)

erhalten ebenfalls einen Sinn.

Es gibt eine andere äußerst erhellende Art den zwingenden Zusammenhang, der die quantifizierte Modallogik mit dem Essentialismus verbindet, aufzuzeigen. Die folgende Überlegung ließe sich anstellen: um die Regel der existentiellen Verallgemeinerung auf eine Variable anwenden zu können, muß diese Variable referentiell vorkommen. Also kommt ein Term nur dann referentiell vor, wenn er sich ohne Einschränkung dem Prinzip der Substituierbarkeit von Identischem unterordnet. Daraus folgt, daß wir, wenn wir den Schluß von (22) auf (23) als gültig betrachten wollen,

(22) Notwendigerweise (9$\rangle$7)
(23) ($\exists$ x) notwendigerweise (x$\rangle$7)

zulassen müssen, daß »9« *salva veritate* durch irgendeinen *koreferentiellen* Term ersetzt werden kann. Das bedeutet konkret, daß wir gehalten sind, die Aussage (34) als wahr anzusehen (Man wird sich erinnern, daß wir in der weiter oben formulierten Kritik *immer vorausgesetzt haben,* daß diese Aussage falsch sei):

(34) Notwendigerweise (die Zahl der Planeten $\rangle$7)

Eine Leseart, die (34) für wahr erklärt, scheint anfangs gegen den gesunden Menschenverstand zu verstoßen, erweist sich jedoch als *ganz und gar* annehmbar, wenn man dem Essentialismus zustimmt und gewissen *Implikationen* dieser Lehre Rechnung trägt. Genau das hat Føllesdal in dem zweiten Satz der folgenden Passage seiner Doktorarbeit getan: »Der aristotelische Essentialismus ist genau dasjenige, woraus sich die Annahme einer unbeschränkten Substituierbarkeit in modalen Kontexten herleitet. Wenn eine Eigenschaft einem Objekt notwendigerweise zugehört, gehört sie ihm notwendigerweise zu und zwar unabhängig davon, auf welche spezielle Weise man sich auf das Objekt bezieht.« (Føllesdal, 1966: 120).

Wenn man in modale Kontexte quantifizieren will, müssen, wie wir gerade in Erinnerung gerufen haben, diese Kontexte *referentiell transparent* sein – d. h. daß die Individuenterme dem Prinzip der Substituierbarkeit unterliegen müssen. Die referentielle Transparenz entkräftet und verwischt jedoch modale Unterscheidungen, wie das in § 5 zusammengefaßte Argument von Quine gezeigt hat. Um in modale Kontexte quantifizieren zu können, *ohne ihren modalen Charakter zu beseitigen,* muß es also gelingen, sich über dies Argument hinwegzusetzen. Nun ist das aber nur möglich unter der Bedingung der Übernahme des *Essentialismus.*

Das Argument nämlich, durch welches Quine zeigt, daß die Aussagen der Modallogik, in denen der Modaloperator zwischen dem Quantor und dem Rest des Satzes steht, unsinnig sind, nutzt die *extensionale Transparenz* aus (die Substituierbarkeit der extensionsgleichen Prädikate), *die aus der referentiellen Transparenz hervorgeht* (der Substituierbarkeit designationsgleicher oder koreferentieller Nominalausdrücke). Um dieses Argument auszuschalten, muß man also beweisen, daß es möglich ist, beide zu trennen, d. h. das gleichzeitige Vorhandensein von referentieller Transparenz und extensionaler Undurchlässigkeit nachzuweisen. Anders ausgedrückt: man muß zeigen, daß in modalen Kontexten die koreferentiellen Terme austauschbar sind, während das die extensionsgleichen Prädikate nicht sind. Das läuft daraus hinaus, daß gleichzeitig zwei Forderungen erfüllt werden müssen: die der *referentiellen Transparenz der Nominalausdrücke* sowie die der *extensionalen Undurchlässigkeit der Prädikate.* Wenn man bestimmte Vorsichtsmaßnahmen ergreift, können beide Forderungen *gleichzeitig* erfüllt werden; aber wir wiederholen noch einmal: der Preis, der hierfür zu zahlen ist, besteht in der Zustimmung zu dem metaphysischen Lehrsatz des *Essentialismus.*

»Der Essentialismus«, schreibt Føllesdal (1968: 155 f), »ist genau jene Kombination von referentieller Transparenz und extensionaler Undurchlässigkeit: alles was von einem Objekt wahr ist, ist wahr von jenem Objekt unabhängig davon, wie es beschrieben ist (referentielle Transparenz), und von den Prädikaten, die von einem Objekt wahr sind, sind einige von dem Objekt notwendigerweise wahr und andere nur kontingenterweise (extensionale Undurchlässigkeit).«

§7 Kritik des Essentialismus

Quine weiß sehr wohl, daß man, wenn man dem Essentialismus zustimmt, die quantifizierte Modallogik vor der Sinnlosigkeit bewahren kann. Warum widersetzt er sich so hartnäckig diesem Handel? Er spricht sich in dieser Angelegenheit sehr klar in *Word and Object* aus, wo wir eine durchschlagende Kritik des Essentialismus finden: »Von Mathematikern könnte man vielleicht sagen wollen, daß sie notwendigerweise vernünftig aber nicht notwendigerweise zweibeinig seien und von Radfahrern, daß sie zwar notwendigerweise zweibeinig, aber nicht notwendigerweise vernünftig seien. Aber wie würde es um ein Individuum stehen, zu dessen exzentrischen Beschäftigungen sowohl die Mathematik als auch das Radfahren zählt? Ist dieses konkrete Individuum notwendigerweise vernünftig und zufälligerweise Zweibeiner oder umgekehrt? In dem Maße wie wir referentiell von dem Objekt reden, d. h. ohne eine vorgefaßte Meinung zugunsten einer bestimmten Gruppe von Mathematikern und zuungunsten einer Gruppe von Radfahrern, die wir vielleicht vor Augen haben, oder umgekehrt, gibt es keine Spur von Sinn darin, bestimmte Eigenschaften als notwendig und andere als kontingent einzustufen.« (Quine, 1960: 199; dtsch. 1980: 344 f).

Quines Einwand scheint uns den Fall abzuschließen. Es ist unnütz, herauszufinden zu versuchen, ob ein Individuum als *solches*, und nicht *als durch ein diese oder jene Eigenschaft gekennzeichnetes* Individuum, wesentlich F und zufälligerweise G ist oder umgekehrt. Die Antwort ist willkürlich und die Frage eine Scheinfrage.

Dagegen scheint es durchaus möglich, Aussagen wie (35) und (36) zu rehabilitieren:

(35) ($\exists x$) notwendigerweise (x wird in Säure getaucht $\supset$ x löst sich auf).

(36) ($\exists x$) ~ notwendigerweise (x wird in Säure getaucht $\supset$ x löst sich auf).

Wir halten es für möglich, die Furcht vor der Gefahr der Sinnlosigkeit ein wenig zurückzudrängen und die Eigenheiten der Sätze (35) und (36) zu erklären, wobei wir der Sichtweise Quines durchaus treu bleiben können. Es kann sehr wohl sinnvoll sein zu behaupten, daß gewisse *nicht spezifizierte* Entitäten notwendigerweise eine bestimmte Eigenart besitzen, welche andere nicht notwendigerweise besitzen; um so mehr wenn diese anderen Entitäten *spezifierbar* sind. Mit anderen Worten: ein Satz wie:

(37) ($\exists$ x) notwendigerweise (x wird in Säure getaucht $\supset$ x löst sich auf).

ist in dem Maße sinnvoll, in dem wir die Existenz eines *spezifischen* Stoffes verlangen, der gewisse Eigenschaften hat, die für die Eigenschaft, welche durch »x wird in Säure getaucht $\supset$ x löst sich auf« verantwortlich sind. Der Satz (37) ist, mit anderen Worten, sinnvoll als Stellvertreter: sein Sinn hängt ab von einem Satz des folgenden Typs (Das Beispiel übernehmen wir aus Marcus 1971: 200 ff.).:

(38) *a* ist aus Gold $\supset$ notwendigerweise (*a* wird in Säure getaucht $\supset$ *a* löst sich auf).

Diese Lesart der Aussage (37) ist eine Konzession an den Essentialismus, aber sie ist mehr ein strategischer Rückzug als ein Rückzug in der Theorie: wir machen die Konzession nur vorübergehend, d. h. solange, bis die Eigenschaften spezifiziert sind, von denen die beobachteten Beziehungen, wie die Beziehung zwischen dem Eintauchen des Objekts in die Säure und seiner Auflösung, kausal abhängen.

Es gibt Wissenschaft, weil es Notwendigkeit gibt – und nicht Notwendigkeit, weil es Wissenschaft gibt. In dieser Hinsicht können wir die *ontologische* Konzeption der Notwendigkeit, die Aristoteles vertrat, akzeptieren. Die notwendigen Zusammenhänge zwischen *Prädikaten,* wie »ist aus Gold« und »löst sich beim Eintauchen in Säure auf«, reflektieren Zusammenhänge zwischen *realen Eigenschaften.* Man kann sagen, daß ein Stoff notwendigerweise die Eigenschaft B besitzt, insofern er die Eigenschaft A hat, *wenn* ein *Gesetz* die beiden Eigenschaften verbindet.

Man braucht jedoch, wie wir meinen, Aristoteles nicht bis zum Ende folgen. Die These, nach der eine Entität *an sich* notwendigerweise, d. h. *absolut,* bestimmte Eigenschaften besitzt, ist falsch. Nun verteidigt Aristoteles aber gerade diese *absolute* und nicht eine *relationale* Konzeption des Essentialismus. Er vertritt die Auffassung, daß die Entitäten nur *ein einziges* Wesen hätten. Der Grund für diese These ist leicht zu finden. Aristoteles *definiert* das Wesen durch *genus proximum* plus *differentia specifica* (nächst benachbarte Art plus spezifischer Unterschied) und postuiert das Prinzip der *Nichtübertragbarkeit der Arten,* welches die These von der Beständigkeit der Arten zur Folge hat. Er kann also nicht zugeben, daß ein Ding teilhat an *mehreren* Arten, wie es für die Hybride zutrifft, denn das würde bedeuten, daß die Arten miteinander in Verbindung stünden.

Aristoteles ist also durch die Logik seines Systems gezwungen, gewissen Bestimmungen des Dings willkürlich Vorrechte einzuräumen und muß entsprechend auf die Frage Quines hinsichtlich des radfahrenden Mathematikers eine Antwort geben. Doch *diese Frage erlaubt weder eine wahre noch eine falsche* Antwort; ebensowenig wie die Frage: »Ist es natürlicher, daß die Züge rechts oder daß sie links fahren?«

Wenn man Aristoteles gebeten hätte auf die Frage zu antworten: Ist das Individuum, das Mensch und Radfahrer ist, notwendigerweise vernünftig und zufälligerweise zweibeinig oder umgekehrt, hätte er geantwortet, daß *Radfahrer* keine Substanz sei, *Mensch* hingegen wohl eine Substanz sei. Nun erscheint diese Bevorzugung heute als *willkürlich* und *verbal*. Man kommt ohne merklichen Übergang von den *natürlichen* Arten, wie dem Menschen, zu den *»sozio-kulturellen«* Klassen wie der des Radfahrers. Dazwischen wird man die künstlich biologischen Arten unterbringen, die durch Kreuzung entstanden sind.

§ 8 Die Unterscheidung zwischen Wesen und natürlicher Art

Der Gegensatz zwischen *natürlicher Art* und *sozio-kultureller Klasse* darf nicht verwechselt werden mit dem Gegensatz zwischen *natürlicher* und *nominaler* Art. Der erste Gegensatz ist ein Überrest der Lehre des Aristoteles. Der zweite dagegen ist heute vollständig akzeptabel. Empiristische Kritiker des aristotelischen Essentialismus haben diesen Unterschied manchmal übersehen und haben geglaubt, die Zurückweisung des Essentialismus würde zwangsweise dazu führen, auch den Begriff der natürlichen Art zurückzuweisen.

So schreibt Mill zum Beispiel: »Vernünftigkeit [...] gehört zur Bedeutung des Wortes Mensch [...] Das Wesen des Menschen bedeutet einfach die Gesamtheit der mit dem Wort verbundenen Attribute [...] die meisten Aristoteliker [...] dachten [...] daß Dinge zu dem würden, was sie genannt werden, daß Eis etwa zu Eis würde, nicht durch seinen Besitz bestimmter Eigenschaften, denen die Menschheit diesen Namen verbunden hatte, sondern dadurch, daß die Dinge an der Natur einer gewissen *allgemeinen Substanz* teilhätten, die Eis *im allgemeinen* Eis heißt [...] Da sie nicht der Auffassung waren, daß diese universellen Substanzen allen Gattungsnamen verbunden seien, sondern nur einigen, meinten sie, daß ein Ding nur einen Teil seiner Eigenschaften von einer universellen Substanz entlehne und die übrigen individuell besitze: die ersteren Eigenschaften nannten sie das Wesen und die letzteren die Akzidenzien.« (Mill, 1973, Buch I, S. 111 f.) Mill deckt mit gutem Recht den *verbalen* Charakter der aristotelischen Unterscheidung zwischen Essenz und Akzidenz auf, aber er geht zu weit, wenn er die nivellierende These von Locke übernimmt, für den »die sogenannten Essenzen der Klassen ganz einfach die Bedeutung ihres Namens« waren. Mill und Locke bringen also den *aristotelischen Essentialismus* und *die Theorie der natürlichen Arten* in denselben Mißkredit. Nun ist es möglich, letztere zu retten, selbst wenn man ersteren ablehnt. Und genau dies tut Quine, der die Fundiertheit der Unterscheidung zwischen *natürlichen und nominalen* Arten – wie wir schon angedeutet haben – anerkennt, der aber den Essentialismus zurückweist.

Quine kommt das Verdienst zu, auf die Rolle hingewiesen zu haben, welche der Begriff der *natürlichen Art* in der Analyse von Kausalitätsaussagen spielt. Betrachten wir zum Beispiel die Aussage

(39) Das Umstürzen einer Lampe in der Scheune von Frau Leary hat den Brand von Chicago verursacht.

und versuchen wir, hierauf die Humesche Analyse von Kausalität auf der Basis *gleicher Folgen* anzuwenden.

Um das zu tun, müssen wir sagen, daß das eine Einzelereignis, hier das Umstürzen der Lampe zu einer Menge α gehört und das andere Einzelereignis, hier der Brand, zu einer Menge β, so daß jedes Element der ersten Menge von einem Element der zweiten Menge gefolgt wird. Aber, bemerkt Quine in »Natural Kinds« (in: Quine 1969), wenn wir zulassen, daß die Mengen α und β willkürlich konstruiert werden, mit anderen Worten, wenn wir zulassen, daß sie künstliche Arten sind, sind wir gezwungen, (40) in (41) umzuschreiben.

(40) Das Umstürzen der Lampe . . . hat den Brand *verursacht*

(41) Auf das Umstürzen der Lampe . . . *folgte* der Brand.

Wir werden, mit anderen Worten, in die trügerisch Identifizierung von *post hoc* mit *propter hoc* getrieben.

Wenn nämlich den Mengen α und β keinerlei Einschränkung auferlegt wird, können wir sie aufbauen, indem wir einfach die Anweisung befolgen, die Quine folgendermaßen formuliert: »Man bringe in der ersten Menge irgendwelche willkürlich gewählten Ereignisse unter, einschließlich des ersten der beiden Ereignisse, um die es uns zu tun ist, und man bringe in der zweiten Menge das zweite (der in der Kausalaussage beschriebenen Ereignisse) unter plus eine Reihe von Ereignissen, die sich direkt nach den in der ersten Menge enthaltenen Ereignissen vortun« (1969: 132 f; dtsch. 1975: 181).

Was kann man tun, um zu vermeiden, daß die Humesche Analyse der singulären Kausalitätsaussagen auf eine einfache Reduktion von *Kausalität* auf *Abfolge* hinausläuft? Quine meint, eine Möglichkeit bestehe darin, Schluß zu machen mit der »Promiskuität der Mengen« und eine Beschränkung hinzuzufügen, die die *künstlichen Arten* zugunsten der *natürlichen Arten* ausschließt. »Wie üblich, erlauben uns auch hier die (natürlichen) Arten, die Dinge besser auseinander- zuhalten, dort Unterscheidungen zu treffen, wo es die Mengen nicht tun. Daß ein Ereignis ein anderes verursachte, bedeutet, daß die beiden Ereignisse *Arten* angehören, zwischen denen eine feste Abfolge besteht.« (Quine, 1966: 133; dtsch. 1975: 182).

Merken wir noch an, daß Quine den Begriff der *natürlichen Art* akzeptiert, obgleich er die Begriffe der *Eigenschaft* und des *Wesens* zurückweist. Das muß uns nicht erstaunen. Die natürlichen Arten sind wie die Mengen Entitäten, für die wir über ein Identifikationskrite- rium verfügen; sie erfüllen das Prinzip der Extensionalität: zwei natürliche Arten sind identisch, wenn sie alle Elemente gemeinsam haben – genau so wie die Mengen. Sie erfüllen also die für Quine notwendige Bedingung, um als Entitäten anerkannt zu werden; eine Bedingung, die in dem berühmten Aphorismus »Keine Entität ohne Identität« ausgedrückt ist.

Individuen gehören zu derselben natürlichen Art, wenn sie objektiv ähnlich sind; aber was ist das Kriterium für Ähnlichkeit? Das ist von Wissenschaft zu Wissenschaft ein anderes: in der Chemie »wird man zum Beispiel sagen, daß die Moleküle übereinstimmen, wenn sie aus Atomen derselben Elemente in derselben topologischen Anordnung bestehen« (Quine, 1969: 135; dtsch. 1975: 185).

Wenn es, wie in der Chemie, gelungen ist, die Bedingungen der *relevanten Ähnlichkeit* zu präzisieren, kann man damit die natürlichen Arten definieren und über sie eine zufriedenstellende Analyse der Dispositionsprädikate liefern wie »x ist in Wasser löslich«; ein Pro- blem, an dem die Positivisten gescheitert waren. Aber um auf diese Weise »wasserlöslich« zu definieren, muß sich die Wissenschaft soweit entwickelt haben, daß wir den *Mechanismus der Wasserlöslichkeit* verstehen. Wenn wir dieses Stadium nun erreicht haben, können wir schlicht und einfach den Begriff der Ähnlichkeit hinter uns lassen und

»die Löslichkeit in Wasser einfach neu definieren, indem wir die strukturellen Bedingungen des Löslichkeitsmechanismus beschreiben« (Quine 1966: 136; dtsch. 1975: 186). Die Begriffe der *Ähnlichkeit* und der *natürlichen Art* sind für Quine legitim, aber ihre Nützlichkeit ist nur eine vorübergehende. Sie werden überflüssig, wenn die Wissenschaft weit genug vorangekommen ist.

Man wird bemerkt haben, welche wichtige Rolle Quine der Freilegung der »Mechanismen« zuschreibt. Quine würde den von Hempel entwickelten Erklärungsbegriff für unzureichend halten, demzufolge Erklären bedeutet: Subsumieren unter ein Gesetz, das aufgrund der Angabe von Ausgangsbedingungen das zu erklärende Phänomen deduzieren kann. Auch hier kann man Quine nur Recht geben. Wörtlich verstanden zwingt uns der Hempelsche nomologische Erklärungsbegriff, zu sagen, das Ballmer-*Gesetz* erkläre die Distribution der Spektrallinien ebensogut wie das Bohrsche Atom*modell*. Doch das wäre wohl einigermaßen gegen die Intuition.

§ 1 Die Theorie der Intentionalität und ihre Rezeption in der angelsächsischen Welt

Einer der wichtigsten Punkte der Quineschen Philosophie ist die kategorische Zurückweisung jener These Brentanos, nach der die intentionalen Ausdrücke unentbehrlich seien. Quine, der ausdrücklich Brentano zitiert, lehnt die Existenz eines autonomen Wissenschaftsbereichs für eine Wissenschaft der Intention ab. Diese unzweideutige Stellungnahme gegen einen der Schlüsselbegriffe der Phänomenologie erfordert um so mehr eine genaue Prüfung und eine detaillierte Rechtfertigung, als die Ansichten der Theoretiker der Intentionalität in der angelsächsischen Welt mit den Auffassungen der Neorealisten verwechselt worden sind. Für jemanden, der die Relevanz der Quineschen Kritik begreifen will, drängt sich eine Untersuchung der Rezeption der Auffassungen Brentanos und Meinongs in der angelsächsischen Welt auf.

Ursprünglich stellt sich die Theorie der Intentionalität des Bewußtseins als eine psychologische Theorie dar. Brentano führt sie 1874 in *Psychologie vom empirischen Standpunkt* ein. Sein Ziel ist es, Rechenschaft abzulegen über den Unterschied zwischen geistigen und physikalischen Phänomenen: »Jedes psychische Phänomen ist durch das charakterisiert, was die Scholastiker des Mittelalters die intentionale (wohl auch mentale) Inexistenz eines Gegenstandes genannt haben, und was wir, obwohl nicht mit ganz unzweideutigem Ausdruck, die Beziehung auf einen Inhalt, die Richtung auf ein Objekt (worunter hier nicht eine Realität zu verstehen ist) oder die immanente Gegenständlichkeit nennen würden.« (1924, I: 124).

Die Theorie ist später von Meinong weiterentwickelt worden, der die intentionalen Objekte auf die sich das Bewußtsein richtet, in *Objekte* und *Objektive* einteilt. In einer kürzlich erschienenen Arbeit hat F. Jacques die Meinongsche Unterscheidung kurz folgendermaßen ausgedrückt: »Das Objekt unserer intentionalen Einstellungen kann (für Meinong) in dem Sinne dessen, *was* wir denken oder *an was* wir denken (wonach wir trachten, an was wir glauben) verstanden werden. Das Gedankenobjekt im Sinne dessen, an was wir denken (*Objekt*), kann existieren oder nicht, in dem Sinne dessen, was wir denken (*Objektiv*), kann es wahr oder falsch sein.« (1973: 268)

Philosophen, die sich mit Fragen der Ontologie beschäftigen, haben sich gefragt, ob grammatische Kategorien wie Substantiv oder Prädikat irgendeiner Struktur der Wirklichkeit entsprechen. Nach der einfachsten Hypothese – derjenigen vom logisch-grammatischen Parallelismus – entsprechen die Substantive Substanzen oder Dingen, die einstelligen Prädikate Eigenschaften und die transitiven Verben Beziehungen. Eine natürliche Verlängerung dieses Lehrsatzes besteht darin, daß man sagt, daß grammatische Sätze, die durch Ausdrücke wie »glauben, daß« oder »wünschen, daß« eingeleitet werden, Propositionen im metaphysischen Sinn entsprechen, d. h. Entitäten, die unabhängig von der Sprache existieren, die aber als wahr oder falsch qualifiziert werden können: das *Lekton* der Stoiker, der *Satz an sich* von Bolzano. Die Reifizierung der Propositionen ist unvermeidlich, wenn man die Verben »glauben« und »wünschen« wie binäre Prädikate behandelt, die *Relationen* ausdrücken. Die Relation kann nämlich ohne ihre Terme nicht existieren. Dem relationalen Status von »glauben« und »wünschen« zuzustimmen, verpflichtet uns somit, die Existenz der durch sie in Beziehung gesetzten Terme anzunehmen, also die Existenz von Propositionen. Das Meinongsche *Objektiv* wird so zu einer *platonischen Entität* verdinglicht und seinen *Objekten* widerfährt dasselbe.

Diese *realistische* Interpretation des Meinongschen *Objektivs* oder des intentionalen Objekts von Brentano stellt eine echte historische Sinnwidrigkeit dar. Spöttische Bemerkungen über »Meinongs Dschungel« beruhen auf einem Mißverständnis. Meinong ist ein dreiviertel Jahrhundert lang als Realist interpretiert worden, trotz seiner Warnungen, weil er auf dem Hintergrund der Kritik Russells studiert worden ist, der auf Meinong seinen eigenen frühen Platonismus projizierte.

In *Priciples of Mathematics* (1903) assimiliert Russell alle Wörter der Sprache den *Nomina:* »*Sein* wird jedem denkbaren Begriff zugeschrieben, jedem möglichen Objekt des Denkens [...] Wenn A nichts wäre, könnte man nicht einmal sagen, daß A nicht sei [...] Zahlen, die Götter Homers, die Relationen, Hirngespinste und die vierdimensionalen Räume haben alle ein Sein, denn wenn sie nicht Entitäten einer Art wären, könnten wir über sie nichts aussagen.« (1903: 449)

Um diese ultrarealistische Theorie akzeptabler zu machen, unterscheidet Russell zwei Existenzarten: die *Raum-Zeit Existenz* für konkrete Objekte und die *Subsistenz* für abstrakte Entitäten.

Da Meinong auch von »Subsistenz« spricht, haben die angelsächsischen Leser geglaubt, es handle sich um dieselbe Theorie wie diejenige, die Russell zu Beginn dieses Jahrhunderts verteidigt hat. Sie haben andererseits das *Objektiv* in dem von Russell eingeführten Modell in der Rolle des *Referenten* gesehen.

Diese doppelte Konfusion ist von R. und V. Routley in »Rehabilitating Meinong's Theory« aufgedeckt worden. Sie erinnern zu Recht daran, daß »Meinong nur von *bestimmten* Objekten höherer Ordnung gesagt hat (im Sinne der Typentheorie), ihnen komme Subsistenz zu« (R. u. V. Routley, 1973: 247). Bei Meinong wird die Subsistenz nicht gleichgestellt mit der Existenz-in-einer-intelligiblen-Welt wie bei Russell: »Man sagt nur, daß den Objektiven Subsistenz zukomme, wenn die Aussage, die ihnen entspricht, wahr ist, also läßt sich die Subsistenz auf das zurückführen, was der Fall ist« (a. a. O.)

Die Theorie Meinongs stellt sich gegenüber der Theorie, nach der die Subjekte einer wahren Aussage existierende oder wenigstens mögliche Entitäten sein müssen, wie eine Ersatzlösung dar. Für Meinong, der jene Theorie ablehnt, sind dies *Nicht-Entitäten* und Brentano spricht nicht von *Subsistenz,* sondern von *mentaler Inexistenz.* Die Meinongsche Theorie ist also genau das Gegenteil einer platonisierenden ontologischen Theorie – Meinong lehnt übrigens explizit die Bezeichnung *Metaphysik* für seine Objekttheorie ab – es ist eine Theorie der Referenz, die von jeder ontologischen Verpflichtung frei ist und die schon die *free logic* von Hintikka, Lambert und Schock vorwegnimmt.

Bei Russell folgt der Phase des extremen Realismus eine Periode in der er sich ontologischen Festlegungen zunehmend entzieht. Diese Periode beginnt mit »On Denoting« (1905). In »The Philosophy of Logical Atomism« (1918) erweitert Russell seine Politik der ontologischen Befreiung auf die Propositionen. Er schreibt, daß »ein Satz nur ein Symbol« (1918: 85) sei, daß »die Propositionen nicht Teil eines Weltinventars wären« (a. a. O.: 214)

Russell bringt jedoch keine Argumente für seine Ablehnung der Propositionen. Wir können somit seine Auffassung, daß Propositionen nur Symbole seien, nicht ohne weiteres unterschreiben. Normalerweise werden Propositionen von dem Satz, welcher dazu dient, sie auszudrücken, unterschieden. Die Proposition wird als die *Bedeutung* des Satzes aufgefaßt, im Gegensatz zum *Zeichen.*

Genau an diesem Punkt greift Quine ein. Er ist bereit anzuerkennen, daß die Bedeutung von dem Satz *unterschieden* sei, aber er lehnt es ab, sie zu reifizieren, als *unabhängig* von der Sprache zu behandeln. Zur Unterstützung dieser Position führt er ein neues Argument an: die Unmöglichkeit, Propositionen von den Sätzen, die sie ausdrücken, loszulösen, ergibt sich wie eine notwendige Konsequenz aus der These der Indeterminiertheit der Übersetzung.

§ 2 Indeterminiertheit der Übersetzung und Theorie der Intentionalität

Nach gängiger Auffassung besteht die Aufgabe des Übersetzers darin, Sätze der Ausgangssprache durch Sätze der Zielsprache zu ersetzen, die *denselben* Bedeutungsinhalt haben, dieselbe Proposition ausdrücken. Man könnte daher versucht sein, eine Proposition als Klasse aller synonymen Sätze beider Sprachen zu definieren. Man wäre ganz natürlich versucht, noch hinzuzufügen, daß die Proposition allen interlinguistisch synoymen Sätzen *gemein* und daher an keinen dieser Sätze besonders *gebunden* ist. Indem man die Sätze *variiert,* gelangt man solchermaßen dazu, die Proposition *dynamisch zu isolieren* und sie schließlich sogar vom Satz, der nur ihre »Verpackung« oder ihr Träger ist, *abzulösen.*

Diese geläufige Auffassung muß jedoch aufgegeben werden, wenn die These der Indeterminiertheit der Übersetzung zutrifft. Nach dieser These kann nicht mehr von einer *absoluten* Übersetzung gesprochen werden, nur von einer Übersetzung *relativ* in Bezug auf ein Übersetzungshandbuch. Es gibt dann keine Übersetzungsrelationen, die objektiv gültig und unabhängig von den Übersetzungshandbüchern wären. Sie sind diesen Handbüchern gegenüber unwiderruflich relativ wie der Gegensatz von Bewegung und Ruhe gegenüber den Koordinaten der Newtonschen Physik relativ ist. Zu versuchen, die Propositionen *an sich,* d. h. unabhängig von ihren sprachlichen Trägern zu begreifen, hieße sich des eigenen Schattens bemächtigen zu wollen.

Die Theorie der Intentionalität begreift Verben wie »sagen«, »glauben«, »wünschen« – wie wir gesehen haben – als Verben, die Relationen bezeichnen; mit der Besonderheit, daß der zweite Term dieser Relationen ein *Objektiv* ist, eine »Intention« und keine *Entität,* eine Besonderheit, die sich in der Sprache widerspiegelt. Quine weigert sich jedoch, die Existenz eines autonomen Gegenstandsbereichs von »Objektiven« einzuräumen, eine autonome Wissenschaft der »Intentionen«, und – dieser Punkt ist wesentlich – er begründet diese Weigerung unter Bezugnahme auf seine Theorie der Indeterminiertheit der Übersetzung. »Den intentionalen Sprachgebrauch, als das zu akzeptieren, wofür er sich ausgibt«, schreibt er (1960: 221; dtsch. 1980: 381), »heißt, die Übersetzungsbeziehungen als in gewisser Weise objektiv gültig zu postulieren.« Doch eben das sind sie nicht. Und darum nimmt er eine Position ein, welche derjenigen Brentanos entgegengesetzt ist.

Wenn es vielleicht auch so scheinen mag, so ist das Argument, das Quine in *World and Object* gegen die Theorie der Intentionalität vorbringt, doch nicht ausreichend. Das Argument beruht auf der Indeterminiertheit der Übersetzung und betrifft daher Propositionen nur insofern sie definiert sind als Bedeutungen eines *Satzes* oder das invariante Element, das allen synonymen *Sätzen* von zwei Sprachen gemeinsam ist. Es ist jedoch irrelevant im Hinblick auf einen Begriff der Proposition, der unabhängig von der Sprache finiert ist, d. h. für Propositionen als *Objekte propositionaler Einstellungen*. Der vom sprachunfähigen Tier gefürchtete Sachverhalt, dasjenige etwa, wovor die Katze sich fürchtet, ist in diesem Sinne eine Proposition. Quine hat dies eingesehen und hat schließlich in »Propositional Objects« (in: Quine 1969; dtsch. 1975) einen gewissen Begriff der Proposition zugelassen. Aber es ist ihm gelungen, wie wir sehen werden, diesen Begriff *rein extensional* unter Bezug auf Stimulationsklassen zu definieren. Diese Rehabilitierung der *intentionalen* Entitäten zieht also – und hier liegt ihre Besonderheit – keine Rehabilitierung der *intensionalen* (mit »s«!) Entitäten nach sich.

§ 3 Rehabilitation der intentionalen Objekte

Eine radikale Strategie zur Vermeidung der epistemologischen und metaphysischen Probleme, die sich durch die »Objekte« propositionaler Einstellungen (wie Glauben oder Wünschen) stellen, besteht darin, auf die Behandlung des Glaubens oder Wünschens als *Relationen*, deren erster Term der Glaubende bzw. Wünschende und deren zweiter Term das Geglaubte bzw. Gewünschte ist, zu verzichten und den Glauben bzw. Wunsch als *Eigenschaft* des glaubenden bzw. wünschenden Subjekts zu behandeln. Genau dies tut Quine in *Word and Object*.

Wenn man diese nicht-relationale Konzeption übernimmt, kann man nun jedoch nicht mehr ausdrücken, daß die von den beiden folgenden Aussagen beschriebenen Sachverhalte sich zwar hinsichtlich der *Relation* gleichen, sich jedoch hinsichtlich des *relatum* d. h. hinsichtlich des *zweiten Terms* der Relation unterscheiden:

(1) Die Katze will auf das Dach klettern.

(2) Die Katze will dem Hund aus dem Wege gehen.

Man müßte stattdessen sagen, daß sie sich wie zwei Eigenschaften ähneln, die zwar derselben Gattung, aber nicht derselben Art angehören. Der Unterschied zwischen »auf das Dach klettern wollen« und »dem Hund aus dem Wege gehen wollen« wird so dem Unterschied zwischen »tiefrot« und »hellrot« angeglichen.

Diese Strategie zur Vermeidung intentionaler Entitäten bedeutet, den Teufel mit dem Beelzebub auszutreiben. Die Reduktion einer Beziehung auf eine Eigenschaft ist ein schwaches Mittel. Dies wird deutlich angesichts der Tatsache, daß man, wenn man »auf das Dach klettern wollen« *en bloc* als eine Eigenschaft der Katze behandelt, sich über das zweifache Vorkommen des Terms »die Katze« in dem folgenden Satz keine Rechenschaft mehr ablegen kann:

(3) Die Katze will, daß die Katze auf das Dach klettert.

Unser Argument beruht auf der Argumentation von Moore in seiner berühmten Widerlegung des Bradleyschen Idealismus. Der Idealismus führte die Erkenntnisrelation auf eine *Eigenschaft* des Bewußtseins zurück. Eine Eigenschaft kann jedoch nicht reflexiv sein, so daß *Selbstkenntnis* für Bradley *logisch* unfaßbar wird.

In »Propositional Objects« gibt Quine seinen Versuch auf, propositionale Einstellungen auf Zustände des Subjekts zu reduzieren. Er verzichtet darauf, die Unterschiede zwischen Objekten des Wollens zum Beispiel einzig in den Verhaltensunterschieden der wollenden Subjekte zu suchen. »Wir wollen z. B. sagen«, schreibt er (1969: 146 f; dtsch. 1975: 200), »daß die Katze, die auf das Dach will [...] Zugegeben, ihr Wollen [...] ist eine rein physiologische Angelegenheit, und die Evidenz, die wir haben, besteht in unserer Beobachtung des Verhaltens der Katze. Aber die besondere Klasse der möglichen physiologischen Zustände, die als Fälle des Willens, auf ein bestimmtes Dach zu gelangen, zählen würden, ist eine Mischklasse von Zuständen, welche nicht in eine handliche anatomische Beschreibung integriert werden kann, selbst dann nicht, wenn wir alles über Katzen wüßten. [...] Die Relationen, deren zweiter Term ein Sachverhalt ist, wie des Wollens oder des Fürchtens, stellen ein sehr spezielles und offenbar unerläßliches Mittel dar, die Ereignisse in der Welt der Natur zu ordnen.«

Wenn Wollen und Fürchten Relationen sind, haben sie wenigstens zwei Terme, und der erste ist das Wesen, das etwas will oder fürchtet. Welches ist der zweite? Man denkt sofort an den *Sachverhalt*. Tatsächlich kann ein Sachverhalt, im Gegensatz zu einem *Ereignis* gefürchtet oder gewollt werden, ohne sich tatsächlich zu ereignen. Ein Sachverhalt besitzt dieselbe Unabhängigkeit des Seins und des Nicht-Seins wie das Meinongsche *Objektiv*. Diese Unabhängigkeit gibt ihm hervorragende Eigenschaften für seine Rolle als Objekt des Wollens, Fürchtens, Glaubens etc. Wir wollen von dem *Objekt* des Fürchtens etwa sagen können, daß es dasselbe sei, ob das entsprechende Ereignis nun eintritt oder nicht. Genauso wie wir annehmen, daß die *Bedeutung* eines Satzes dieselbe ist, unabhängig davon ob er wahr oder falsch ist.

Für den Anfang ist also der *Sachverhalt* ein guter Kandidat für die Rolle des zweiten Terms intentionaler Einstellungen. Darüberhinaus ist er nicht an die Sprache gebunden und daher ebenfalls auf Einstellungen sprachunfähiger Tiere anwendbar. Aber der Sachverhalt muß noch definiert werden und diese Aufgabe ist außerordentlich heikel.

§ 4 Wie kann man Intentionen rehabilitieren ohne Intensionen zu rehabilitieren?

Man kann den Begriff des *Sachverhalts* über den Umweg des Begriffs der *möglichen Welt* einführen:»»Beginnen wir mit der Auffassung eines Sachverhalts als Klasse möglicher Welten, und zwar der Klasse aller möglichen Welten, in denen, intuitiv gesprochen, dieser Zustand realisiert ist.« (Quine, 1969: 147; dtsch. 1975: 201.)

Leider scheint sich der Begriff der möglichen Welt für Quine aus mehreren Gründen zu verbieten. Wir haben im vorigen Kapitel gesehen, daß es wünschenswert ist, den Term »möglich« auf die Rolle eines Prädikats in der *Metasprache* zu beschränken. In dem Ausdruck »mögliche Welt« spielt der Term »möglich« jedoch die Rolle eines Prädikats der *Objektsprache*. Weiterhin wird die Definition des Begriffs der möglichen Welt, wenn sie, wie bei Carnap, auf den Begriff der Zustandsbeschreibung beruht, von einem willkürlichen Koeffizienten in Mitleidenschaft gezogen: sie hängt ab vom Reichtum der Sprache, und wird damit inadäquat. Schließlich wirft der Begriff der möglichen Welt das schwierige Problem der Identifikationskriterien für Individuen auf, die mehreren möglichen Welten angehören. Wann sind es dieselben Individuen, wann sind sie verschieden? Die übliche Antwort ist, daß sie nicht für alle Welten genau dieselben Eigenschaften haben müssen, sondern nur dieselben essentiellen Eigenschaften. Eine solche Antwort läßt Quine jedoch nicht zu, da er, wie wir gesehen haben, nicht bereit ist, dem aristotelischen Essentialismus Zugeständnisse zu machen.

Den Begriff der möglichen Welt derart zu definieren, daß alle Fußangeln vermieden werden, ist eine große Herausforderung, die Quine in »Propositional Objects« angenommen hat; es ist ihm dort gelungen, eine präzise Definition des Begriffs der möglichen Welt in *uneingeschränkt extensionalen* Termen zu geben. Es gelingt ihm sogar durch klugen Gebrauch geometrischer und topologischer Begriffe, für eine wichtige Klasse von Fällen das Problem der Identifikation und Differenzierung scheinbarer Individuen in möglichen Welten zu lösen.

Was ist eine mögliche Welt? Zur Definition dieses Begriffs benötigen wir zunächst eine Definition des Begriffs *möglicher Zustand einer Welt.* »Nehmen wir zur Vereinfachung für den Moment eine altmodische Physik an«, schreibt Quine (1969: 147f; dtsch. 1975: 201), »für die, wie Demokrit meinte, alle Atome hinsichtlich ihrer Substanz homogen sind und sich nur im Hinblick auf Größe, Form, Position und Bewegung unterscheiden. Nehmen wir weiter an, daß der Raum euklidisch sei. Für jeden Punkt im Raum gilt aufgrund dieser Annahmen, daß er entweder innerhalb eines Partikels liegt oder leer ist. Jede Verteilung solcher Zustände über alle Punkte des Raums kann, wenn auch nicht eigentlich als mögliche Welt, so doch als ein möglicher momentaner Weltzustand angesehen werden.« Ausgehend von diesem Begriff des *möglichen Zustands einer Welt,* definiert Quine den Begriff der möglichen Welt, und schließlich den einer *zentrierten möglichen Welt,* ein Begriff, den er einführt, um die eindeutige Identifizierung des Subjekts einer propositionalen Einstellung in verschiedenen möglichen Welten zu ermöglichen. Er gelangt schließlich zu einem vierten und letzten Begriff, demjenigen des *zentrierten Sachverhalts.* Dem zentrierten Sachverhalt schreibt er die Funktion des *Objekts* von egozentrischen propositionalen Einstellungen zu. Eine egozentrische propositionale Einstellung ist – wie der Name angibt – eine Einstellung des Subjekts hinsichtlich seiner selbst; zum Beispiel der Wunsch unserer Katze, *sich* auf dem Dach zu befinden.

Nachdem Quine zunächst einen technischen Apparat von der Physik entliehenen Begriffen aufgestellt hat, um dann eine zufriedenstellende Theorie des Objekts der propositionalen Einstellungen aufzubauen, gelingt es ihm, sich dessen wieder zu entledigen – wie man ein Gerüst abbaut, wenn das Haus fertig ist – und es gelingt ihm ebenfalls, die Schlüsselbegriffe in physiologischen Begriffen neu zu definieren. Diese neue Definition ist wichtig: sie erlaubt Quine, auf die beiden Fragen

– Welches sind die Objekte propositionaler Einstellungen?
– Welches sind die Bedeutungen von Sätzen?

ein und dieselbe Antwort zu geben und so die beiden Begriffe der Proposition zu einem einzigen Begriff zu vereinigen.

Sehen wir uns nun an, wie sich bei Quine diese außerordentlich wichtige theoretische Konvergenz im Einzelnen vollzieht. Die zentrierten Sachverhalte umfassen alle Möglichkeiten der Besetzung bzw. Nicht-Besetzung aller Raum-Zeit-Punkte. Aber natürlich ist es nicht erforderlich, dieses immens große Gebiet in Betracht zu ziehen, wenn es um einen begrenzten Zustand wie die Gegenwart einer Katze A auf einem Dach B geht. Wir können dann große Teile unberücksichtigt lassen und uns auf die Oberfläche unseres selbstbezogenen Tieres beschränken und das mögliche Aktiviertsein oder Nicht-Aktiviertsein seiner Nervenenden. Mit anderen Worten: »Statt einer kosmischen Verteilung von binären Entscheidungen (besetzt oder leer) über die Raum-Zeit-Punkte müssen wir die Verteilung binärer Entscheidungen (aktiviert oder nicht-aktiviert) über die Sinnesrezeptoren unseres jeweiligen Tieres in Betracht ziehen [. . .] Statt als Objekt der propositionalen Einstellung einen Sachverhalt im Sinne der Menge möglicher Welten zu nehmen, in denen die Katze auf dem Dach ist, können wir die Menge von Stimulationsmustern als Objekt nehmen, die zum Auf-dem-Dach-Sein der Katze gehören.« (Quine, 1969: 155; dtsch. 1975: 211 f.)

Die Stimulationsmuster übernehmen also zugleich die Rolle der *Objekte* der grundlegendsten propositionalen Einstellungen – d. h. der egozentrischen propositionalen Einstellungen – sowie die Funktion der *Bedeutung* der grundlegendsten Aussagen – d. h. der Gelegenheits-Beobachtungsaussagen. So vollzieht sich die Verbindung zwischen der wissenschaftlichen Theorie der Bedeutung, die in Kapitel Zwei von *Word and Object* ausgearbeitet wurde und der wissenschaftlichen Theorie der Intentionalität aus »Propositional Objects« im Zeichen der Physiologie.

Man könnte hier fragen, ob Quine trotz seiner Einwände gegen den Platonismus der Propositionen nicht eine Ontologie von Sachverhalten unterschreibt, welche sich nur verbal von einer Ontologie der Propositionen unterscheidet. Die Antwort auf diese Kritik ist, daß sich die Sachverhalte *toto coelo* von den Propositionen unterscheiden: sie sind in *extensionalen* Begriffen definierbar, während Propositionen *intensionale* Entitäten *par excellence* sind. Der Sachverhalt, der darin besteht, daß die Flächen der großen Pyramide gleichseitig sind ist derselbe Sachverhalt wie der der darin besteht, daß sie gleichwinklig sind; aber die Proposition, daß die Flächen der großen Pyramide gleichseitig sind ist nicht dieselbe wie die Proposition, daß sie gleichwinklig sind.

§ 5 Probleme der Logik intentionaler Konstruktionen

Die zuerst von Meinong in einem phänomenologischen Zusammenhang gemachten Unterscheidungen haben zu der Entdeckung von unwiderlegbaren logischen Differenzen zwischen intentionalen und nicht intentionalen Kontexten geführt, die durch neuere logische Forschungen noch verstärkt wurden.

Wir unterschreiben also völlig die folgende Behauptung, die F. Jacques im Hinblick auf Meinong gemacht hat: »Die Argumente des Autors der *Gegenstandstheorie* [...] scheinen insoweit relativ unbeschadet aus der aktuellen Forschung hervorzugehen, als die intentionalen Kontexte nicht mehr weiter reduzierbare Züge aufweisen; in dem Maße, in dem vor allem der Gebrauch der existentiellen Quantifikation, von der die Kennzeichnungstheorie wie die Theorie der logischen Konstruktionen Gebrauch macht, in referentiell undurchlässigen Kontexten unzulässig wird, wenn man nicht eine Ontologie der intentionalen Objekte anerkennt, wie es A. Church nahelegt, oder eine bestimmte Betrachtung möglicher Welten wie sie J. Hintikka vorschlägt.« (Jaques, 1973: 274 f.)

Frege und Russell kommt das Verdienst zu, den Zugang zum formalen Studium der logischen Partikeln der intentionalen Konstruktionen erschlossen zu haben (oder neu erschlossen, denn die Logiker des Mittelalters waren sich der Probleme schon bewußt); Quine hat diesem Thema mehrere Arbeiten gewidmet hat, insbesondere »Qunatifiers and Propositional Attitudes« (in: Quine, 1966).

In der zweiten Ausgabe der *Principia* (1927) merkt Russell an, daß

die in intentionalen Kontexten auftretenden Ausdrücke das Prinzip
der Wahrheitsfunktionalität außer Kraft setzten: »Sind alle Propositionen Wahrheitsfunktionen?« fragt er. Er antwortet verneinend und
zitiert zwei entscheidende Gegenbeispiele: »A glaubt p« und »p sagt
etwas über A«: »Wenn A p glaubt, und p wahr ist«, schreibt er,
(Whitehead & Russell, 1962: 401 f), »geht daraus nicht hervor, daß A
jede andere wahre Proposition q glaubt; und wenn A p glaubt, und p
falsch ist, kann man nicht schließen, daß A irgendeine andere
Proposition q glaubt«. Das Gegenbeispiel ist deutlich. Daraus daß
Ptolomäus glaubte, daß die Sonne um die Erde kreiste und daß »die
Sonne kreist um die Erde« denselben Wahrheitswert hat wie »der
Mond ist ein Gruyère« folgt nicht, daß man schließen darf »Ptolemäus
glaubte, daß der Mond ein Gruyère sei«.

Das Prinzip der Substituierbarkeit von Identischem wird in intentionalen Kontexen ebenfalls außer Kraft gesetzt. Diese Besonderheit
hatte Frege schon in »Über Sinn und Bedeutung« festgestellt. Nehmen
wir den Satz: »Kopernikus glaubte, daß die Bahnen der Planeten
Kreise seien«. Frege schreibt, daß es »in diesen Fällen [...] nicht
erlaubt [sei], in dem Nebensatze einen Ausdruck durch einen anderen
zu ersetzen, der dieselbe gewöhnliche Bedeutung [d. h. dieselbe
Referenz] hat« (Frege, 1892: 37).

Quine hat in »Reference and Modality« (in: Quine 1961; dtsch.
1979) diesen Widerstand gegenüber der Substitution durch das folgende Beispiel illustriert. Stellen wir uns einen Schüler mit Namen
Philip vor, der nur oberflächlich über die Geschichte des antiken Rom
Bescheid weiß. Die beiden ersten der folgenden Aussagen können
dann wahr sein, ohne daß auch die dritte wahr ist:

(4) Philip weiß nicht, daß Tullius Catilina angezeigt hat.
(5) Tullius = Cicero
(6) Philip weiß nicht, daß Cicero Catilina angezeigt hat.

Wir haben im letzten Kapitel gesehen, daß Quine die Substituierbarkeit zum Kriterium für den referentiellen Gebrauch von Ausdrücken und zur Bedingung für die korrekte Anwendung der existentiellen Verallgemeinerung gemacht hat. Es ist also nicht erstaunlich,
daß, wenn diese Bedingung nicht ausreicht, die existentielle Verallgemeinerung zu Unsinn führt, analog dem Fall der Folgerung von
»notwendigerweise (9 ⟩ 7)« auf »es gibt ein x derart, daß notwendigerweise (x ⟩ 7)«.

Um uns davon zu überzeugen, schlägt Quine (1966: 185) vor, über
die folgende Geschichte nachzudenken: »Ralph hat einen gewissen

Mann mit braunem Hut einige Male unter zweifelhaften Umständen, auf die wir hier nicht einzugehen brauchen, beobachtet. Um es kurz zu machen: er hält ihn für einen Spion. Dann gibt es da noch einen grauhaarigen Herrn, den Ralph vage als eine Stütze der Gesellschaft kennt und den er nur einmal am Strand gesehen zu haben glaubt. Wenn Ralph davon auch nichts weiß, aber die beiden Männer sind ein und derselbe. Können wir von *diesem Mann* (Bernard J. Ortcutt, um ihm einen Namen zu geben) sagen, daß Ralph von *ihm* glaube, er sei ein Spion?«

§ 6 Quines Lösung

Offensichtlich ist ein drastisches Heilmittel greifbar, das schon in modalen Kontexten gebraucht wurde. Es besteht darin, grammatischen Propositionen, die durch propositionale Verben eingeleitet werden wie Namen von Sätzen zu behandeln. Nach dieser Analyse wird die Aussage (7) als (8) analysiert:

(7) Ralph glaubt, daß Ortcutt ein Spion sei.

(8) Ralph glaubt, daß der Satz »Ortcutt ist ein Spion« wahr sei.

Diese Schreibweise verhindert jede Anwendung der Regel der existentiellen Verallgemeinerung, da das Wort »Ortcutt« aufhört, ein selbständiges Nomen zu sein und zu einem unselbständigen Teil des Namens eines Satzes wird. Das Wort »Ortcutt« hat zu dem Satz in Anführungszeichen dieselbe Beziehung wie das Wort »Sophie« zu dem Wort »Philosophie«.

Diese Lösung ist jedoch unbefriedigend. Sie macht Sätze, in denen ein Verb der propositionalen Einstellung zwischen einem Quantor und dem Rest des Satzes eingefügt ist, unsinnig. Doch solche Sätze werden von jedem nicht schon in die Problematik eingeweihten Sprecher als vollständig vernünftig angesehen. Beachten wir die beiden folgenden Aussagen

(9) Ralph glaubt, daß es einen Spion gebe.

(10) Es gibt jemanden, von dem Ralph glaubt, er sei ein Spion.

Man findet hier jenen Gegensatz, welcher im Mittelalter mit der Opposition *de dicto – de re* bezeichnet wurde. Wenn der Satz (10) wahr ist, könnte sich Ralph an den Militärischen Abschirmdienst wenden; Satz (9) dagegen hat keine solche Konsequenz. Um den Unterschied deutlich zu machen, müssen wir uns gestatten, in den undurchlässigen Bereich hinein zu quantifizieren. Die beiden Aussagen können dann wie folgt repräsentiert werden:

(11) Ralph glaubt, daß die Aussage »($\exists$ x) (x ist ein Spion«) wahr sei.

(12) ($\exists$ x) Ralph glaubt, daß für x das Prädikat »(x ist ein Spion)« wahr sei.

Wenn man diese Formalisierung übernimmt, ist zwar die erste Aussage sinnvoll, nicht aber die zweite, denn das x zwischen den Anführungszeichen kann nicht durch einen Qunator gebunden werden, der sich außerhalb dieser Anführungszeichen befindet. Die Absurdität wäre die gleiche, wie in dem bereits aufgeführten Fall:

($\exists$ x) (Peter macht Faxen)

Quine schlägt die Lösung vor, den Satz (10) nicht durch (12), sondern durch (13) darzustellen

(13) ($\exists$ y) Ralph glaubt, daß für y das Prädikat (x ist ein Spion)« wahr ist.

Der Kniff besteht darin, daß die quantifizierte Variable aus dem undurchlässigen Bereich (der durch die Anführungszeichen oder durch die Konjunktion »daß«, die den intentionalen Verben folgt, gebildet wird) entfernt und in den transparenten Bereich versetzt wird.

Die Lösung ist genial. Sie erlaubt, den zwischen den Aussagen (9) und (10) bestehenden Gegensatz auszudrücken, ohne auf einen unsinnigen Satz zu verfallen. Darüberhinaus erlaubt diese Methode, da sie von einem referentiell undurchlässigen Bereich ausgeht, auch den Unterschied zwischen

(14) Peter jagt Greifen.

(15) Peter jagt Einhörner

zu erfassen, ohne auf das Prinzip der Extensionalität zu verzichten.

Auf den ersten Blick scheint diese Aufgabe unrealisierbar: Wendet man das Prinzip der Extensionalität auf die nach ihrer *Oberfläche* interpretierten Sätze an, verwischt es jeden Unterschied aufgrund der Tatsache, daß »Greifen« und »Einhörner« extensionsgleiche Prädikate sind, die beide als Extension die leere Menge haben. Quine vermutet aber, daß die beiden Aussagen (14) und (15) eine komplexere *logische* Form haben als ihre *grammatische Oberflächenstruktur* vermuten läßt. Man könnte diese Aussagen als elliptische Schreibweisen der folgenden Aussagen sehen:

(16) Peter versucht, für sich das Prädikat »x hat einen Greif gefangen« wahr zu machen.

(17) Peter versucht, für sich das Prädikat »x hat ein Einhorn gefangen« wahr zu machen.

Man vermeidet so den Einwand gegenüber der extensionalen Interpretation der Sätze (14) und (15). Die *Prädikate* »Einhörner« und »Greifen« sind nämlich extensionsgleich, die Prädikate »Einhornfänger« und »Greifenfänger« sind dies auch, aber die *Namen* dieser beiden Prädikate sind nicht extensionsgleich: sie bezeichnen zwei sprachlich unterschiedliche Ausdrücke: die *Ausdrücke:* »Einhornfänger« und »Greifenfänger«. Dadurch, daß Quine die intentionalen Kontexte in Zitatkontexte umgeformt hat, ist es ihm gelungen, den Unterschied zwischen (14) und (15) zu klären, ohne jedoch die Ebene der extensionalen Semantik zu verlassen.

§ 7 Einwände gegen Quines Lösung

Die Quinesche Lösung hat den Nachteil, die Verben propositionaler Einstellungen willkürlich zu vermehren: so gibt es genausoviel Verben »glauben« wie Nomina in der Proposition, die von diesem Verb eingeleitet werden, d. h. eine beliebig große endliche Zahl.

Betrachten wir den Satz (18):

(18) Es gibt zwei verschiedene Personen, von denen Albert glaubt, daß die eine die andere getötet hat.

Wenn man die Quinesche Methode anwendet, wird man sagen müssen, daß die logische Form dieser Aussage die folgende ist:

(19) $(\exists x)(\exists y)$ (Albert glaubt von x und y »z hat w getötet« und $x \neq y$)

Wenn man sich in die Position des methodologischen Nominalismus versetzt, wird man zugestehen, daß es weniger schwerwiegend ist, die *Namen* als die *Entitäten* zu vermehren, aber es wäre trotzdem wünschenswert, das Lexikon nicht *praeter necissitatem* anwachsen zu lassen. Im übrigen erschwert die Quinesche Behandlung der propositionalen Einstellungen die Interpretation der Aussagen, wo es eine *Iteration* der epistemischen Verben gibt wie in

(20) Hans glaubt, daß Peter glaubt, daß die Erde rund sei.

und macht die Interpretation solcher Schlüsse *unmöglich,* in denen undurchlässige und transparente Kontexte vermischt auftreten wie in (21), wo die Variable x und der Name »Peter« einmal in einem undurchlässigen Kontext und das andere Mal in einem transparenten Kontext vorkommen:

(21) Hans glaubt, daß Peter ihn bewundert und Peter bewundert ihn.
Also: ($\exists$ x) (Hans glaubt, daß x Hans bewundert und x
bewundert Hans).

Es gelingt Quine zwar, ungerechtfertigte Schlüsse zu blockieren, aber
es gelingt ihm nicht, gewisse legitime Schlüsse zu erfassen, die in
intentionalen Kontexten auftreten.

Hintikka hat versucht, diese Lücken auszufüllen und hat in (1962),
(1969) und (1975) eine sehr interessante epistemische Logik entwik-
kelt. Diese Logik umfaßt sowohl eine Syntax als auch eine Semantik.
Muß man daraus schließen, daß Quines Vorbehalte hinsichtlich der
intentionalen Kontexte gegenstandslos geworden sind? Mit der Überprüfung dieser Frage werden wir dieses letzte Kapitel beschließen.

Hintikka macht Gebrauch von der Semantik möglicher Welten. Die
Aussage »Hans glaubt, daß p« bedeutet für Hintikka: »Die Aussage p
ist wahr in allen möglichen Welten, die mit dem, was Hans glaubt,
kompatibel sind«. Der Begriff der möglichen Welt wirft jedoch
Schwierigkeiten auf. Wir wissen, daß es für Quine keine Entitäten
geben kann, für die es kein Identifikationskriterium gibt. Und für
Individuen in möglichen Welten fehlt ein solches Kriterium. Wenn es
auch einfach ist, ein Individuum über Zeiträume hinweg zu identifizieren (das geschieht zum Beispiel wenn wir Bekannte ab und zu auf
einem Kongreß wiedertreffen), ist es dagegen sehr schwierig, zu
sagen, was als »dasselbe Individuum« zählt, wenn man von einer Welt
zur anderen hinüberwechselt. Die von Quine vorgeschlagene geome-
trische Konzeption möglicher Welten, die in § 4 untersucht wurde,
reicht hier nicht aus.

Angesichts dieser Schwierigkeit bezieht sich Kripke auf einen
Bestand von Individuen, die in allen möglichen Welten als identisch
postuliert werden. Diese Individuen werden durch »starre Designato-
ren« bezeichnet. Diese Lösung führt jedoch dazu, die Existenz von
notwendigen Entitäten einzuräumen. Hieran hat Potts in »Montague's Semiotics, A Syllabus of Errors« (1976) heftige Kritik geübt.

Hintikka löst diese Schwierigkeit tatsächlich sehr viel zufriedenstel-
lender, wie auch Quine anerkennt. Er zeigt nämlich, daß es für die
Legitimierung des Schlusses

(22) Hans weiß, das a F ist.
        also: ($\exists$ x) (Hans weiß, daß x F ist)

keineswegs notwendig ist, daß »a« ein starrer Designator ist, der eines
jener Individuen benennt, die in allen möglichen Welten existieren; es
genügt, daß eine sehr viel natürlichere Bedingung erfüllt ist, und zwar:

197

(23) $(\exists\ x)$ (Hans weiß, das $x = a$)

was nichts anderes bedeutet als:

(24) Hans weiß, wer x ist.

Wir sind also wieder auf der Erde angelangt und von dem metaphysischen Glauben an notwendige Individuen befreit. Wie Quine (1976 b) schreibt: »die Redeweise ›wissen, wer jemand ist‹ gehört zu den geläufigsten Ausdrücken.«

Bedeutet das, daß die epistemische Semantik Hintikkas Quine völlig zufriedenstellt und seine Vorbehalte ausräumt, die die Quantifizierung in undurchlässige Kontexte hervorgerufen hat? Nicht ganz. Quine weist daraufhin, daß die Frage »Wer ist das?« und die Behauptung »Hans weiß, wer Peter ist« nur in einer Dialogsituation interpretiert werden können. Sie enthalten einen nicht reduzierbaren *indexikalischen* Ausdruck. Quine ist jedoch der Auffassung, daß ein Satz, nur insofern er vom Kontext unabhängig gemacht werden kann, einen Platz in der kanonischen Notation der wissenschaftlichen Sprache hat. Für Quine darf nämlich – wie für Frege in der Begriffsschrift – die wissenschaftliche Sprache nur Aussagen enthalten, welche *unabhängig* von dem, was Frege »das Spiel, von Sprecher und Hörer« nannte, interpretierbar sind. Frege gelangte zu diesem Ausschluß der pragmatischen und kontextuellen Faktoren, weil er eine Theorie des mathematischen Beweises aufbauen wollte. Bei Quine ist der Ausschluß derselben Faktoren motiviert durch das Bemühen, eine kanonische Notation aufzubauen, deren Züge über die Züge der Wirklichkeit Aufschluß geben sollen. Weil Quine der kanonischen Notation die Funktion zuschreibt, die Ontologie bloßzulegen, kann er die Semantik des intentionalen Diskurses, die Hintikka ausgearbeitet hat, nicht völlig akzeptieren.

Die Haltung Quines hinsichtlich der Zeitlogik bekräftigt unsere Interpretation. »Eine Zeitlogik ist eine monumentale Trivialität für die wir keine Entschuldigung haben, solange es uns um den wissenschaftlichen Gebrauch statt um das wissenschaftliche Studium der Sprache geht. Wir können die Sprache als einfache neoklassische Logik von Wahrheitsfunktionen und Quantifikation programmieren, Tempus eliminieren und Zeiten wie Orte behandeln.« (Quine, 1970 d: 397.)

Eine solche Reduktion opfert offensichtlich die subtilen Aspektunterschiede, die in der natürlichen Sprache existieren und mit denen man sich beschäftigen muß, wenn man sich etwa Rechenschaft über den Unterschied im Folgerungspotential zwischen Vorgangsverben wie »laufen« und Erfolgsverben wie »heilen« ablegen will.

Schluß

Ohne Zweifel hat Quine seine Auffassungen zur Epistemologie im Lauf der Jahre weiterentwickelt. In »Two Dogmas« (zuerst 1951) unterschied er den *epistemologischen Holismus* – d. h. die Behauptung, daß die Aussagen als Kollektiv der Erfahrung gegenübertreten – noch nicht vom *semantischen Holismus*, – d. h. der These, daß die Einheit der empirischen Bedeutung weder das Wort noch der Satz ist, sondern die Theorie. Er kommt später dazu, beide Versionen des Holismus zu trennen und auch der zweiten nur mit Einschränkungen zuzustimmen.

1960, in *Word and Object*, stellt Quine eine sehr viel stärkere These als den Holismus auf; er behauptet, daß wissenschaftliche Theorien durch die Erfahrung *unterdeterminiert* sind, d. h., daß zwei *unterschiedliche* Theorien empirisch äquivalent sein können, mit anderen Worten, daß sie durch *dieselben* möglichen Beobachtungen verifiziert oder falsifiziert werden können. Aber wenn man gleichzeitig einräumt, daß der semantische Inhalt einer Theorie in jenen Beobachtungen besteht, die geeignet sind, die Theorie zu verifizieren oder zu falsifizieren, muß man einräumen, daß der Unterschied zwischen rivalisierenden doch empirisch äquivalenten Theorien *nur* ein verbaler Unterschied sein kann, was die These von der Unterdeterminiertheit trivialisiert. Aus diesem Grunde erkennt Quine in »The Nature of Natural Knowledge« (1975 a) an, daß die Bedeutung einer Theorie nicht mit den Erfahrungen, die die Theorie schwächen oder bestätigen, identifiziert werden kann.

Hat er nun die verifikationistische Konzeption der Bedeutung geopfert oder den semantischen Atomismus der Verifikationisten wiederhergestellt? Weder das eine noch das andere. Quine macht darauf aufmerksam, daß zwei Theorien empirisch äquivalent sein können, *ohne* daß die eine in die andere übersetzbar ist.

Das ist zum Beispiel der Fall, wenn die eine Theorie einen bestimmten Gegenstandsbereich in Termen von Elektronen beschreibt und die andere in Termen von Molekülen, und wenn es unmöglich ist, die erste Wort für Wort in die zweite zu übersetzen. In diesem Fall gibt es nun sehr wohl einen *Inhalts*unterschied zwischen den beiden Theorien. Die These von der Unterdeterminiertheit ist somit vor der Trivialisierung gerettet, ohne daß Konzessionen in Bezug auf andere Punkte nötig wären.

Quine spekuliert hier auf den Unterschied zwischen Theorie und

Sprache: die *Theorie* tritt der Erfahrung als ganze gegenüber, während die *Sprache* Stück für Stück gesprochen und übersetzt wird; in *Word an Object* hatte Quine schon unauffällig auf diesen Unterschied hingewiesen. Aber gefährdet er durch eine solche Unterscheidung zwischen Theorie und Sprache nicht eine andere seiner Thesen, den Gedanken nämlich, daß Sprache und Theorie untrennbar seien? Wenn das so wäre, wäre es schlimm, denn jener Gedanke wird nachdrücklich wiederholt und nimmt unterschiedliche Formen an: die Erlernung der Muttersprache und der Theorie des *common sense* ist dasselbe; verbale Unterschiede und inhaltliche Unterschiede überlappen; es gibt keinen Unterschied zwischen dem Analytischen und dem Synthetischen.

Wie kann Quine Sprache und Theorie bald als trennbar, bald als untrennbar behandeln? Eine Antwort besteht darin, einerseits zuzugeben, daß Sprache und Theorie in ihrer Dynamik untrennbar sind: Veränderungen in der Sprache werden im Normalfall von Veränderungen inhaltlicher Art begleitet sein und umgekehrt. Andererseits jedoch läßt sich sehr wohl ein Unterschied machen hinsichtlich des Rhythmus der Entwicklung: die Sprache ist im allgemeinen stabiler, konservativer und verändert sich langsamer als die Theorie.

Eine andere Antwort besteht darin, einen Unterschied zwischen den syntaktischen und den semantischen Aspekten der Sprache zu machen, und dann auf semantischer Ebene eine Kontinuität zwischen Sprache und Theorie anzuerkennen, den Bruch zwischen Sprache und Theorie aber auf der syntaktischen Ebene anzusiedeln. So gehören etwa die Bedeutungspostulate, die aus der Semantik hervorgehen, zu jener Totalität von Sprache und Theorie. Im Gegensatz dazu jedoch gehören die Formationsregeln für Sätze einzig und allein zur Syntax. Diese Interpretation wird bestätigt durch Quines Haltung gegenüber sinnlosen Sätzen. In *Word and Object* führt er den Unterschied zwischen sinnvollen und sinnlosen Sätzen zurück auf den Unterschied zwischen wahren und falschen Sätzen. Doch hiermit wird lediglich die *semantische* Sinnlosigkeit reduziert, die syntaktische Sinnlosigkeit bleibt bestehen. So macht Quine etwa in *The Philosophy of Logic* vom Begriff der (syntaktischen) Sinnlosigkeit Gebrauch, um das Resultat zu charakterisieren, das sich ergibt, wenn man schreiben würde »$(\exists p)\,(p \lor \sim p)$«, d. h. wenn man »p« zugleich als Zeichen verwendet, das die Position eines Satzes einnimmt (wenn es auf »$\sim$« folgt) und als Variable für einen Namen (wenn es im Quantor »$\exists p$« auftritt).

Quine hat ebenfalls seine Auffassung vom epistemologischen Status postulierter Entitäten im Laufe der Jahre geändert. Auch hier handelt es sich um eine Modifikation, die nicht in der Verleugnung früherer Auffassungen besteht. In *Two Dogmas* stellt Quine die Moleküle und die Götter Homers auf dieselbe Basis: beides sind postulierte Entitäten, die denselben epistemologischen Rang haben. Später gibt er den Phänomenalismus zugunsten des Physikalismus auf und läßt diesen wesentlichen Unterschied zu seinem Recht kommen: die Moleküle *existieren,* während die Götter Homers *nicht existieren.* Gewiß ist das nur ein *ontologischer* Unterschied, aber man kann einen *epis*temologischen Unterschied damit verbinden. In *Word and Object* verteidigt Quine den Gedanken, daß die Götter Homers einen mythischen Charakter haben, indem sie dazu beitragen, unseren Erklärungen der Naturphänomene zunächst eine größere Einfachheit zu geben, die jedoch mit schwerwiegenden Komplikationen bezahlt wird, wenn man den Bereich der Erklärung erweitern will. Im Gegensatz dazu hat die Einführung des Molekülbegriffs – ebenfalls mit dem Ziel, die physikalischen Gesetze zu vereinfachen – nicht diese unerwünschten Resultate: sie wird nicht durch eine zunehmende Komplexität bei Erweiterung der Anwendung des Begriffs wieder zunichte gemacht.

Auch in ontologischer Hinsicht, haben sich Quines Auffassungen weiterentwickelt. In »Notes on Existence and Necessity« (zuerst 1943), spricht er von der Ontologie einer Sprache. Später, in »Logic and the reification of universals« (zuerst 1953), spricht er nur noch von der Ontologie einer Theorie. Schließlich führt er 1968 in seiner Antwort auf Hintikka die wichtige Unterscheidung zwischen der »Ontologie« und den »ontologischen Annahmen« ein. Diese Verfeinerungen der Begrifflichkeit sind jedoch lediglich Vervollkommnungen und haben keinerlei negative Auswirkungen.

In seiner Philosophie der Logik tritt Quines Zögern und treten seine Selbstkorrekturen zweifellos am deutlichsten hervor.

Zunächst vertritt er die Auffassung, daß durch die Änderung eines logischen Gesetzes die *Bedeutung* der in ihm enthaltenen Konstanten verändert wird, was darauf hinausläuft, die Abweichung zu trivialisieren: sie wird zu einer rein verbalen Abweichung. So glaubt er zum Beispiel in *Word and Object,* daß das, was Lévy-Bruhl für Anzeichen einer vorlogischen Denkweise bei den Eingeborenen gehalten hatte, ganz einfach der schlechten Übersetzung des Ethnologen zugeschrieben werden könnte.

An anderen Stellen jedoch, besonders deutlich in »Two Dogmas of Empiricism« (in: Quine, 1961), gesteht Quine die Möglichkeit einer Revision des eigentlichen *Inhalts* der logischen Gesetze zu, eine Revision, die zum Ziel hätte, zum Beispiel kausale Anomalien in der Quantenphysik zu vermeiden. In *The Roots of Reference* (1974) führt er diese beiden Ansichten schließlich zusammen: er hält bestimmte logische Gesetze für revidierbar – zum Beispiel »p V ~p« und andere für rein analytisch und nicht revidierbar, wie »p ⊃ (p V q)«. Es scheint uns, daß die These der Revidierbarkeit besser mit dem Geist seiner Philosophie übereinstimmt als die konservative These.

Die Behandlung der intentionalen Kontexte ist ebenfalls der Schauplatz wichtiger Veränderungen in Quines Philosophie gewesen. Während in *Word and Object* »glaubt, daß p« wie ein einstelliges Prädikat behandelt wird, wird in »Propositional Objects« (in: Quine, 1969) der relationale Charakter propositionaler Einstellungen bestätigt. Schließlich perfektioniert Quine in *The Philosophy of Logic* seine syntaktische Behandlung, die mögliche Iteration der intensionalen Verben in Rechnung stellt. Hiermit entgeht er Davidsons Einwand, unendlich viele primitive Prädikaten zu benötigen und damit die Spracherlernung des Kindes unerklärbar zu machen.

Quine ist ein Pionier der *Semantik* der Modallogik und der intentionalen Logik gewesen, aber durch seine Vorliebe für elegante und einfache Theorien war er manchmal schlecht beraten. In »Le Mythe de la signification« (1962) schreibt er: »Sobald wir die Absicht eines anderen indirekt wiedergeben, fügen wir etwas von uns selbst hinzu, indem wir uns in ihn hineinversetzen und das sagen, was uns ganz natürlich in unserer eigenen Sprache angesichts der eingenommenen Rolle über die Lippen kommt«. Und er fügt hinzu: »Es geht nicht um einen objektiven Bericht, sondern eine Art Anpassung oder *Einfühlung,* in welcher die Kunst einen Geisteszustand nachzuschaffen, d. h. die Literatur, eine Rolle spielt.« (a. a. O.)

Diese Art, den gesamten Gegenstandsbereich der Intentionalität in die Finsternis zurückzuweisen, setzt sich der Kritik aus. Es ist schließlich durchaus möglich, eine formale Pragmatik aufzubauen, welche die durch den fiktiven Tausch der Rollen implizierten Operationen, d. h. die Methode, sich in die Rolle eines anderen zu versetzen, ganz exakt behandeln kann. Montague hat den Weg hierzu eröffnet, indem er gezeigt hat, daß dies für eine Theorie der indexikalischen Ausdrücke, wie »ich«, »dort« etc. möglich ist. Und hiermit ist mehr gewonnen als damit, diese Ausdrücke einfach aus der kanonischen

Notation auszuschließen, wie Quine es in übertrieben malthusianischer Weise vorgeschlagen hat.

Man hört manchmal, daß Quine ein Philosoph der Kontinuität sei, ein »Gradualist«, der unerschütterlich *alle* von anderen Philosophen gezogenen Unterscheidungen nivellierte: die Dichotomie Analytisch – Synthetisch, die Unterscheidung Kategorie – Gattung und auch die Unterscheidung zwischen dem Falschen und dem Sinnlosen.

Quines Haltung ist jedoch sehr viel nuancierter: er verwischt nicht einfach die traditionellen Dichotomien. Er nimmt allgemein eher strategische Verschiebungen traditioneller Unterscheidungen vor. In dieser Hinsicht sind drei Fälle wichtig. Der erste ist der Gegensatz zwischen theoretischen Aussagen und Beobachtungsaussagen. Quine schwächt diese traditionelle Unterscheidung ab, aber er bringt sie in anderer Form neu ein: in der Form des Gegensatzes zwischen *Beobachtungs-Gelegenheitssätzen* und *stehenden Sätzen*. Der zweite Fall ist die Dichotomie zwischen dem Analytischen und dem Synthetischen. Es leidet zwar keinen Zweifel, daß er *diese* Unterscheidung abschafft, aber er behält dafür den Gegensatz zwischen logischen und nicht-logischen Wahrheiten bei. Er verstärkt ihn sogar, indem er eine nicht-enumerative Definition der logischen Partikeln anbietet. Darüberhinaus räumt er den Platz für einen *Ersatz* für analytische Aussagen ein: Aussagen, welche von der gesamten Sprachgemeinschaft akzeptiert werden. Zum Schluß sei an seine Analyse wissenschaftlicher Theorien erinnert. Er unterscheidet zwar drei Bestandteile: die Logik, die Ontologie und die Ideologie, aber er nimmt ein Kompensationsgesetz an, welches mit jeder Schwächung der Ontologie eine korrespondierende Verstärkung der Ideologie verbindet.

Obwohl es immer etwas gefährlich ist, Voraussagen über die weitere Wissenschaftsentwicklung zu machen, gibt es doch gute Gründe anzunehmen, daß eine der bleibenden Errungenschaften des Quineschen Werks in seinem ontologischen Kriterium besteht – trotz des intensionalen und intentionalen Charakters dieses Kriteriums. Dank dieses Kriteriums ist es möglich geworden, den Debatten über Ontologie eine wissenschaftliche Grundlage zu geben. Es spielt die Rolle eines unparteiischen Maßstabs. Wir würden als andere bleibende Errungenschaft die *Überwindung* des Gegensatzes zwischen der realistischen und der konventionellen Ontologie durch die relativistische Ontologie nennen, welche die Gegensätze zwischen Realismus und Pragmatismus, in einer höheren Synthese vereinigt.

Quine wird schließlich der Philosoph bleiben, dem es gelungen ist, die der Philosophie inhärente *Radikalität* mit wissenschaftlicher Aus-gewogenheit zu verbinden. Die Zeit, da Philosophen sich fragten, ob die Universalien existieren oder nicht, ist vorbei. Die Fragen können zwar *allgemein* sein, aber die *Antworten* müssen spezifisch sein. In dieser Hinsicht ist die Haltung Quines gegenüber Klassen und Attri-buten relevant. Er beruft sich nur dann auf *reelle* Klassen, wenn ihre Ersetzung durch *virtuelle* Klassen eine Verarmung der Gesetze der Mengentheorie zur Folge haben würde. Was die Attribute betrifft, die er lange abseits gehalten hatte, weil sie sich nicht dem Prinzip der Individuation unterwerfen, so hat er gezeigt, wie man ihnen unter bestimmten Bedingungen zu einem geordneten Dasein verhelfen kann, ohne auf den fundamentalen Gedanken zu verzichten, daß es sinnlos sei, von Entitäten zu sprechen, solange man nicht über ihr Individuationsprinzip verfügt.

Erinnern wir zum Schluß an Quines Theorie der Indeterminiertheit der Übersetzung; eine originelle und tiefgreifende These, vor allem dadurch, daß sie den allgemeinen Glauben an die Existenz des »gleichen Bezeichneten«, das der Ausgangssprache und der Zielspra-che gemein sein müßte, erschüttert, ein Glaube, dem selbst die Autoren der Avantgarde, wie etwa Derrida, immer noch anhängen (»es gibt nur dann eine Übersetzung«, schreibt Derrida, »wenn ein permanenter Kode erlaubt, die *signifiants* zu substituieren oder umzuformen und dasselbe *signifié* beizubehalten« (1967: 311).

Durch seine These von der Indeterminiertheit der Übersetzung hat Quine beinahe jeden gegen sich aufgebracht. Zahllose Untersuchun-gen sind publiziert worden, in denen man versucht zu zeigen, daß diese These nicht anderes sei als die These von der Unterdeterminiertheit der Theorien. Wir haben hierauf geantwortet, daß die Unterdeter-miniertheit sich von der Indeterminiertheit unterscheide wie eine *willkürliche* Wahl der Form »p oder q?« von einer *absurden* Wahl der Form »p oder p?«, eine absurde Wahl, die sich ergibt, wenn die Kombination einer Theorie A mit einem Übersetzungshandbuch T_1 zu *demselben* Ergebnis kommt wie eine Theorie B, verbunden mit einem Handbuch T_2.

Es ist jedoch Quines Konzeption der Philosophie, die am besten erlaubt, über die Spannweite seines Werkes zu urteilen. Quine hat die Trennwände niedergerissen, die andere zwischen der Philosophie und den Wissenschaften aufgerichtet hatten, und er hat die Kontinuität zwischen beiden wiederhergestellt. Er knüpft so an die große Tradi-tion eines Aristoteles, eines Descartes und eines Kant an.

Oft reiht man Quine unter die Pragmatisten ein. In einem langen Artikel im *Times Literary Supplement* nennt ihn Gellner den »letzten Pragmatisten« und es ist wohl wahr, daß er Pragmatist ist, aber im Sinne eines *Pragmatismus, der sich in Realismus verwandelt.* In der folgenden Passage können wir sehen, wie diese Metamorphose vonstatten geht: »Die Suche nach einer Gesamtstruktur kanonischer Notation, die möglichst einfach und klar sein sollte«, schreibt Quine, »ist nicht zu unterscheiden von der Suche nach den grundlegendsten Kategorien oder einer Anstrengung, die sich auf die Auffindung der allgemeinen Züge der Realität richtet. Man wende nicht ein, daß solche Konstruktionen konventionelle Angelegenheiten seien und nicht von der Realität diktiert würden. Oder hätte man hier mehr Grund zu diesem Einwand als im Fall einer physikalischen Theorie? Zweifellos ist die Wirklichkeit solcherart beschaffen, daß die eine physikalische Theorie uns eher dienlich ist als die andere; aber das gilt ebenso für die kanonischen Notationen.« (Quine, 1960: 161; dtsch. 1980: 282.)

Die Leistungsfähigkeit einer Konvention und die Einfachheit einer Theorie hängen nicht von uns ab. Sie sind wie ein gedämpftes Echo bestimmter Züge der objektiven Realität. Und dies gilt gleichermaßen für Theorien, die versuchen, auf *externe Fragen* zu antworten, und für Theorien, die versuchen, *interne Fragen* zu lösen. Durch einen unvorhergesehenen Rückschlag taucht der *philosophische Realismus* somit im Gefolge des *Pragmatismus* wieder auf, welcher bei Quine sehr viel radikaler ist als bei Carnap, insofern er sich auf das gesamte Wissen erstreckt und nicht nur auf die externen Fragen.

Für Quine ist die Philosophie eine Wissenschaft. Sie ist sogar in einem gewissen Sinne eine *empirische Wissenschaft,* die sich von anderen Wissenschaften nur durch ihre extreme Allgemeinheit unterscheidet. Sie braucht sich nicht auf Methoden berufen, welche ihr eigen wären, wie etwa die metaphysische Induktion Whiteheads oder die phänomenologische Intuition. Die Verifikationskriterien, die der Philosoph anwenden kann, sind die *rationalistischen Kriterien* der Kohärenz, der Konvergenz und der Einfachheit, die laufend in der Evaluierung wissenschaftlicher Theorien geltend gemacht werden und deren Funktionieren Duhem für die Physik so gut beschrieben hat.

Quine ist sogar in der Logik und in der Mathematik Empirist; nicht in dem Sinne, in dem manche gesagt haben, die Logik und die Mathematik seien aus der Erfahrung *gewonnen,* sondern in dem Sinn, daß die Logik und Mathematik das physikalische Phänomen *konstituieren,* wo die physikalische Tatsache ohne den mathematischen Apparat, der es erlaubt, sie als Tatsache zu begründen, keinen Sinn hat. Diese Konzeption Albert Lautmans macht es möglich, die Kreativität des Geistes mit dem Gedanken einer Bestätigung oder indirekten Schwächung der Logik durch die Erfahrung zu versöhnen. Man denke an die Quantenlogik.

In der *Logik der Forschung* hat Popper gezeigt, daß keine Theorie ihre Wissenschaftlichkeit behaupten kann, wenn sie nicht (prinzipiell) widerlegbar ist. Daß die Philosophie Quines diese Eigenschaft besitzt, hat Schuldenfrei in »Quine in Perspektive« klar hervorgehoben. Man muß einräumen, daß bestimmte Argumentationen von Quine zirkulär erscheinen. Zum Beispiel wird die intentionale Sprache – die Theorie Brentanos – im Namen der Objektivität von Quine aus der Wissenschaft verbannt, aber umgekehrt beruht die These nach der es keine andere als eine objektive Wissenschaft gibt, auf der vorhergehenden Disqualifizierung der intentionalen Sprache.

Aber trotz dieser an Zirkularität grenzenden Interdependenz hat das System Quines nicht jene Unverwundbarkeit, an der die spekulative Metaphysik leidet: »ein deduktives System, das auf einer sogenannten notwendigen Basis begründet wird, ist unangreifbar, wenn es zirkulär ist« schreibt Schuldenfrei, »aber die Art System, die Quine vertritt, läßt Platz für Gegenangriffe, da es eher an Plausibilität als an Gewißheit gebunden ist«. (1972: 15)

»Quine kann in der gleichen Weise gegen sich selbst gewendet werden, wie er die Gegebenheiten von denen er ausgeht, gegeneinander ausspielt. Man kann zeigen, daß sein System dadurch verbessert werden kann, daß man den größten Teil seiner Aussagen übernimmt, aber bestimmte Details ablehnt. Was jedoch wichtig ist, ist daß das Ergebnis ein kohärenteres *System* sein muß. Ein einfaches Gegenbeispiel genügt nicht [...] Die Einwände können nicht so vorgebracht werden, als ob von jeder Theorie unabhängige Tatsachen existieren würden, die jede akzeptable Theorie integrieren müßte. Kurz, um einen ausreichend starken Grund vorzulegen, der Quine dazu bringen könnte, seine Theorie der Welt aufzugeben, muß man zeigen, daß es eine bessere Theorie gibt, nicht nur, daß es in seiner Theorie Probleme gibt. Seine Theorie muß in derselben Weise entkräftet werden wie jede andere Theorie. Sie *ist* eine wissenschaftliche Theorie«. (a. a. O).

Indem Quine eine einheitliche kanonische Notation für die Wissenschaft vorschläg, reiht er sich in die Tradition des logischen Empirismus ein, wie sie von J. Ruytinx (1962) meisterhaft analysiert wurde; aber Quine führt die Vereinheitlichung noch weiter, indem er auch die Philosophie in die Wissenschaft einverleibt, statt sie in die Metawissenschaft zu verbannen.

Bibliographie

Agazzi, E. (1976): *Non-contradiction et existence en mathématiques,* (unveröffentlicht). Communication à l'Ecole Normale Supérieure de Paris, (Feb).

Anderson, R. et al. (1975): *The Logical Enterprise,* Yale Univ. Press.

Apostel, L. (1974): *Matière et Forme,* in: Editions »Communication and Cognition«, Bd. I, Gand.

Aristoteles: Abhandlung über die Interpretation, in: I. Bekker (ed.): Aristoteles, Greace, Bd. I, Berlin, 1831.

Austin, J. L. (1926): Aufsatz in: *La philosophie analytique,* Ed. de Minuit, Paris.

Ayer, A. J. (1956): *The Problem of Knowledge,* Pelican, London.
- (1973): *The Central Questions of Philosophy,* Weidenfeld & Nicholson, London.

Bell, J. L. & Slomson, A. B. (1971): *Models and Ultraproducts,* North Holland, Amsterdam.

Benveniste, E. (1966): Catégories de pensée et catégories de langue, in: *Problèmes de Linguistique générale,* Gallimard, Paris.

Bird, G. (1972): *Philosophical Tasks,* Hutchinson, London.

Bochenski, I. M. (1956): The Problem of the Universals, in: I. M. Bochenski, A. Church & N. Goodman, *The Problem of Universals,* Univ. of N. D. Press, N. D. Indiana.

Boorse, Ch. (1975): The Origins of the Indeterminacy thesis, in: *J. of Ph.*: 369–387.

Bosch, P. (1979): Synonymie im Kontext, (= Nachwort zu W. V. Quine: *Von einem logischen Standpunkt,* Ullstein, Berlin).

Brentano, F. (1924): *Psychologie vom empirischen Standpunkt,* Leipzig.

Carnap, R. (1928): *Der logische Aufbau der Welt,* Meiner, Hamburg.
- (1930): Die alte und die neue Logik, in: *Erkenntnis* 1: 12–27.
- (1934): *Die Aufgabe der Wissenschaftslogik,* (= Einheitswissenschaft, Schriften hrsg. von Otto Neurath in Verbindung mit R. Carnap u. H. Hahn, Heft 3, Wien 1934).
- (1936): Testability and Meaning, in: *Philosophy of Science* vols 3 & 4 (1936–37).
- (1937): *The Logical Syntax of Language,* Routledge & Kegan, London.
- (1956): *Meaning and Necessity,* Chicago Univ. Press.
- (1966): *Philosophical Foundations of Physics,* Basic Book, New York.

Chihara, Ch. (1973): *Ontology and the Vicious-Circle Principle*, Cornell Univ. Press.

Chisholm, R. (1960): *Realism and the Background of Phenomenology*, Illinois, Glencoe.

Chomsky, N. (1957): *Syntactic Structures*, Mouton, Den Haag.

– (1965): *Aspects of the Theory of Syntax*, M. I. T. Press.

– (1968): Quine's empirical assumptions, in: *Synthese* 19: 53–68.

– (1968 a): *Language and Mind*, New York.

– (1975): *Reflections on Language*, Temple Smith, London.

Church, A. (1958): Ontological Commitment, in: *J. of. Ph.* 55: 1008–1014.

Cresswell, M. J. (1978): Semantic Competence, in: F. Geunthner & M. Geunthner – Reutter (ed), *Meaning and Translation*, Duckworth, London.

Crossley, J. N. et al. (1972): *What is Mathematical Logic?*, Oxford U. P.

Davidson, D. (1969): Truth and Meaning, nachgedr. in: J. W. Davis et al. (eds.): *Philosophical Logic*, Reidel, Dordrecht.

Davidson, D. & Hintikka, J. (eds.) (1969): *Words and Objections, Essays on the Work of W. V. Quine*, Reidel, Dordrecht.

Deckert, M. (1973): Quine and Strawson and Logical Truth, in: *P. St.:* 54–56.

Derrida, J. (1967): *L'écriture et la différence*, Paris, Le Seúil.

– (1971): Le supplémant de copule: la philosophie devant la linguistique, in: *Langages* (24 Dec.) 14–39.

Destouches – Février, P. (1951): *La structure des théories physiques*, P. U. F.

Devaux, Ph. (1976): *Les Modèles de l'expérience*, Wetteren Universa.

De Waelhens, A. (1962): *La Philosophie et les expériences naturelles*, Den Haag, Nijhoff.

Dewey, J. (1925): *Experience and Nature*, La Salle, Open Court.

Duhem, P. (1914): *La Théorie physique*, 2e Ausgabe, Paris, M. Rivière.

Dummett, M. (1973): *Frege. Philosophy of Language*, Duckworth, London.

– (1974): The Significance of Quine's Indeterminacy Thesis, in: *Synthese.*

Février (1951): *La structure des thories physiques*, P. U. F., Paris.

Føllesdal, D. (1966): *Referential Opacity*, Oslo.

– (1967): Knowledge, Identiy and Existence, in: *Theoria*, 1–27.

- (1968): Quine on Modality, in: *Synthese* 19: 147–157.
- (1974): Indeterminacy of translation and underdetermination of the theory of nature, in: *Dialectica:* 289–301.

Frege, G. (1884): *Die Grundlagen der Arithmetik,* Breslau.
- (1892): Über Sinn und Bedeutung, in: Zschr. f. Philos. u. philos. Kritik, NF 100: 25–50.
- (1918): Der Gedanke, Eine logische Untersuchung, *Beitr. zur Philos. d. dtsch. Idealismus* 1: 58–77.

Friedman, M. (1975): Physicalism and the Indeterminacy of Translation, in: *Noûs:* 353–374

Geach, P. T. (1965): Some Problems about Time, in: *British Academy Philosophical Lecture,* Henriette Herz Trust, Proc. British Acad. O. U. P., 321–336.

Gellner, E. (1975): The Last Pragmatist, in: *Times Literary Supplement,* (25 Juli).

Giedymin, J. (1972): Quine's Philosophical Naturalism, in: *B. J. of Ph. of Sc.:* 45–55.

Glymour, C. (1970): Theoretical Realism and Theoretical Equivalence, in: *Boston Studies in the Philosophy of Science,* Reidel, Dordrecht.
- (1980): *Theory and Evidence,* Priceton U. P.

Gochet, P. (1972): *Esquisse d'une Theorie Nominaliste de la Proposition.* Armand Colin, Paris; revidierte englische Fassung (1980): *Outline of a Nominalist Theory of Propositions,* Reidel, Dordrecht.

Gonseth, F. (1947): Logique et Dialectique, in: *Dialectica* 2: 120–125.
- (1964): *Le problème du temps. Essai sur la méthodologie de la recherche,* Neuchâtel, Le Griffon. (engl. übs. *Time and Method,* Springfield, Ill., 1972)

Granger, G. G. (1969): *Ludwig Wittgenstein,* Paris, Seghers.
- (1976): L'épistémologi génétique et L'étude de la pensée symbolique, in: *Revue Européenne des Sciences sociales et Cahiers Vilfredo Pareto,* Bd. 14, Heft 38–39, pp. 203–218.

Grice, H. P. & Strawson, P. F. (1956): In Defense of a Dogma, *Phil. Rev.* 65: 141–158.

Grünbaum, A. (1976): The Duhemian Argument; nachgedruckt in: S. Harding (ed.): *Can Theories be Refuted,* Dordrecht, Reidel, 1976.

Guttenplan, S. (ed.) (1975): *Mind and Language: Wolfson Lectures,* Oxford, Clarendon Press.

Haack, R. (1977): Rezension von Guttenplan (1975), in: *Philosophy:*
230–233

– (1978): Quine's Theory of Logic, in: *Erkenntnis*

Haack, S. (1974): *Deviant Logics,* Cambridge Univ. Press

– (1976): Some Preliminaries to Ontology, in: *J. of Philosophy:*
454–474

– (1978): *The Philosophy of Logic,* Cambridge Univ. Press. (unveröffentlicht): Descriptive and Revisionary Metaphysics.

Harding, S. (ed.) (1976): *Can Theories be Refuted?,* Reidel, Dordrecht.

Hermanns, F. (1973): Descriptions of Deep Structures are Translations into Artificial Languages, in: *Linguistics:* 71–77

Hesse, M. (1976): Duhem, Quine, and a New Empiricism, in:
S. Harding (ed)

Hinman, P., Kim, J., Stich, J. (1968): Logical Truth Revisted, in: *J. of
Philosophy:* 595–500

Hintikka, J. (1962): *Knowledge and Belief,* Cornell.

– (1968): Behavioural Citeria of Radical Translation, in: *Synthese* 19:
69–81

– (1969): *Models for Modalities,* Reidel, Dordrecht.

– (1975): The Intentions for Intentionality and Other New Models for
Modalities, Reidel, Dordrecht.

Hirsch, G. (demnächst): Rezension von Lightstone: *Mathematical
Logic,* demnächst in: *Bulletin de la Soc. math. de Belgique.*

Hughes, G. E., Cresswell, M. J. (1968): *Introduction to Modal Logic,*
Methuen, London.

Husserl, E. (1913): *Logische Untersuchungen,* 2te umgearbeitete
Ausgabe, Niemeyer, Halle a. d. S.

Jaques, F. (1973): Référence et déscription chez Meinong, in: *Rev.
Intern. de Phil.:* 266–287.

Kanger, S. (1957): Provability in Logic, in: Almkvist (ed): *Studies in
Philosophy,* vol. I, Stockholm.

Kim, J., vgl. Hinman.

Klibansky, R. (ed): (1969): *Contemporary Philosophy,* Florenz

Kripke, S. (1963): Semantic Considerations of Modal Logic, in: *Acta
Phil. Fennica,* vol. 16.

Ladrière, J. (1971): Language scientifique et langage speculatif, in:
Rev. Philos. de Louvain 69: 92–132 und 250–282.

– (1975): Le statut épistémique des termes theoretiques, in: *Intern.
Studies in Phil.* VII: 7–40.

Largeault, J. (1971): *Enquête sur le Nominalisme,* Nauwelaerts, Louvain.

Lauener, H. (1978): Problems of Ontology, in: *Dialectica.*

Leibniz, G. W.: Philosophische Schriften, Bd. V, C. I. Gerhardt (hrsg.) Berlin, 1882.

Lewis, C. I. (1918): *A Survey of Symbolic Logic,* (zitiert nach der Ausgabe bei Dover Books, New York, 1960)

Lyons, J. (1968): *Introduction to Theoretical Linguistics,* Cambr. U. P.

Marcus, R. Barcan, (1971): Essential Attribution, in: *J. of Philosophy.*: 187–202.

Merleau-Ponty, M. (1945): *Phénoménologie de la perception,* Paris.

Mill, J. S. (1973): *A System of Logic,* Univ. of Toronto Press, Vol. 1

Montague, R. (1973): The Proper Treatment of Quantification in English, in: Hintikka, J., Moravcsik, Suppes (eds): *Approaches to Natural Language,* Reidel, Dordrecht.

Mouloud, N. (1976): *L'analyse et le sens,* Payot, Paris.

Mounin, G. (1963): *Les Problèmes theoretiques de la traduction,* Gallimard, Paris.

Neurath, O. (1932): Die physikalische Sprache als Universalsprache der Wissenschaft, in: *Erkenntnis* 2: 432–465.

Oppenheimer, R. (1962): Réflexions sur la science et la culture, in: *Recherches et Debats du Centre catholique des Intellectuels francais,* Cahier 39, Juin 1962, pp. 108–112.

Pascal (1914): Fragments de l'Esprit Geometrique, und l'Introduction à la Géometrie, in: *Oevres* Bd. ix, Hachette, Paris, 1914

Peacocke, Ch. (1978): With Reference to the Roots, in: *Inquiry* 21.

Peirce, Ch. S.: Collected Papers, Bd. 5, Harvard University Press.

Penn, J. M. (1972): *Linguistic Relativity vs. Innate Ideas,* Mouton, Den Haag.

Perelman, Ch. (1949): Philosophies premières et philosophie régressive, in: *Dialectica.*

Pétry, A. (1976): *Sur les Cardinaux dans les »New Foundations« de Quine,* unveröffentlichte Doktorarbeit, Universität Liège, Faculté des Sciences.

La Philosophie analytique, Cahiers de Royaumont, editions de Minuit, Paris.

Piaget, J. (ed) (1967): *Logique et Connaissance Scientifique,* Encyclopedie de la Pleiade, Gallimard, Paris.

Pinxten, R. (1972): Reformulating the Whorfian Hypothesis, in: *Communication and Cognition,* 25–42.

Popper, K. R. (1963): *Conjectures and Refutations,* Routledge and Kegan, London.
- (1972): *Objecitve Knowledge,* Clarendon Press, Oxford.
- (1973): *Logik der Forschung,* Mohr, Tübingen.
Potts, T. (1976): Montague's Semiotic. A Syllabus of Errors, in: *Theoretical Linguistics,* 191–208
Presley, C. F. (1967): W. V. Quine, in: *Encyclopedia of Philosphy,* Bd. 7 (P. Edwards, ed.), Collier McMillan, London.
Quine, W. V. O. (1943): Notes on Existence and Necessity, in: Journal of *Philosophy* 40: 113–127; auszugsweise nachgedr. in: Quine (1961).
- (1950): *Methods of Logic,* Holt, New York; dtsch. Suhrkamp, Frankfurt, 1969.
- (1951): Two Dogmas of Empiricism, nachgedr. in: Quine (1961)
- (1951 a): *Mathematical Logic,* rev. ed., Harper, New York.
- (1960): *Word and Object,* MIT Press; dtsch. Reclam, Stuttgart, 1980.
- (1961): *From a Logical Point of View,* Harper, New York; dtsch. Ullstein, Berlin, 1979.
- (1962): Le mythe de la signification, in: *La philosophie analytique,* Cahiers de Royaumont, Paris.
- (1963): *Set Theory and its Logic,* Harvard Univ. Press; dtsch. Vieweg, Braunschweig, 1973.
- (1966): The Ways of Paradox and Other Essays, Random House, New York.
- (1966 a): *Selected Logic Papers,* Random House, New York.
- (1968): Replies, in: *Synthese* 19, nachgedr. in: D. Davidson, J. Hintikka (eds.). (1969).
- (1969): *Ontological Relativity and Other Essays,* Columbia Univ. Press, New York; dtsch. Reclam, Stuttgart, 1975.
- (1969 a): Russell's Ontological Development, in: R. Klibansky (ed.). (1969).
- (1970): Grades of Theoreticity, in Foster, Swanson (eds): *Experience and Theory,* Univ. of Massachusetts.
- (1970 a): *Philosophy of Logic,* Prentice-Hall; dtsch. Kohlhammer, Stuttgart, 1973.
- (1970 b): On the Reasons for the Indeterminacy of Translation, in: *J. of Phil.:* 178–183.
- (1970 c): Comments on Popper, in: Yourgrau, Breck, Allen (eds.): Physics, Logic, and History, Plenum, New York.

- (1970 d): Methodological Reflections on Current Linguistic Theory, in: *Synthese* 21.
- (1974): *The Roots of Reference,* Open Court, La Salle; dtsch. Suhrkamp, 1976.
- (1975): On Empirically Equivalent Systems of the World, in: *Erkenntnis* 9
- (1975 a): The Nature on Natural Knowledge, in: Guttenplan (ed) (1975).
- (1975 b): Mind and Verbal Dispositions, in: Guttenplan (ed) (1975).
- (1975 c): On the Individuation of Attributes, in: A. R. Anderson et al. (eds): *The Logical Enterprise,* Yale U. P.
- (1976): Letter to Grünbaum, in: S. Harding (ed) (1976).
- (1976 a): Whither Physical Objects, in: *Boston Studien in the Philosophy of Science* 39.
- (1976 b): Worlds away, in: *J. of Philosophy*
- (1978): Sur la Theorie Naturelle de la Conscience, Vortrag an der Universität Lille.
- (1979): Facts of the Matter, in: R. W. Shahan, Ch. Swoyer (eds): *Essays on the Philosphy of W. V. O. Quine,* Harvester.
- (1979 a): Comments on Newton-Smith, in: *Analysis.*

Quine, W. V. O., J. S. Ullian (1970): *The Web of Belief,* Random House, New York.

Rougier, L. (1973): La métaphysique et la langage, Flammarion, Paris.

Routley, R. und V. (1973): Rehabilityting Meinong's Theory, in: *Rev. Intern. de Phil.*: 224–254.

Russell, B. (1903): *The Principles of Mathematics,* Cambridge UP
- (1905): On Denoting, in: *Mind*
- (1918): The Philosophy of Logical Atomism, in: *Logic and Knowledge,* Allen and Unwin, London.
- (1966): *An Inquiry into Meaning and Truth,* Allen and Unwin, London.

Russell, B. und Whitehead, A. N. vgl. Whitehead and Russell.

Ruytinx, J. (1962): *Le problématique philosophique de l'unité de la science.* Les Belles Lettres, Paris.

Ryle, G. (1954): *Dilemmas,* Cambridge UP.
- (1962): Discussion, in: *La Philosophie analytique,* Cahiers de Royaumont, edition de Minuit, Paris.

Scheffler, I., Chomsky, N. (1958): What is said to be, in: *Proc. of the Arist. Soc.,* 1958–59; 71–82

Schlick, M. (1936): Meaning and Verification, in: *Phil. Rev.;* nachgedr. in: Feigl, Sellars (eds.): *Readings in Philosophical Analysis,* New York, 1949.

Schuldenfrei, R. (1972): Quine in Perspective, in: *Journ. of Phil.*

Sellars, W. (1963): *Science, Perception, and Reality,* Routledge, London.

Slomson, vgl. Bell.

Sogo, R. (1972): *Meaning and Translation. A Study of Quine's Theory of Language,* unveröffentlichte Doktorarbeit, Louvain.

Spinoza, B. de: *Abhandlung über die Verbesserung des Verstandes,* Meiner, Hamburg, 1977.

Stevenson, L. (1976): On What Sort of Things There Are, in: *Mind* 85: 503–521.

Stich, J. vgl. Hinman.

Strawson, P. F. (1957): Propositions, Concepts, and Logical Truths, in: *Phil. Quarterly* 7 :15–25.

– (1959): *Individuals,* Methuen, London.

– (1967): Paradoxes, Posits, Propositions, in: *Phil. Rev.:* 214–219.

Strawson, P. F. und Grice, P. vgl. Grice und Strawson.

Swanson, vgl. Foster

Tarski, A. (1956): On the Concept of Logical Consequence, in: *Logic, Semantics, Metamathematics,* Clarendon Press, Oxford.

Tenant, N. (1977): Truth, Meaning, and Decidability, in: *Mind* 86

Thompson, M. (1971): Rezension von Quine (1969) in: *Metaphilosophy:* 334–352.

Ullian, J. S. vgl. Quine und Ullian

Valéry, P.: *Oevres,* Bd. I, La Pléiade, Paris

Vuillemin, J. (1967): *De la logique à la theologie. Cing études sur Aristote,* Flammarion, Paris.

– (1972): Poincaré's Philosophy of Space, in: *Synthese* 24

– (1975): Le ›platonisme‹ dans la première philosophie de Russell et le'principe d'abstraction‹, in: *Annaire des Cours du Collège de France,* 222–238.

– (1979): On Duhem's and Quine's Thesis, in: *Grazer Philosophische Studien* 9

Weyl, H. (1949): *Philosophy of Mathematics and Natural Science,* Princeton UP.

Whitehead, A. N. (1955): *The Concept of Nature,* Cambridge UP. (erste Ausgabe 1920).

Whitehead, A. N. und Russell, B. (1927): *Principia Mathematica,*

2. Ausg. Cambridge (zitiert nach Paperbackausgabe Cambridge 1962).

Whorf, B. L. (1956): *Language; Thought and Reality. Selected Writings of B. L. Whorf* (hrsg. John B. Caroll), MIT Press, New York.

Wittgenstein, L. (1922): *Tractatus Logico-Philosophicus,* Kegan Paul, London.

Young, J. (1972): Rabbits, in: *Phil. Stud.*

Yourgrau et al. (1970): *Physics, Logic, and History,* Plenum, New York.

Zuber, R. (1972): *Structure presuppostitionelle du langage,* Dunod, Paris.

Sachregister

Namenregister

Karl Diehl/
Paul Mombert
(Hrsg.)

Ausgewählte
Lesestücke
zum Studium
der Politischen
Ökonomie

Kapital und
Kapitalismus

Mit einer Einführung von
Rudolf Hickel

Ullstein Buch 3568

Ullstein Materialien